가계저주에서 해방되실 분들을 위한 책

가계저주와 영원히 이별하는 길

강요셉 지음

예수님 안에는 저주가 있을 수가 없는 것이다.

가계저주는 육체에 역사하는 악령들이 일으킨다.

자신이 영적으로 변화되는 적극적인 가계치유를 하라.

하나님께서 원하는 사람이 되면 가계저주는 사라진다.

하나님은 성도가 이 땅에서 천국을 누리기를 원한다.

성령

가계저주와
영원히
이별하는 길

성령

들어가는 말

이 책은 저자가 그동안 성령치유 사역을 하면서 체험한 가계저주에 대한 사실을 정리한 것입니다. 지금 교회에는 수많은 성도들에 예수를 믿으면서도 복음을 바르게 이해하지 못하여 가계저주로 인하여 고통을 당하고 있습니다. 이들에게 희망을 전하기 위하여 집필한 것입니다. 분명하게 하나님은 부르시고 훈련하여 수준이 되면 사용하십니다.

예수를 믿는 성도에게 가계저주가 있다는 것은 하나님께서 영적인 사람으로 훈련하시는 기간 동안 일시적으로 당하는 고난이라고 생각해야 합니다. 원래 예수님 안에 들어온 성도는 가계저주가 없습니다. 예수님의 십자가 은혜로 하나님과 관계가 열렸기 때문입니다.

저주라는 것은 하나님과 관계가 단절되어 마귀의 종으로 살다가 지옥에서 영생하는 것을 저주라고 합니다. 우리 예수를 믿는 사람들이 조상의 죄 성으로 당하는 고난은 저주가 아닙니다. 잠시 잠간 당하는 고통은 자신이 영적으로 바뀌는 동안에 이성과 육체에 남아있는 세상 신에 역사하기 때문에 당하는 것입니다.

하나님은 이 고통을 통하여 우리들을 하나님만 바라보는 영적인 군사를 만드시는 것입니다. 그렇기 때문에 가계저주를 해결하려면 성령님의 지배를 받으면 되는 것입니다. 성령님의 지배를 받으려면 먼저 자신이 하나님께서 지배하시는 천국이 되는 것에 관심을 두어야 합니다. 많은 성도들이 가계저주에서 해방되지 못하는 것은 성령님의 지배를 완전하게 당하지 못하기 때문입니다. 조금 되면 자신이 완전하게 성령님의 지배를 받는 것을 뒷전으로 하고 다른 곳에 관심을 두기 때문에 하나님의 나라가 되는 것이 지연됩니다.

이 책은 예수를 믿으면서 가계저주로 영육의 고통을 당하는 분들에게 바른 영적인 진리를 알려서 가계저주에서 영원히 해방되는 길을 제시하는 책입니다. 이 책을 통하여 예수를 수년 동안 믿으면서도 여전하게 가계저주에서 해방되어 천국을 누리지 못하는 분들에게 희망이 등불이 되기를 바랍니다.

주후 2016년 5월 20일

충만한 교회 성전에서

저자 강요셉목사.

세부적인목차

4부 가계를 정리하는 적극적인활동

5부 천국사람 다운 삶을 살아라.

1부 예수만 믿으면 해방된다더니

1장 왜 예수를 믿는데도 지옥인가요?

(고전 2:10)"오직 하나님이 성령으로 이것을 우리에게 보이셨으니 성령은 모든 것 곧 하나님의 깊은 것까지도 통달하시느니라."

하나님은 예수님을 믿는 자녀들을 저주에서 해방하셨습니다. 필자가 이 책의 제목을 "가계저주와 영원히 이별하는 길"이라고 한 것은 이런 이유가 있습니다. 첫째는 많은 성도들이 가계의 저주로 인하여 고통을 당한다고 하면서 불필요한 시간을 낭비하면서 신음하고 지내기 때문입니다. 어떤 집사는 목사님! 우리 목사님께서 제가 예수를 믿어도 왜 지옥 같은 삶을 사느냐고 상담했더니 가계의 저주 때문에 지옥 같은 삶을 산다고 합니다. 그 말이 맞습니까? 다른 집사는 얼굴에 오만상을 다하면서 찾아와서 하는 말이, 자신의 담임목사님이 하시는 말씀이 가계의 저주로 하나님께서 손을 놓은 것 같습니다. 이렇게 말했다고 정말로 저는 구제불능입니까? 하나님께서 정말로 손을 놓으셨습니까? 그 혈통의 죄 성으로 인한 가계의 저주(고통) 때문에 참으로 고통들을 많이 당하면서 살아갑니다.

둘째는 목회자와 성도들이 가계의 저주라는 단어에 익숙하여 다른 제목으로 책을 출간하면 이해를 하지를 못하기 때문에 가계저주라는 단어를 사용하는 것입니다. 혹시라도 가계저주라는 단에 때문에 보수적인 목회자분들과 신학자 분들은 넓은 예수님으로 마음으로 너그럽게 생각하시고 이해하여 주시기를 부탁합니다. 분명하게 예수를 믿는 하나님의 자녀들을 저주에서 해방이 되었습니다. 지금 일시적으로 당하는 고통은 육체와 이성에 역사하는 세상 신들이 일으키는 것입니다. 전인격이 성령의 지배를 받으면 천국이 되는 것입니다. 성도의 전인격이 성령의 지배를 받는 일시적인 기간 동안 당하는 고통입니다.

하나님은 예수를 믿는 성도들이 성령으로 세례를 받고 생명의 말씀과 성령의 인도와 지배를 받으며 지금 천국과 아브라함의 복을 누리며 군사로서 귀히 쓰임 받다가 주님이 부르시면 영원한 천국에 입성하는 목사와 성도가 되기를 원하십니다. 그런데도 예수를 믿고 교회에 다니시는 성도들이나 목회자들이 혈통에 흐르는 죄 성으로 인하여 알게 모르게 고통을 당하고 있는 것이 사실입니다. 이분들의 삶이 천국이 되지 못하고 지옥과 같은 삶을 살아가고 있습니다. 그것도 가계의 저주를 끊는다고 영적인 사역을 하는 교회에 가서 5년 이상을 봉사하며 열심을 내어도 아는 것만 늘어나고 영육의 변화가 일어나지 않는다고 하소연 하는 목회자와 성도들이 있습니다. 지금 이렇게 예수를 믿고 교회에 출석하는 목회자와 성도 중에 혈통으로 흐르는 영육의 질병으로 고통당하는 분들이 많습니다. 이분들이 막연하게 많이 알고 열심히 믿음생활을 하면 해결이 되는 것으로 착각하고 불필요한 고통을 당하면서 살아갑니다. 심하게 말 한다면 종들과 같이 살아갑니다. 참으로 안타까운 일입니다. 이런 분들을 위하여 이 책을 집필하는 것입니다. 책을 끝까지 정독하시면 어찌하여 5년 이상 저주를 끊기 위하여 열심히 노력을 했는데 나타나는 효과가 없는 지 밝히 깨닫게 될 것입니다.

하나님은 말씀만 하시고 끝내는 분이 아니십니다. 하나님은 말씀하시고 실제 눈에 보이는 역사를 일으키시는 분입니다. 그러므로 혈통으로 대물림된 고통을 실제 치유하시는 하나님의 역사를 직접 눈으로 보고 몸으로 느끼고 체험해야 합니다. 혈통에 흐르는 대물림에서 해방되는 것은 말씀을 듣고 믿었다고 되는 것이 아닙니다. 예수를 믿기만 하면 자동으로 해방되는 것도 아닙니다. 혈통에 흐르는 고통의 대물림은 주문 외우듯이 기도문이나 외운다고 해방되는 것도 아닙니다. 떠나가라. 떠나가라. 하면서 대적한다고 해방되는 것도 아닙니다. 우리에게 고통을 대물림하는 마귀는 실제적인 영적인 살아있는 존재입니다. 그러므로 마귀보다 권세가 큰 성령의 살아있는 역사가 자신 안에서 일어날 때 귀신들이 떠나가는 것입니다. 성도는 엄연하게 하나님의 자녀입니다. 하나님의 자녀는 권능이 있습니다. 더군다나 기독교는 생명의 종교이자 체험의 종교인데 성령세례나 치유를 이론으로 알면 해결되는 것으로 잘못 알고 있습니다. 알아야 될 것은 권능을 나타내는 것이나 영육치유는 이론이나 행위로 되는 것이 절대로 아닙니다. 살아있는 성령의 역사가 자신 안에서 일어나야 합니다. 성령의 임재가운데, 아니 성령의 지배를 받아야 해방이 되는 것입니다. 성령의 깊은 임재 하에 배속에서 올라오는 성령의 기도를 해야 진정한 치유가 일어납니다. 하나님의 말씀을 어린아이같이 가감 없이 받아들이고 믿을 때에 성령의 역사하심으로 대물림된 죄 성과 고통이 끊어지고 역사하던 귀신들이 소리를 지르며 떠나가는 것을 체험하실 것입니다. 그러면서 자신이 영육으로 변화되는 것이 자신도 느끼고 주변사람들도 눈으로 보게 되는 것입니다. 이렇게 되었을 때 살아계신 하나님께서 자신을 장악하고 계시다는 보증이 됩니다. 말로 치유가 되었다가 아니라, 자신과 자신의 가족과 주변사람들이 인정하게 하는 변화를 체험하게 하신다는 것입니다.

그런데 아직도 혈통적으로 대물림된 죄 성과 고통의 치유에 대하여 잘 이해하지 못하는 목회자와 성도들이 많이 있습니다. 그러나 제가 한 15년간 전문적으로 치유사역을 하다 보니, 실제로 성도들 중에 대물림된 죄 성으로 고통을 당하고 계신 분이 너무나 많았습니다. 가계의 문제를 치유하겠다고 노력하는 목회자나 성도들도 바르게 일지 못하고 체험하지 못하여 불필요한 시간만 낭비하는 분들이 있다는 것입니다. 저는 하나님의 사명으로 교회의 양적성장과 보이는 성전을 건축하는 것에 관심을 두지 않고, 오로지 한 사람, 한 사람을 지금 천국과 아브라함의 복을 받아 누리며 하나님의 군사로 쓰임을 받는 성도가 되도록 인도하는 목회를 하는 목사입니다. 그동안 사역을 하면서 성도들과 목회자들이 대물림된 영육의 문제를 가지고 고통당하는 것을 그냥 보고 지나칠 수가 없어서 그간 사역한 체험과 이론을 정리하게 되었습니다. 마귀와 귀신은 실제적인 존재이므로 이론으로 이길 수 없으며, 말씀으로 합리화시킨다고 성도들이 당하고 있는 영육의 문제가 떠나가지 않습니다.

영적인 세계는 단순히 말이 아니고 실제로 일어나는 실제 상황입니다. 그런데 지금 실제적으로 많은 성도들이 대물림된 영육의 문제로 고통을 당하고 있는데 돌아보지 않고 치유하지 않는다면 하나님의 질책을 면할 수가 없고, 거짓 선지자로 딱지가 붙을 수도 있습니다. 목회자는 성도들에게 바르게 알려주어야 합니다. 그래서 성도들이 바른 곳을 찾아 혈통의 문제를 해결하여 해방되게 해야 합니다. 예수를 믿는 성도가 영적인 눈이 어둡고 무지하여 지옥과 같은 생활을 한다는 것은 하나님을 욕되게 하는 것입니다. 또한 복음을 전도하는 일에도 심각한 타격을 주는 것입니다. 많은 성도들이 "예수를 믿어도 소용없더라."한다는 것입니다. 하나님은 살아계십니다. 살아계신 하나님의 역사가 자신을 점령하면 혈통에 흐르는 죄 성은 치유되지 말라고 해도 치유가 되는 것입니다. 자신의 부모가 또는 할아버지 할머니가 무당을 했거나, 남묘 호랭객교나, 천리교나, 여호와 증인이나, 통일교나, 절에 스님이 있다 해도 문제가 되지 않습니다. 예수를 믿고 성령으로 세례를 받고 생명의 말씀과 성령의 역사가 자신을 지배하는 믿음생활을 하면 문제 될 것이 없습니다.

필자가 가장 듣기 싫은 말이 목사님! 우리 이모가 무당이었어요. 우리 엄마가 신끼가 있었어요. 하는 말입니다. 예수를 믿은 사람들이 자꾸 옛 사람으로 돌아가려고 하는지를 모르겠습니다. 성령으로 세례 받고, 성령의 지배를 받으면 천국이 되는데, 바른 복음과 생명의 말씀과 성령의 역사를 체험하지 못하니 그런 고생을 하는 것입니다. 성도가 생명의 말씀과 성령으로 지배를 받으면 천국이 됩니다. 천국에 잡신이 역사할 수가 없는 것입니다. 그럼 왜 이렇게 말들을 하고 고생하느냐, 말로 육신적으로 믿음 생활을 하기 때문입니다. 살아있는 성령의 역사가 자신을 지배하는 믿음 생활을 하지 못하기 때문입니다. 좌우지간 이 책을 끝까지 정독하시면 답을 얻을 것입니다.

첫째, 영적으로 무지하기 때문이다. 영적인 무지는 문제를 육으로 보기 때문에 치유할 수가 없습니다. 모든 문제의 배후에는 영적인 문제가 결부되어 있습니다. 육의 눈으로는 영적인 문제를 찾아낼 수가 없는 것입니다. 한마디로 영의 눈이 감겨서 영적인 세계에 인정하지 않기 때문입니다. 영의 세계는 말씀과 성령으로 영안이 열려야 알 수 있습니다. 보이는 면만 보고 판단하는 수준으로는 자신에게 와 있는 문제를 해결할 수가 없습니다. 인터넷이 눈에 안보이지만 컴퓨터를 통과하면 화면에 나타나는 것처럼, 영의 세계도 보이지 않지만, 사람을 통하면 각각 보이는 특성이 나타납니다. 악한 영이 사람을 통하면 악한 것이 나타나고, 성령이 사람을 통하면 성령의 특성이 나타납니다. 고로 인간에게 문제를 일으키는 배후에는 악한 영이 있습니다. 그러므로 영의 세계를 무시하면 인간이 당하는 문제의 근본을 알 수가 없습니다. 문제의 근본을 알지 못하니 해결할 수가 없는 것입니다. 문제 뒤에는 영적세계가 결부되어 있다는 것을 인정해야 근본을 해결 할 수가 있습니다.

그래서 자신의 문제 뒤에 영의 세계가 결부되어 있다는 것을 알지 못하는 사람에게서 절대로 문제를 해결할 수가 없습니다. 치유는 본인에게 문제가 있다는 것을 인정해야 치유를 할 수가 있는 것입니다. 사람에게 역사하는 문제의 근본을 해결하려는 본인의 의지가 있어야 합니다. 이를 인정하지 않으면 절대로 문제를 해결할 수가 없습니다. 자신에게 일어나는 문제를 인간적인 차원으로 보아도 타당한 원인을 알 수 있기 때문에 영적인 원인을 무시하는 것입니다. 질병의 예를 든다면 신경성 위장병, 우울증, 간경화, 이렇게 타당한 병명이 있다는 것입니다. 영의 눈으로 바라보면 영적인 세계가 결부되어 있습니다.

인간 세계에서 일어나는 일들이 단순히 물질세계와 인간세계의 관계에 의해 일어나기보다는 물질(자연)세계와 인간세계와 영적인 세계 차원의 관계성에 의해 발생합니다. 그래서 우리는 문제를 해결하려고 할 때 보이는 현상만 가지고 문제를 해결하려고 하면 안 된다는 것입니다. 한 단계 더 깊은 영적인 차원으로 문제의 원인을 찾아 해결방법을 강구해야 하는 것입니다.

그래서 우리의 주변에서 일어나고 있는 일들을 분석하고 결정하고 해결하는데 있어서, 단순히 인간적이고 물질적인 영역에서 벗어나서, 한 차원 더 깊은 영적 차원에서 살펴보는 자세를 지녀야 합니다. 이는 습관이 되어야 합니다. 문제를 해결하려 할 때, 영적인 문제가 무엇이 있는지를 볼 줄 알고 분별할 줄 알아야 합니다.

그래야 문제의 원인을 바르게 알고 처방할 수가 있는 것입니다. 즉, 영적 세계를 볼 줄 아는 영 안이 열려야합니다.

그래서 인간적인 차원으로 문제를 바라보는 사람에게서는 절대로 영적인 문제를 찾을 수도 해결할 수도 없습니다. 인간적인 사람은 항상 합리를 추구하기 때문입니다. 그래서 마귀가 합리를 가지고 사람을 미혹하는 것입니다. 영적인 것은 합리적이지 못합니다. 단지 성령으로 거듭난 영의 차원으로 보아야 이해가 되는 것입니다. 그러므로 영적인 무지는 문제를 해결하는데 대단한 저해요소가 되는 것입니다.

인간의 모든 문제를 해결함에 있어서 영적인 차원을 무시하면 해결할 방법이 없습니다. 임시방편적인 조치 밖에 할 수가 없다는 것입니다. 근본적인 치유를 하려면 반드시 영적인 차원을 고려해야 가능한 것입니다. 다시 말하면 인간의 모든 문제의 뒤에는 마귀가 있습니다. 그러므로 마귀역사를 인정하지 않는 무지는 문제해결을 방해하는 것입니다. 문제를 해결하려면 영의 세계를 인정하고, 한 차원 깊게 보아야 근본 뿌리를 뽑을 수가 있는 것입니다. 인간의 모든 문제 뒤에는 마귀가 저주하고 있다고 보아야 문제를 바르고 정확하게 해결할 수가 있는 것입니다. 모든 문제의 배후에는 마귀가 있기 때문입니다. 이는 아담이 하나님의 말씀을 믿지 못하고 의심하다가 선악과를 먹었기 때문입니다. 인간이 선악과를 먹음으로 하나님과 관계가 끊어져서 마귀의 저주가 온 것입니다. 고로 모든 인간의 문제 배후에는 마귀가 역사하고 있는 것입니다.

사람에게 역사하며 저주하는 모든 귀신들은 법적, 성경 적 근거를 보유하고 있습니다. 성경적 근거는 귀신이 자신에게 들어오도록 문을 열어준 죄가 있다는 것입니다. 아무리 성령으로 충만했던 성도라도 하나님의 말씀에 불순종하면 죄가 됩니다. 죄를 지으면 하나님과 멀어지므로 옛 주인인 귀신이 들어오는 문을 여는 것입니다. 육체로 하는 것은 모든 것이 죄입니다. 그러므로 죄를 지으면 사람이 육체가 됨으로 옛 주인이 귀신이 틈타는 것입니다. 성경에 귀신들이 성도를 저주하였습니다. 예를 든다면 열여덟 해 동안이나 귀신 들려 앓으며 꼬부라진 사람을 보면 알 수가 있는 것입니다(눅13:10-13).

성도라도 죄를 지으면 귀신이 틈탄다는 것입니다. 죄는 사람을 육체로 돌아가게 하는 것입니다. 하나님은 영이시기 때문에 사람이 육체가 되면 상관할 수가 없습니다. 그래서 죄를 지어 하나님에게 멀어지면 마귀가 침입한다는 것입니다. 마귀가 와서 하는 일은 저주입니다. 저주란 죄의 결과입니다. 죄를 지어 육체가 되어 하나님에게서 멀어지니 마귀가 들어오는 것입니다. 잠언서 3장 33절에 보면 "악인의 집에는 여호와의 저주가 있거니와 의인의 집에는 복이 있느니라"는 말씀이 있습니다. 이는 이렇게 해석해야 맞는 것입니다. 사람이 악하게 행동하면 죄이므로 육체가 됩니다. 창세기 6장 3절에 보면 "여호와께서 이르시되 나의 영이 영원히 사람과 함께 하지 아니하리니 이는 그들이 육신이 됨이라 그러나 그들의 날은 백이십 년이 되리라 하시니라" 하셨습니다. 육체가 되니 하나님이 함께하지 않는 것입니다. 그러니 옛 주인인 마귀가 사람에게 와서 저주를 하는 것입니다.

율법에 보면 죄를 지으면 죽는다고 되어있습니다. 이는 인간이 죄를 지어 육신이 되니 하나님에게 떨어지기 때문에 저주입니다. 죄를 지으면 하나님과 상관이 없는 육신이 된다는 뜻입니다. 하나님은 영이시기 때문에 육신과는 관계할 수가 없습니다. 사람이 육신이 되니 영이신 하나님과 관계가 멀어지는 것입니다. 하나님이 사람에게서 멀어지니 육신의 옛 주인인 귀신이 점령하여 저주하는 것입니다. 그러므로 저주는 하나님에게서 떨어지는 것입니다. 절대로 하나님이 저주하는 것이 아닙니다. 하나님은 육신이 된 인간과 상관할 수가 없습니다. 하나님은 영이시기 때문입니다. 그래서 사람이 죄를 지어 하나님에게서 떨어지니 마귀가 저주하는 것입니다. 하나님에게서 떨어진 사람은 마귀의 저주를 당하다가 지옥으로 것입니다. 즉, 하나님에 계시지 않는 지옥으로 가는 것이 저주입니다.

세상에 예수를 믿지 않는 사람은 모두 저주 받은 인생입니다. 모두 마귀의 저주를 당하다가 지옥으로 간다는 것입니다. 반드시 예수를 믿고 죄 문제를 해결해야 하나님에게 갈 수가 있습니다. 반대로 의인은 죄를 해결 받은 영의 사람입니다. 죄 문제가 해결되어 영의 사람이기 때문에 하나님과 교통하며 하나님의 보호아래 살 수가 있는 것입니다. 당연히 하나님 안에서 복을 받는 것입니다. 그래서 우리가 저주를 받느냐, 복을 받느냐는 죄를 지어 육체가 되느냐, 죄를 해결하고 의인이 되느냐의 차입니다. 그래서 영육의 문제로 고통을 당하는 사람은 죄가 있어서 귀신이 저주하고 있으므로 먼저 죄 문제를 해결해야 문제가 해결되는 것입니다.

죄 문제를 해결한다는 것은 회개하는 것입니다. 회개는 예수를 믿는 것입니다. 죄인이기 때문에 예수가 당연히 필요한 것입니다. 회개해야 근본 문제가 해결된다는 것은 문제 뒤에서 역사하던 귀신이 떠나갈 수 있는 조건이 되었다는 것입니다. 회개하고 하나님에게 나와서 하나님이 주신 권세를 가지고 자신이 죄를 지을 때 와 있는 귀신과 싸워야 합니다. 그래서 문제를 해결하려면 영적인 세계를 인정하고 귀신이 역사하도록 문을 열어준 죄악을 회개해야 귀신이 떠나가고 문제가 해결될 수가 있는 것입니다.

고로 영적으로 무지하여 모든 문제를 보이는 면만으로 판단하는 수준으로는 문제를 해결할 수가 없습니다. 이를 알고 영의 눈을 열어 귀신이 역사하도록 문을 열어준 죄를 해결해야 귀신이 떠나가고 문제가 치유되는 것입니다. 내가 그동안 치유사역을 하면서 체험한 결론은 문제가 있으면 반드시 원인이 있다는 것입니다. 많은 치유사역자들과 환자들이 병만 고치고, 귀신만 떠나보내서 문제를 해결하려고 합니다. 나는 이렇게 사역을 하는 사람들을 가리켜 삼차원의 사역을 한다고 합니다. 우리는 바르게 알아야 합니다. 귀신이 침입하게 한 원인을 해결하지 않는 한, 귀신은 떠나가지 않습니다. 만약에 떠나가더라도 다시 들어옵니다. 근본적인 치유가 불가능한 것입니다. 반드시 귀신이 들어오게 된 원인을 성령의 임재 하에 찾아야 합니다. 원인을 해소한 다음에 귀신이 떠나가고 문제가 치유되는 것입니다. 이렇게 치유사역을 하는 것이 5차원의 사역입니다. 귀신이 침입하게 된 원인은 상처로 인하여 생기기도 합니다. 조상의 죄악으로 대물림되며 귀신이 침입하기도 합니다. 이런 원인들을 찾아서 내적치유도 해야 합니다.

조상의 죄악을 회개도 해야 합니다. 대물림되는 마귀 저주의 줄을 끊는 사역도 해야 합니다. 발견된 원인에 따라 적절한 조치를 취한 후에 귀신을 축귀하고 문제를 해결해야 합니다. 무조건 예수 이름으로 명하노니 떠나가라, 떠나가라, 하면서 기도한다고 귀신이 떠나가지 않는 다는 것을 알아야 합니다. 우리 치유사역자는 전문가가 되어야 합니다. 아니 세상 의사들보다 더 박식해야 합니다. 왜냐하면 세상의사들은 육체만 다루면 되지만, 치유사역자는 귀중한 인간의 영을 다루기 때문입니다. 인간의 내면에 대한 공부를 열심히 하고 깊은 영성을 개발하여 성령님과 인격적인 관계를 가지면서 교통해야 합니다. 5차원의 사역을 하려고 부단하게 노력해야 합니다. 5차원의 사역이란, 보이는 것, 보이지 않는 영적인 것, 모두를 종합 진단하여 결정하고 치유하는 방법입니다. 치유사역자들과 성도들의 영적 수준을 높여야 합니다.

둘째, 성령세례 받지 않고 성령의 지배를 받지 못하기 때문이다. 성령은 성도가 예수를 믿을 때 성도의 마음 안에 오십니다. 마음 안에 오신 성령은 성도가 성령으로 세례받기를 고대하고 계십니다. 성령으로 세례를 받을 때 비로소 성령이 성도의 전인격을 장악하는 것입니다. 그 성령이 전인격을 지속적으로 장악하고 지배하며 통치하는 것이 성령의 충만입니다. 이 성령이 성도의 마음 안에서 밖으로 역사할 때 성령의 권세로 말미암아 마귀는 정체를 드러내고 떠나가는 것입니다. 그러므로 성도가 성령으로 세례를 받아야 권능 있는 성도가 되는 것입니다. 예수님은 우리에게 불과 성령으로 세례를 받으라고 하셨습니다.

그러나 성령이 예수를 믿게 했다고 성령으로 세례 받는 것은 아닙니다. 믿는 것과 세례를 받는 것은 다른 것이며, 성령님이 내주하는 것과 성령의 세례를 받는 것도 다른 것입니다. 물세례를 받는 것이 적당히 넘어갈 수 있는 문제가 아니듯이 성령의 세례도 마찬가지입니다. 성경에서 성령과 관련하여 말씀하고 있는 심오한 진리 중의 하나는 "성령으로 세례 받으라."라는 것입니다. 성령세례란 예수 그리스도께서 주시는 것입니다. 성령 세례는 성령에 의해서가 아니라 주 예수에 의해 행해지는 그리스도의 사역입니다(행 11:15-18).

성령으로 세례를 받을 때는 성령이 예수 그리스도의 이름으로 임함으로 성령으로 세례받는 것은 체험적으로 느낄 수 있습니다. 성령으로 세례 받을 때에 성령의 권능이 함께 임합니다. 권능은 하나님의 일을 행하는 데 있어 능력 있는 사람으로 준비시킵니다. 성령으로 세례 받음은 하나님의 영으로 사로잡히는 것입니다. 전인격이 성령의 지배를 받게 됩니다. 성령 세례는 성도의 마음을 그리스도에 대한 이해와 사랑과 신뢰로 가득 차게 하고, 성령이 삶의 주관자가 되게 하며, 하나님의 자녀로서 하나님의 부름에 적합하도록 능력을 부여합니다. 성도는 성령으로 사로잡혀야 영육에 역사하던 마귀 역사가 물러가는 것입니다. 당신도 성령 세례를 체험하시기를 바랍니다. 체험이라는 것은 내가 하나님의 역사하심을 인격적으로 나타나게 되었다는 뜻입니다. 성령의 역사에 의하여 신자의 영의 역사가 일어남으로 자신에게 느껴지고 보이는 가시적인 현상이 일어나는 것입니다. 성령의 역사는 초자연적으로 살아서 역사하는 실제입니다. 그러므로 성도에게 성령이 임재하시면 본인이 성령의 임재를 체험적으로 느끼게 됩니다. 성령이 임재하시면 보편적으로 다음과 같은 현상을 본인이 느끼게 됩니다. 잘 이해하고 거부하거나 두려워하지 않도록 하시기 바랍니다. ① 호흡이 깊어지거나 빨라지고 손이 찌릿찌릿 하기도 합니다. 이는 악영과 성령의 대립 현상이나 상처를 풀어주는 현상이기도 합니다. ② 주체 못하게 울음이 터지거나. 웃음이 터지는 경우도 있습니다. 방언이 나오게 됩니다. ③ 가슴을 찌르고 무엇이 빠져나오는 아픔을 느낄 수 있습니다. ④ 위장이나 아랫배 부근에서 어떤 뭉치 같은 것이 움직이는 것을 느낄 수도 있습니다. ⑤ 큰소리가 속에서 터져 나오기도 하고 온 몸에 불이 붙은 것 같이 뜨겁기도 합니다. ⑥ 가슴이 답답하고 기침이 나오고 손과 입에서 불이 나오는 것을 느끼기도 합니다. ⑦ 기침, 하품, 트림이 나오고, 토하기도 하고 메스꺼움을 느끼기도 합니다. ⑧ 멀미하는 것처럼 속이 울렁거리며 아랫배가 심히 아프기도 합니다. ⑨ 머리가 아프고 어지럽고 몸이 감당하지 못하게 흔들리기도 합니다. ⑩ 때로는 얼굴이나 몸 전체가 뒤틀리다가 풀어져 평안해지기도 합니다. ⑪ 때로는 상당한 시간 동안 심신의 괴로움(머리가 어지럽고, 몸이 떨리고, 몸에서 열이 나는 등)의 현상이 일어날 수 있습니다. 이것은 일종의 성령의 임재와 치유의 현상이니 두려워말고 조금 있으면 없어집니다. 그러면 그 현상이 없어지면서 참 평안을 느끼게 됩니다. 순간적인 체험이 아니라 성령의 지배를 받아야 합니다. 더 자세한 것은 “성령의 불로 불세례를 받는 법”과 “성령의 불로 충만 받는 법” 과 “불같은 성령의 기름 부으심”을 읽어보시기를 바랍니다.

셋째, 영적인 살아있는 역사가 있다는 것을 인정하지 않기 때문이다. 칭의는 믿음으로 구원을 받는 것이고, 성화는 그리스도의 성품으로 변화되는 것을 말합니다. 그러므로 믿기만 하면 구원을 받습니다. 그러나 예수만 믿었다고 순간에 성화되는 것이 아닙니다. 이는 우리가 육체를 가지고 있기 때문입니다. 그래서 지속적으로 예배를 드리고 기도하는 가운데 영성훈련을 통해서 성화되어 가는 것입니다. 그러므로 지속적인 경건훈련이 필요합니다. 지속적인 영성훈련을 통하여 우리의 육체가 성령으로 거듭난 가운데 성령에게 완전하게 장악을 당했다면 육체에 역사하던 마귀는 떠나가는 것입니다.

그러나 육체가 성령을 따르지 않고 육체를 따른다면 육체에 역사하는 마귀는 떠나가지 않습니다. 그러므로 성령으로 세례를 받고 성령으로 인도를 받으면서 진리를 깨닫고 육체가 성령의 지배를 받도록 하는 것은 성령 충만이 있어야 되는 것입니다. 그런데 일부 성도들은 예수만 믿으면 영육이 즉시 하나님의 나라가 되는 줄 알고 있습니다. 그러면서 성경 말씀 중에서 고린도 후서 5장 17절 말씀을 들이댑니다. “그런즉 누구든지 그리스도 안에 있으면 새로운 피조물이라 이전 것은 지나갔으니 보라 새 것이 되었도다” 그러나 이 말씀은 잘 이해해야 합니다. 이 말씀을 옛 사람은 십자가에서 죽고 새사람으로 태어났다는 말입니다. 그러므로 옛사람이 죽지 않았다면 여전히 옛사람에 역사하는 마귀는 떠나지 않았다는 것입니다. 마귀는 그렇게 호락호락하지 않습니다. 이런 논리 때문에 예수를 믿고 교회에 다니는 성도들 가운데서 잘못된 지식으로 인하여 예수만 믿으면 대물림된 죄 성의 문제가 없어지는 줄 착각하고 사는 분들이 많습니다. 그러면서 자신도 잘 모르는 영적인 문제로 인하여 고통을 당하는 경우가 많습니다.

필자가 치유사역을 하며 경험한 바로는 성도에게 역사하는 영육의 문제는 말씀과 성령으로 찾아내어 끊어내고 치유하기 전까지는 떠나가지 않으면서 알게 모르게 문제를 일으킨다는 것입니다. 그러므로 자신에게도 영육의 문제가 있을 수 있다고 인정하고 성령의 역사로 찾아내어 치유하는 것이 중요합니다. 절대 방심은 금물입니다. 그러나 환란 고통을 당하고 산다고 해서 구원을 받지 못하는 것은 아니라는 것을 이해하시기를 바랍니다. 그러나 이왕에 예수를 믿었으면 성령으로 심령을 정화하여 이 땅에서도 천국과 아브라함의 복을 받아 누리면서 살아가자는 취지에서 말씀을 드리는 것입니다.

2장 말대로 해방되지 않는 혈통의 고통

(고전 2:10-13)"오직 하나님이 성령으로 이것을 우리에게 보이셨으니 성령은 모든 것 곧 하나님의 깊은 것까지도 통달하시느니라. 사람의 일을 사람의 속에 있는 영외에 누가 알리요, 이와 같이 하나님의 일도 하나님의 영외에는 아무도 알지 못하느니라. 우리가 세상의 영을 받지 아니하고 오직 하나님으로부터 온 영을 받았으니 이는 우리로 하여금 하나님께서 우리에게 은혜로 주신 것들을 알게 하려 하심이라. 우리가 이것을 말하거니와 사람의 지혜가 가르친 말로 아니하고 오직 성령께서 가르치신 것으로 하니 영적인 일은 영적인 것으로 분별하느니라."

하나님은 말씀만 하시지 않고 실제적으로 역사를 일으키시는 분입니다. 많은 크리스천들이 혈통에 대물림되는 죄 성으로 알게 모르게 고통을 당하면서 살아갑니다. 담임목사님은 예수를 믿으면 하나님의 자녀가 되어 혈통의 문제는 예수님을 믿는 순간 끝이 난다고 설교하십니다. 그런데 말과 같이 끝이 나지 않고 지속하면서 고통을 당하게 합니다. 이것이 무슨 연고 입니까? 분명하게 성경에는 "그런즉 누구든지 그리스도 안에 있으면 새로운 피조물이라 이전 것은 지나갔으니 보라 새 것이 되었도다(고후 5:17)." 말씀하고 계십니다.

그런데 말씀과 같이 이루어 지지 않는 것이 사실입니다. 이 말씀을 정확하게 해석하여 말씀드리면 이론적으로 새 것이 된 것이 아니고, 성령으로 세례를 받아 생명의 말씀과 성령으로 거듭나 영-혼-육이 성령의 지배를 받는 상태를 말하는 것입니다. 성령의 지배를 받으니 새로운 피조물(하나님의 자녀)이 된 것입니다. 그래서 옛 사람(혼과 육체)에게 역사하던 것들이 떠나가는 것입니다. 성령의 지배를 받으니 육체와 이성에 역사하던 혈통의 문제들이 떠나가는 것입니다. 예수님께서 말씀하신 “그러나 내가 만일 하나님의 손을 힘입어 귀신을 쫓아낸다면 하나님의 나라가 이미 너희에게 임하였느니라. 강한 자가 무장을 하고 자기 집을 지킬 때에는 그 소유가 안전하되, 더 강한 자가 와서 그를 굴복시킬 때에는 그가 믿던 무장을 빼앗고 그의 재물을 나누느니라(눅 11:20-22)” 의 말씀대로 되는 것입니다.

그렇기 때문에 말로 가계치유의 말씀을 들었다고 혈통의 저주가 끊어지는 것이 아니라는 것입니다. 성령으로 세례를 받아 성령의 지배를 받아야 혈통의 저주가 끊어지고 혈통의 저주에서 해방이 되는 것입니다. 이 책을 끝까지 잘 정독하시면 이해가 되시고 가계의 저주에서 해방되는 축복을 체험하게 될 것입니다. 무엇보다도 전달되는 가계치유의 말씀에 성령의 역사가 일어나느냐 아니냐가 중요한 것입니다. 절대로 이론으로 가계의 저주가 끊어지지 않기 때문입니다. 가계의 저주를 일으키는 존재는 가상적인 존재가 아니고 실제적으로 살아서 역사하는 악한 존재이기 때문입니다. 이는 사람보다 강한 존재입니다. 그래서 누가복음 11장 22절의 말씀과 같이 자신 안에 "더 강한 자가 와서 그를 굴복시킬 때에는 그가 믿던 무장을 빼앗고 그의 재물을 나누느니라" 의 말씀과 같이 가계의 저주에서 해방이 되는 것입니다. 그러면 어찌하여 말대로 가계의 저주에서 해방되지 못합니까?

첫째, 예수만 믿으면 가계저주에서 해방된다는 것. 제일 큰 문제는 예수를 믿으면 가계의 마귀저주 대물림에서 완전하게 해방이 된다는 논리입니다. 이 말을 의심 없이 믿어버립니다. 그래서 아예 관심을 두지 않는 것입니다. 나는 예수를 믿었기 때문에 저주와는 상관이 없는 사람이다. 무시하면서 신앙생활을 한다는 것입니다. 그러나 혈통에 대물림되는 마귀저주는 가만히 있지를 않습니다. 예수를 믿는 자신은 물론이지만 자녀에게 문제가 발생을 합니다. 그러나 원인을 모릅니다. 또 문제가 발생한 다음에 치유를 받으려고 하니 해결이 되지를 않는 것입니다. 저는 이렇게 무시하면서 신앙생활을 하다가 영육의 고통으로 가산을 탕진하고 생명까지 빼앗기는 것을 보았습니다.

조상의 무당의 영으로 고생하다가 치유 받은 목사님의 이야기입니다. 이 목사님은 성령의 역사를 인정하는 ○○○ 교단에서 목사 안수를 십 년 전에 받으시고 교회를 개척하여 십년 째 목회하시는 목사님이십니다. 우리 교회에 치유 받으러 오신 이유가 이렇습니다. 자신은 잘 모르는데 이상하게 사람들 앞에 서서 칠판에 글씨를 쓰려고 하면 오른 손이 떨려서 글씨를 쓸 수가 없다는 것입니다. 사람들이 없을 때는 조금 나은데 성도들 앞에만 서면 오른 손이 떨려서 글을 쓸 수가 없었다는 것입니다. 그래서 무슨 원인인가를 알고 치유를 받으려고 지난 10여 년 동안 이곳저곳 성령의 역사가 있고 치유하고 축사하는 곳이라면 안 가본 곳이 없을 정도로 다니셨다고 합니다.

그러다가 소문을 듣고 우리 교회에 오신 것입니다. 그래서 상담을 요청하여 저에게 사정을 이야기 하셨습니다. 그래서 제가 성령님에게 물었습니다. 대관절 이 목사님이 무슨 이유로 사람들 앞에서 서서 칠판에 글씨를 쓸 수가 없었습니까? 하고 질문하였더니 성령께서 감동을 주시기를 조상 중에 무당이 있었는가 물어보아라, 그래서 목사님 가정에 혹시 무당과 관련된 분이 있거나 목사님이 어렸을 때에 무당에게 간적이 없습니까? 하고 질문을 했습니다. 그랬더니 목사님이 한참 기도를 하시더니 이렇게 대답을 했습니다.

아주 어렸을 때에 외할머니가 무당이라 자신이 아프면 어머니가 데리고 가서 기도를 받고 어깨에도 손을 자주 얹어 기도를 받았다는 것입니다. 그래요, 내가 나사렛 예수 이름으로 명하노니 대물림되는 무당의 영은 정체를 밝힐지어다. 했더니, 오른 손을 마구 흔드는 것입니다. 마치 TV에 나오는 무당이 굿거리 하는 장면같이 손을 마구 흔들어 댔습니다. 그래서 이제 내가 예수 이름으로 명하노니 혈통을 타고 들어온 무당귀신의 대물림의 줄은 끊어질지어다. 이제 내가 예수 이름으로 명하노니 혈통을 타고 들어온 무당귀신은 묶음을 풀고 나올지어다. 했더니 이 목사님이 한참 괴성을 지르시더니만 입에서 맑은 물을 막 토하면서 귀신이 떠나가는 것이었습니다.

이렇게 하기를 이틀 동안 했습니다. 그리고 목사님에게 물어보았습니다. 지금도 사람들 앞에 서면 손이 떨립니까? 목사님이 웃으시면서 지금은 그렇지 않습니다. 정말 이 문제 때문에 제가 고생을 많이 했습니다. 목사님 감사합니다. 하고 치유 받고 가셨습니다. 방심은 금물입니다. 제가 사역할 때 장로, 안수집사, 권사 할 것 없이 대물림되는 무당의 영으로 고통을 당하다가 치유 받고 간 성도가 많은 수입니다. 나는 권사이기 때문에 나는 장로이기 때문에 해당이 없다. 귀신이 장로나 권사나 목사를 보면 무서워서 도망간다. 천만에 말씀입니다. 자아는 의를 이루지 못합니다. 말씀과 성령의 역사로 자신을 성찰하는 시간을 가지시기를 부탁합니다. 자신에게도 대물림되는 문제가 있을 수 있다고 인정하시고 성령으로 찾아내어 치유하시기를 바랍니다.

둘째, 가계치유 집회 한 두 번 참석하면 된다는 것. 가계치유 세미나에 한번 참석하여 치유를 받았다고 대물림이 치유되는 것이 아닙니다. 오히려 순진한 성도들이 자신은 가계치유 세미나에 참석하여 저주를 끊었으니 자신은 가계의 저주와 상관이 없다고 방심할 수가 있는 것입니다. 그러다가 갱년기나 스트레스나 충격적인 일을 당한 후에 영육의 문제가 발생하기도 합니다. 나이가 들어서 발생하니 치유도 어렵게 되는 것입니다. 알아야 될 것은 가계치유 세미나에서는 가계의 대물림을 치유하려면 이렇게 하라고 영적인 원리를 알려주고 성령을 체험하고 자신의 문제가 있다는 것을 체험적으로 알게 하는 것입니다. 대물림되는 환란과 고통의 치유는 지속적인 말씀과 성령의 역사로 가문에 흐르는 대물림의 문제에 예수님의 권세를 주장해야 합니다. 자신이 성령의 사람으로 변해야 합니다.

우리 충만한 교회 성도들과 같이 집중적으로 집회에 참석하면서 영적으로 변해야 가계저주로부터 영원히 해방이 가능한 것입니다. 필자는 조상이 심한 우상을 숭배했다든지, 무당이 있다든지, 절에 스님이 있다든지, 남묘호랭객교를 믿는 조상이 있다든지, 하는 분들은 성령이 역사가 있고, 영적인 전문성이 있는 목회자가 목회하는 교회에 등록하여 집중적인 치유를 받으라고 권면을 합니다. 그렇게 해야 가계저주에서 영원히 해방이 될 수가 있습니다. 쉽게 생각하면 영원히 해방을 받을 수가 없을 수도 있습니다. 자신 안에 주인이 하나님으로 완전하게 바뀌어야 합니다.

그리고 가문의 여러 가지 영육의 문제가 대물림되는 근본은 악한영의 영향입니다. 악한 영은 실제적인 존재입니다. 그러므로 이 마귀의 저주 대물림에서 해방을 받으려면 성령의 임재가운데 예수님의 보혈을 주장하고, 초자연적으로 역사하는 성령의 살아있는 역사로 장악이 되어야 합니다. 성령을 체험만 해서는 안 됩니다. 성령으로 장악이 되어야 합니다. 그러면서 성령의 지배를 받아야 합니다. 마음 안에 계신 하나님께서 전인격을 지배해서 천국이 되어야 합니다. 그래야 저주하는 마귀가 자신 보다 강한 성령의 역사에 의해 떠나가는 것입니다. 그리고 마귀의 저주가 강하게 일어나 도저히 자신의 능력으로 감당하지 못한다면 성령의 역사가 함께하는 목회자의 도움을 받아가며 권세를 주장하고 끊어내야 합니다.

가문에 이런 것이 성도들에게 흐르고 있어서야 어떻게 하나님의 축복을 받을 수가 있겠습니까? 어떻게 예수님이 원하시는 대로 이 땅에서 천국을 누릴 수가 있겠습니까? 이것은 목회 사역을 하는 사람에게는 더욱 치명적입니다. 그러므로 이러한 것으로부터 완전히 자유를 얻어야 합니다. 특히 목회하는 사람들은 이런 세대적 죄악에 대해서 다른 사람들보다 더욱 온전해야 하는 것은 필수적입니다. 그것이 과거의 것이든 현재의 것이든 상관없이 하나님의 신성한 조명등 밑에 놓여 져야 합니다. 그리고 치유를 받으려고 노력해야 없어집니다. 나는 성령을 체험하고 가계의 저주를 끊은 집회에 몇 번 참석했다고 안심하거나 방심은 금물입니다. 성령으로 지배를 받는 신앙이 되어야 합니다.

셋째, 주문 외우는 것과 같이 기도. 많은 성도들이 가계의 마귀 저주를 끊는 기도문을 줄줄 외우면 저주가 끊어지는 것으로 알고 있습니다. 심지어 전문으로 가계의 마귀저주를 끊는 사역을 하는 기관에서 조차 가계 마귀저주를 끊는 기도문을 외우도록 한다는 것입니다. 그래서 그곳에 다녀온 성도들이 가계의 마귀저주를 끊는 기도문을 사가지고 와서 줄줄 외우고 다니는 것입니다. 그런데 우리가 바르게 알아야 합니다. 가계에 저주가 흐르는 것은 영의 차원에서 문제가 발생했기 때문에 저주가 흐르는 것입니다. 그러므로 가계의 마귀저주를 끊는 기도문을 머리로 외운다고 저주가 끊어지지 않는다는 것입니다.

기도문을 외우므로 마음의 위로는 받을 수 있을 것입니다. 기도문을 머리로 외워도 정작 영의 차원에서 역사하는 저주는 끊어지지 않는 것입니다. 문제가 더 큰 것은 내가 가계저주 기도문을 외웠으니 가계저주가 끊어졌다고 믿어버리는 것에 있습니다. 우리가 바르게 알아야 할 것은 가계저주를 끊는 기도문을 외운다고 저주가 끊어지지 않는다는 것입니다. 반드시 성령의 깊은 임재 하에 영의 차원에서 기도를 하고 끊고 축귀를 해야 저주하던 귀신들이 떠나가는 것입니다.

가문의 치유를 위한 회개의 기도나 환란과 고통의 단절의 기도나 악한 영을 축귀하는 기도나 할 것 없이 주문 외우듯이 기도문을 외우며 입으로 소리만 하며, 머리로 생각으로 기도 한다고 가계의 저주가 단절되거나 치유되는 것이 아닙니다. 성령의 깊은 임재 하에 그 때 그 상황을 영상을 마음으로 보면서 영으로 기도해야 합니다. 최소한 마음으로 기도해야 합니다.

기도 소리는 크지 않아도 상관이 없습니다. 성령의 임재 하에 하는 기도가 권세가 있어서 악한 영이 물러가는 것입니다. 성령의 임재가 중요합니다. 문제는 밖에 있는 것이 아니고 내안에 있기 때문입니다. 꼭 명심하시고 알아두시기를 바랍니다. 반드시 성령의 임재 하에 영적인 상태에서 현장을 영상으로 보면서 회개하고 끊는 기도를 하고 대적해야 귀신이 떠나가는 것입니다.

넷째, 이론으로 알면 저주가 끊어지는 줄 아는 것. 우리 한국 교회의 잘못된 것 중에 하나가 많이 알고 열심히 하면 다되는 줄 아는 것입니다. 자꾸 머리로 알려고 하는 것입니다. 바르게 알아야 할 것은 예수를 믿는 성도는 영적인 존재입니다. 예수를 믿는 순간 성령으로 거듭난 존재가 되기 때문입니다. 성도는 영적인 존재이기 때문에 영적인 것을 알고 눈으로 보고 느껴야 합니다. 영적인 존재는 육의 눈으로 보이지는 않지만 살아서 역사하는 존재들이기 때문입니다. 그래서 기독교는 생명의 종교입니다. 살아서 역사하는 종교라는 것입니다. 생명의 종교이기 때문에 머리로 아는 것이 아닙니다. 그래서 성경 고린도후서 3장 2-3절에 "너희는 우리의 편지라. 우리 마음에 썼고 뭇 사람이 알고 읽는 바라. 너희는 우리로 말미암아 나타난 그리스도의 편지니 이는 먹으로 쓴 것이 아니요, 오직 살아 계신 하나님의 영으로 쓴 것이며 또 돌판에 쓴 것이 아니요 오직 육의 마음 판에 쓴 것이라"하시는 뜻을 바르게 알아야 합니다. 말씀을 성령으로 마음 판에 기록해야 된다는 것입니다. 성령으로 마음 판에 새긴 말씀을 성령께서 감동하실 때 선포하므로 역사가 나타나는 것입니다. 그러므로 반드시 성령으로 세례를 받아야 합니다. 성령으로 마음 판에 말씀을 새겨 순간순간 성령께서 감동하시는 레마를 받아야 합니다. 그러면 레마는 무엇인가? 첫째로 하나님의 말씀은 원어상 '로고스'와 '레마(또는 레에마)'로 구분됩니다.

둘째로 로고스는 기록된 말씀이며, 레마는 성령으로 깨달아진 말씀 또는 나의 것이 된 말씀이라는 뜻입니다. 다시 말해 로고스는 객관적인 말씀이며, 레마는 주관적인 말씀이라는 것입니다. 따라서 레마의 말씀을 받아야 살아있는, 역동적인 말씀의 삶을 살아갈 수 있는 것입니다. 로고스와 레마를 상세하게 설명하면 이렇습니다.

“로고스는 성경전체로서 일반적인 하나님의 뜻을 보여주는 말씀에 지나지 않습니다. 하나님의 말씀이 나 개인에게 특별히 주어진 말씀이 되기 위해서는 우리 마음속에 하나님의 음성이 들려와야 합니다. 믿음을 생기게 하는 말씀이 헬라 원어로 레에마(ρημα)입니다. 똑같은 하나님의 말씀이지만 로고스와 레에마는 현저하게 다릅니다. 성경 로마서 10:17에 기록된 “믿음은 들음에서 나며 들음은 그리스도의 말씀으로 말미암았느니라”는 구절의 ‘그리스도의 말씀’이 바로 레에마입니다. 우리가 성경을 읽다가 어느 구절이 갑자기 가슴 속에 부딪쳐 불길을 일으키고 우리를 사로잡는 느낌을 줄 때 그 말씀이 곧 레에마입니다. 레에마가 주어지면 기적적인 믿음이 생기고 기적이 나타나게 됩니다. 많은 사람들이 약속의 말씀인 레에마를 받지 않고 자기 마음대로 계획을 세우고 일을 시작한 다음에 하나님께서 축복해 주시기를 기도합니다. 이런 사람은 결코 축복을 받을 수가 없습니다. 먼저 시작하기 전에 하나님 앞에 엎드려 기도하고 하나님의 말씀을 레에마로 받아야 비로소 말씀의 능력이 나타나고 축복을 받게 되는 것입니다.”

하나님의 말씀은 로고스와 레마로 표현되는데 그 의미가 다르다는 것입니다. 로고스는 일반적으로 쓴 말씀이고, 레마는 개인에게 주어진 특별한 말씀입니다. 그 특별한 말씀이 소위 기적도 일으키는 것입니다. 그 근거로 로마서 10:17을 들었습니다. 이 때 사용된 '말씀'에 해당되는 단어가 바로 '레마'이기 때문입니다. 그래서 가계저주를 끊으려면 성령으로 세례를 받고 성령께서 주시는 레마를 선포해야 가계의 저주가 끊어지는 것입니다. 절대로 머리로 많이 안다고 마귀저주가 끊어지는 것은 아닙니다. 성령으로 마음판에 새긴 말씀을 성령의 감동에 따라 믿음으로 선포할 때 가계저주가 끊어지는 것입니다. 가계에 저주를 하는 것은 이론이 아니고 실체인 마귀가 일으키는 것이기 때문입니다.

다섯째, 가계저주 끊는 집회만 참석하려고 하는 것. 필자는 전문 성령치유 사역을 오랫동안 했습니다. 전국에서 전화로 문의 합니다. 목사님! 가계저주를 끊는 집회는 언제 있습니까? 저는 이렇게 대답을 합니다. 우리 교회 집회는 매주 화-수-목요일 하는데 성령세례와 성령으로 하는 깊은 기도, 내적치유, 가계치유, 귀신축사, 신유사역은 깔아놓고 매주 사역을 합니다. 그렇기 때문에 어떤 주든지 오시기만 하면 모든 것을 치유 받을 수가 있습니다. 가계치유는 성령께서 하시기 때문에 언제라도 성령의 역사가 일어나면 가계에 흐르는 죄 성이 해결이 되는 것입니다. 가계저주를 끊는 집회만 참석하려고 할 것이 아니고 자신이 영적으로 변하여 성령의 지배를 받으려고 해야 합니다.

또 다른 문제는 우리 성도들이 가장 문제가 자신의 문제를 해결하는 것을 남의 힘을 빌려서 해결하려고 하는 것입니다. 그래서 가계에 대물림되는 마귀저주를 끊으려고 해도 자신이 성령의 권능으로 끊어내려고 하지 않습니다. 다른 사람의 힘을 빌려서 저주를 끊으려고 하는 것입니다. 그래서 가계저주를 끊는 집회나 세미나에 가서 끊어야 되는 줄로 착각하는 것입니다. 그러나 성경은 분명하게 말하고 있습니다.

마가복음 16장 17절에 믿는 자들에게는 이런 표적이 따르리니 곧 그들이 내 이름으로 귀신을 쫓아내며 새 방언을 말할 것 이라고 말한 것입니다. 믿는 자들인 것입니다. 목사나 장로가 되어서 된다는 말은 아닙니다. 믿는 자 들입니다. 그렇다면 예수님의 이름을 사용할 수 있는 자격을 주신 것입니다. 대리권 행사를 주신 것입니다. 우리가 법정에 고소당하면 직접 법정에 나가지 않고 변호사를 보내는 것입니다. 변호사에게 대리권 행사를 주어서 우리를 대신해서 법정에서 일하게 하는 것입니다. 예수님은 우리에게 대리권 행사를 주도록 예수님의 이름을 우리에게 맡겼습니다. 내 이름을 너에게 맡겨 놓을 테니 내 이름으로 귀신 쫓아내라. 예수님 이름을 맡겨 놓았는데도 그 이름을 사용해서 귀신을 쫓아내지 않고 귀신하고 친구가 되어서 같이 살면 얼마나 창피한 일인 것입니까? 자신이 성령의 권능을 가지고 자신의 가계에 저주하는 귀신을 쫓아내야 합니다. 하나님이 우리에게 성령의 은사나 권능을 주신 것은 자신의 문제를 치유하라고 주신 것입니다.

자신이 변하여 자신의 가계에 저주하는 귀신을 쫓아내는 것이 맞습니다. 우리가 바르게 알아야 할 것은 자신이 성령의 권능으로 자신의 가계에 역사하는 귀신을 쫓아내야 합니다. 만약에 다른 사람의 도움을 받아서 자신의 가계에 저주하는 귀신을 쫓아냈다고 하더라도 다시 들어오는 것입니다. 왜냐하면 당사자에게 성령의 권능이 없기 때문에 쫓겨나간 귀신이 다시 들어올 수 있는 것입니다. 가계에 마귀저주를 끊으려면 자신이 말씀과 성령으로 변하여 성령의 권능으로 자신에게 역사하는 저주의 영들을 몰아내야 합니다. 절대로 다른 사람의 도움으로 마귀저주를 끊고 귀신을 축귀해도 다시 들어옵니다.

자신이 진리를 알고 자기의 신분을 알고, 강력히 대항하고, 마귀와 귀신을 자신이 내어 쫓지 아니하면 언제나 도적질 당하고 죽임을 당하고 멸망을 당합니다. 도둑을 허락해 놓으면 아무리 집안에서 좋은 물건을 갖다 놓아도 자꾸 훔쳐가 버리니 어떻게 하는 것입니까? 그러므로 도적을 쫓아내야 되는 것입니다. 쌀 창고에 아무리 쌀을 갖다 놓아도 쥐를 잡지 않으면 쥐가 다 쌀을 먹어 버리는데 어떻게 하는 것입니까? 우리에게 믿음, 소망, 사랑, 의, 평강, 희락을 아무리 교회에서 받아와도 귀신을 내버려 놓으면 집에 가면 다 야금야금 갉아 먹어 버리는데 어떻게 하는 것입니까? 하나님이 우리와 같이 계신 것과 같이 귀신도 뒤에 끊임없이 다가오는 것이므로 귀신을 예수 이름으로 자신이 쫓아내야 돼요. 귀신 쫓아내는 것이 중요하지 않다면 예수님께서 그 사역할 동안에 제일 먼저 하는 것이 귀신 쫓아내는 것이었겠습니까?

예수님은 회개하라 천국이 가까웠다 하시고 귀신을 쫓아내시고 병을 고치는 역사는 3년 반 동안 늘 하셨습니다. 12명의 제자들에게도 나가서 회개하라 천국이 가까이 왔다고 귀신을 쫓아내고 병을 고치라고 말했으며, 70인의 제자에게도 회개하라 천국이 가까이 왔다고 귀신을 쫓아내고 병을 고치라고 말했으며, 주님이 마지막 유언으로 남겼는데 믿는 자들은 귀신을 쫓아내고 병을 고치라고 말한 것입니다. 오늘날 학자들은 그런 것이 없다고 말하는 이도 있습니다.

오늘날 전통을 따지는 일부 보수적인 교회에서는 이런 사역을 하지 말라고 하는 곳도 있습니다. 그러나 예수님이 뭐라고 말했습니까? 그것이 중요한 것입니다. 우리 교회가 뭐라고 말하느냐, 학자가 뭐라고 말하느냐가 중요한 것이 아니라, 예수님이 무엇이라고 말씀했는가에 귀를 기울여야 되는 것입니다. 예수님이 복음을 증거하고 귀신을 쫓아내라고 하셨으니까, 우리는 귀신을 쫓아내야 되는 것입니다. 우리는 더러운 귀신을 쫓아내고 악한 귀신을 쫓아내고 거짓말하는 귀신을 쫓아내고, 육신의 정욕의 귀신을 쫓아내고, 질병의 귀신을 쫓아내고, 정신이상의 귀신을 쫓아내고, 탐욕의 귀신을 쫓아내야 되는 것입니다. 항상 우리의 생활을 정결하게 만들어야 되는 것입니다. 우리 마음에 기쁨과 즐거움과 평안을 좀먹는 원수 귀신을 그대로 두고는 이 세상에 아무리 부귀, 영화 공명을 갖다 놓아도 소용이 없습니다.

좋은 옷을 입는다고 행복하나요? 좋은 집에 산다고 행복하나요? 권세와 능력을 가졌다고 행복하나요? 마음속이 마귀에게 점령당하고 귀신들이 붙어 다니는데 어떻게 행복할 수가 있는 것입니까? 정신적인 오염, 마음의 오염에서 정결하고 깨끗함을 받아야만 되는 것입니다. 마귀와 귀신은 영적, 심적, 육체적인 삶을 오염하고 해독을 주므로 이를 쫓아내고 정하게 하지 않으면 우리가 정말 영육 간에 승리하는 삶을 살수가 없습니다.

우리가 하나님께 정말 헌신하고 우리 마음을 정결하게 하고 우리 삶을 깨끗하게 하여 살려면 우리를 오염케 하는 도적질하고 죽이고 멸망시키게 하는 원수 마귀와 귀신들을 자신에게 와있는 성령의 권능으로 쫓아내야만 되는 것입니다. 우리가 성령으로 기도할 때 귀신이 쫓겨 나갑니다. 영과 진리로 예배드릴 때 귀신이 쫓겨 나갑니다. 귀신의 정체를 알고 성령의 임재 하에 대적하면 한길로 왔다가 일곱 길로 도망치게 되는 것입니다. 그러므로 우리가 하나님을 가까이 하고 마귀를 대적해야 됩니다. 성경은 야고보서에 하나님을 가까이 하라. 그리고 마귀를 대적하라. 저가 너를 피하리라고 말씀하신 것입니다. 우리의 삶은 하나님께 적극적으로 가까이 해서 하나님 은혜로 충만함과 동시에 적극적으로 귀신을 늘 쫓아내는 삶을 살아야 되는 것입니다.

앞으로 하나님께 바짝 붙어서 따라가고, 계속 따라오는 귀신을 예수 이름으로 내어 쫓아 버려야 되는 것입니다. 그래야 가계에 대물림되는 마귀저주가 끊어지는 것입니다. 하나님에게 온 마음을 드리고 우로나 좌로 치우치지 아니하면 가계에 역사하는 귀신은 덤비지 못하는 것입니다. 절대로 귀신을 무서워하지 말아야 합니다.

3장 가계의 저주 때문에 이렇게 산대요.

(골2:14-15)"우리를 거스리고 우리를 대적하는 의문에 쓴 증서를 도말하시고 제하여 버리사 십자가에 못 박으시고 통치자와 권세를 벗어버려 밝히 드러내시고 십자가로 승리하셨느니라."

하나님은 예수를 믿는 하나님의 자녀들을 마귀의 저주에서 행되게 하시려고 예수님을 이 땅에 보내주셨습니다. 예수님은 이 땅에 하나님의 나라 천국을 만드시려고 오셨습니다. 그런데 예수님께서 공생애동안 사역하신 것들을 보면 성령으로 세례를 받으신 다음부터 가시는 곳마다 귀신을 쫓아내시고, 죽은 자들을 살리시고, 병든 자들을 고치시고, 비정상적인 것들을 고쳐서 지옥에서 천국으로 변화되게 하여 사람들에게 천국을 체험하게 하셨습니다. 이를 보면 성령으로 하셨다는 것입니다. 예수를 믿었는데도 가계저주 때문에 이렇게 사는 것이 아닙니다. 성령으로 세례를 받지 않고 생명의 말씀과 성령의 지배를 받지 않았기 때문에 이렇게 고통을 당하면서 지옥 같은 삶을 사는 것입니다. 즉, 이론으로 믿음 생활을 했기 때문입니다. 영이신 하나님께 전인격이 장악되는 믿음 생활을 하지 않았기 때문입니다.

성경에 분명하게 말씀하고 계십니다. "하나님의 나라는 말에 있지 아니하고 오직 능력에 있음이라(고전 4:20)" 권능이 있어야 하나님의 나라가 될 수가 있습니다. 권능도 다른 사람의 권능이 아니고 자신에게서 나타나는 권능입니다.

많은 분들이 소극적인 믿음 생활을 합니다. 쉽게 설명하면 귀신을 쫓아내면 되기 때문에 다른 사람을 의지하려고 합니다. 그러나 하나님은 자신이 귀신을 쫓아내기를 원하십니다. 즉, 적극적인 믿음 생활을 하기를 소원하십니다. 자신 안에서 성령의 권능이 흘러나오는 믿음 생활을 원하신다는 것입니다.

그래서 성령께서 자신 안에 임재 하여 성전삼고 계시는 것입니다. 자신이 하나님의 나라가 되게 믿음 생활을 하지 않기 때문에 예수를 20년을 믿어도 가계저주로 지옥과 같은 인생을 살아가는 것입니다. 자신이 생명의 말씀과 성령으로 하나님의 나라가 된다면 어떻게 옛 사람인 혈통에 역사하는 영육의 고통이 물러가지 않겠습니까? 다음을 읽어보시고 자신의 믿음을 바르게 정립하시기를 바랍니다. 예수를 믿으면서도 저주를 당하면서 살아야 옳은 것인지, 천국과 아브라함의 복을 누리면서 살아야 할 것인지 바르게 이해하시기를 바랍니다.

첫째, 땅의 사람에게 역사하는 옛 통치자와 권세. 옛 통치자와 권세라는 것은 바로 마귀의 통치자와 권세를 말하는 것입니다. 마귀는 원래 하나님의 천사 중에 하나였습니다. 그는 하나님의 거룩하심을 보존하는 루시퍼였습니다. 그런데 그가 자기의 아름다움에 도취되어서 하나님을 몰아내고 하나님의 보좌를 찬탈하고 자기가 하나님과 동등하게 되겠다고 하다가 하나님께 쫓겨났습니다.

마귀는 천사 삼분의 일을 충동해 반역을 일으켜서 그는 하늘에서 쫓겨나서 공중에 권세를 잡은 마귀가 되고 만 것입니다. 그래서 공중에서 사단은 자기의 통치자를 세우고 권세를 세웠습니다.

자기가 임금이 되고 자기의 정부를 세웠습니다. 타락한 천사와 귀신들로 군대와 병사를 삼았습니다. 통치자와 권세를 가지고 하나님을 대적하며 하나님께서 행하시는 모든 일을 막으려고 전력을 기울이고 있는 것입니다.

그러므로 에베소서 6:10-12에 보면 "종말로 너희가 주안에서와 그 힘의 능력으로 강건하여지고 마귀의 궤계를 능히 대적하기 위하여 하나님의 전신갑주를 입으라 우리의 씨름은 혈과 육에 대한 것이 아니요 통치자와 권세와 이 어두움의 세상 주관자들과 하늘에 있는 악의 영들에게 대함이라"고 말하고 있는 것입니다.

그러므로 공중에서 마귀는 완전히 정부를 세우고 타락한 천사와 귀신들과 더불어 군대를 조직해서 그래서, 끊임없이 하나님의 백성들을 괴롭히는 것입니다. 하나님은 당신의 형상과 모양대로 사람을 만들고 사람들에게 이 땅을 주셨으며 천국을 주시기를 원하시는데, 어찌하든지 이 인류들을 하나님께로부터 떠나가게 하고, 하나님을 배반하게 하고, 거역하게 하고, 하나님의 마음에 슬픔과 상처를 갖다 주고, 하나님의 계획을 좌절시키려하는 이 일에 마귀는 전력을 기울이고 있습니다.

아담과 하와가 하나님이 지으신 에덴동산에서 하나님을 경외하고 섬기고 살았으면 좋았겠는데, 이 마귀의 궤계에 빠져서 하나님을 반역했습니다. 그래서 자기와 후손과 이 땅과 그 가운데 있는 모든 영광을 마귀의 통치자와 권세아래 집어넣어서 종이 되고 말은 것입니다. 아담과 하와의 후손으로 태어난 모든 인류는 뱃속에서부터 종으로 잉태되고 태어날 때부터 마귀의 지배 하에서 태어나는 것입니다.

마귀는 모든 인류에게 무거운 짐을 지워줍니다. 마귀의 정부와 마귀의 권세 밑에 사는 사람들은 죄 짐을 벗을 수가 없습니다. 죄는 하나님의 법을 어기는 것입니다. 그러므로 죄란 하나님에 대한 정면 도전입니다. 사람들은 모두 다 죄짐을 짊어지고 죄를 짓고 하나님께 도전하고 하나님의 법을 짓밟고 있습니다. 그래서, 하나님께 심판과 정죄를 받고 영원히 버림받게 하는 것이 마귀의 궤계인 것입니다.

아담과 하와가 마귀에게 속음으로 그 후손 모두가 혈통의 죄를 범했습니다. 모든 사람이 다 죄를 범했습니다. 한 사람도 하나님의 영광에 이르지 못하게 한 것입니다. 그뿐 아니라 사람들의 마음속에 하나님에 대한 불신앙을 가져오고 반역을 가져오고 무신론을 가져옵니다. 세속으로 채워놓고 이 세상과 세상의 풍속대로 살고 하나님은 생각도 않고 하나님을 그의 생애 속에 완전히 쫓아내 버리고 말도록 만들었습니다. 그리고, 그들 속에 미움으로 꽉 채워놓아서 사람들은 물고 찢고 싸우고 피 흘리는 전쟁으로 인류역사를 피로 물들여 놓게 만들은 것입니다.

영도 마음도 몸도 여러 가지로 병들어서 고통을 당하도록 만들어 놓았으며 가난과 저주의 쇠사슬로 묶어 놓아서 인도와 같이 거대한 대륙의 그 가난은 슬픔으로 가득합니다. 인도의 군중들의 삶을 바라보면 사는 것이 아니라 생존을 위한 거대한 몸부림이라고 설명할 수 있습니다. 그들은 매일 매일 몸부림을 칩니다. 그것은 살아있기 위한 것입니다. 이런 것이 하나님의 뜻이 아닙니다. 이 가난과 이 저주, 이것은 마귀가 인류를 도적질하고, 죽이고, 멸망시키는 수단으로 사용하는 것입니다. 그리고 난 다음 사망과 지옥은 인류의 궁극적인 운명이 되고 말았습니다. 육체가 죽고 하나님 모르는 영혼은 지옥으로 떨어져서 영원한 버림을 받게 된 것입니다.

이것이 옛 통치자와 권세 밑에 있던 인류의 모습입니다. 도적질당하고 죽임을 당하고 멸망을 당한 슬픔가운데 살았으니 인류들은 이와 같은 운명에서 벗어나려고 온갖 몸부림을 쳐오고 있었습니다. 그들은 과학을 발전 시켜보기도 하고, 지식을 발전시키고, 사회 제도를 개혁하고, 국가 제도를 개혁하고, 주의와 주장을 만들고 몸부림쳐 왔습니다. 인류는 그렇게 몸부림쳐 왔지마는 죄의 사슬에서 벗어 날 수도 없고, 삶의 허무와 무의미와 맹랑한 삶에서 벗어날 수도 없었습니다. 죽음과 절대 무에서 해방을 얻지도 못했습니다. 인류는 그러므로 스스로 구원할 수 없다는 사실을 너무나 분명하고 확실하게 알게 된 것입니다. 그래서 모든 사람의 가슴속에 탄식하고 고통을 하고 있었습니다. 우리는 스스로 구원할 수가 없습니다. 하나님의 능력을 날마다 의지하는 모두가 되시기를 축원합니다.

둘째, 예수를 믿는 하나님의 자녀들에게 새로 세워진 통치자와 권세. 하나님께서 이러한 인류를 불쌍히 여기사 인류를 구원하기 위해서 이천 년 전에 그 아들 예수님을 세상에 보내신 것입니다. 왜 예수님을 보내셨을까요? 천사를 보낼 수도 있었고 이 세상에 위대한 종교인을 일으켜 세울 수도 있었는데 왜 그 아들 예수를 동정녀 마리아를 통해서 이 땅에 사람으로 보냈을까요? 그것은 우리 인류를 참으로 구원하기 위해서는 마귀의 정부와 마귀의 권세가 점령한 이 땅에 하나님의 나라를 세워서, 하나님의 아들의 정부와 그 권세에 사람들을 건져내기 위한 것입니다. 그러므로 마귀의 나라에서 하나님의 아들 나라로 사람을 옮기기 위해서 하나님의 아들을 보내신 것입니다. 왜냐하면, 하나님의 아들은 하늘나라의 임금이기 때문입니다.

나라가 있으려면 임금이 있어야 됩니다. 요사이는 대통령이 있는 것처럼 임금이 있어야 정부를 세울 수 있고, 성령이 그 권세를 가지고 천사들이 권세가 되어서 하늘나라가 이루어지고, 그래서 마귀 나라를 쳐부수고 하늘나라를 세우셔서 그곳에 하늘나라의 백성들을 모아서 살게 만들어 주시는 것입니다.

이렇기 때문에 하늘의 임금이 와야지 천사가 와서는 소용이 없습니다. 하나님의 나라가 설립되지 않습니다. 세상 어떠한 사람을 세우면 그는 종교가나, 철학가나, 윤리학자나, 도덕가는 될 수 있을지 몰라도 임금은 될 수 없습니다. 하나님 아들 예수님만이 하늘나라의 임금이십니다. 그러므로 세상에 하늘나라를 세우기 위해서 예수님을 보내신 것입니다.

새로 세워진 통치자와 권세는 예수님이 세우신 것입니다. 예수님이 이 땅에 오셔서 먼저 외친 것은 회개하라. 그리고 기독교를 믿으라. 그렇게 말 안했습니다. 회개하라. 율법을 지켜라. 그렇게도 말하지 않았습니다. 회개하라. 종교의식과 형식을 집행하라. 그렇게도 말씀하지 않았습니다.

주님이 외친 것은 회개하라. 천국이 가까이 왔다. 하늘나라를 세우러 내가 왔다. 마귀의 나라 가운데 하나님의 나라를 세우러 왔다. 그리고 난 다음 마귀의 통치자와 권세를 깨뜨리기 시작한 것입니다. 마귀의 통치자, 마귀의 정부를 깨뜨리고 마귀의 권세를 깨뜨립니다. 마귀를 쫓아내고, 귀신을 내몰아쳐 쫓아내고, 병든 자를 고쳐내고, 죽은 자를 살려버리고, 굶주린 자에게 먹이시고, 천국을 전파하니 처처에 마귀의 통치자와 권세가 박살났습니다. 마귀가 쫓겨 나갔습니다.

하늘나라가 사람들의 심령 속에 받아들여지고 하늘나라의 권세가 나타났습니다. 인산인해로 사람들이 예수님 중심으로 모이고 예수님을 하늘나라의 왕으로서 그들이 모시려고 했습니다. 그러니 마귀가 이제 가만히 있겠습니까? 자기나라가 이제 무너지게 되었습니다. 자기의 통치자와 권세가 무너지고, 예수 그리스도의 통치자와 권세가 서게 될 것이기 때문에 그들은 결사적으로 로마사람을 충동하고 유대인들을 충동해서 그래서 예수님께 일전을 선포한 것이 바로 갈보리의 대 전쟁인 것입니다.

갈보리 산의 전쟁은 우주적인 전쟁입니다. 하나님에 대한 마귀의 도전입니다. 하나님이 인류를 구하기 위한 마귀와의 일전입니다. 바로 갈보리 산에서 그리스도와 마귀가 대적한 것입니다. 하늘나라와 지옥의 권세가 대적한 것입니다. 그곳에서 하늘의 통치자와 권세와 마귀의 통치자와 권세가 부딪친 것입니다. 눈에는 안보이지만 그곳에 하늘나라의 천사가 동원되었습니다. 마귀의 모든 귀신과 타락한 천사들이 동원되었습니다. 예수님은 마귀의 손에 잡혀서 로마의 법에 의해서 사형선고를 받고 유대인들의 모든 충동 속에서 십자가에서 몸이 찢기고 피를 흘리셨습니다.

십자가 전쟁에서 마귀가 외면적으로 볼 때, 이긴 것 같았습니다. 그러나 우주의 주제가는 하나님입니다. 절대 주권자는 하나님인 것입니다. 그런데 마귀가 불의하게 자기에게 속하지 않은 그리스도를 자기가 심판해서 십자가에 못 박았습니다. 불의한 자가 의인을 십자가에 못박은 것은 우주에 있을 수가 없는 것입니다. 마귀가 하나님의 아들을 잡아서 십자가에 못박은 것을 하나님은 그대로 둘 수가 없었습니다. 왜냐하면 이것은 우주의 정의의 법을 어기는 것입니다. 어떻게 죄가 의를 심판합니까? 어떻게 마귀가 하나님의 아들을 심판합니까? 자기나라에 속하지 않은 사람을 자기나라 법으로써 어떻게 벌합니까? 하나님께서 십자가상에서 마귀를 심판 하셨습니다. 그래서 마귀는 예수님을 십자가에 죽였고, 그 죽임을 통해서 하나님의 심판을 받아 자기의 통치자와 권세가 다 깨어져 버리고 말은 것입니다.

그러므로 십자가 전쟁의 계산속을 들여다보면 마귀는 예수님을 십자가에 못 박고 삼일동안에 그들이 기뻐하고 즐거워하고 뛰었습니다. 이제 하나님의 아들을 죽였으므로 하늘나라는 이 땅에 서지 못한다. 하늘나라의 임금이 죽었으므로 하늘나라 정부도 사라지고 권세도 사라지므로 마귀가 온 천하를 다스릴 수 있다고 그들은 공중에서 권세 잡은 마귀와 그 정부와 그 군대들이 모여 박수를 치고 기뻐하고 즐거워하고 환호를 외쳤을 것입니다.

마귀는 삼일동안에 온 천하를 석권하고 잡았다고 생각했는데 그 삼일동안에 예수 그리스도는 그 고통을 통해서 아담과 하와가 하나님 앞에 빚진 죄악을 다 하나님 앞에 청산하고, 사망의 세력을 다 멸하고, 3일 만에 하나님의 능력과 권세로 부활하심으로 말미암아, 예수 그리스도는 그 흘린 피 값으로, 죄 없이 흘린 피 값으로 아담과 하와 이후 모든 인류의 죄를 다 청산하심으로 십자가에서 율법을 철폐해 버리고 말은 것입니다.

율법이라는 것은 사람의 죄를 잡아 죽이는 것이 율법입니다. 그러므로 너는 살인했다. 너는 간음했다. 너는 도적질했다. 너는 네 이웃을 거짓 증거했다. 너는 이웃을 탐했다. 너는 하나님을 믿지 않고 있다. 너는 우상에 절했다. 하나님의 이름을 망령되이 불렀다. 너는 안식일을 지키지 않았다. 모든 죄를 잡아 죽이는 것이 율법입니다.

그러므로 마귀는 이 율법을 가지고서 모든 사람을 죄로 꽁꽁 묶어서 하나님을 대적하게 하고 하나님께로부터 멀리 멀리 떠나게 만드는 것입니다. 그런데 예수님은 우리의 일생의 죄를 다 청산해 버렸기 때문에 율법이 이제는 폐지되고 말은 것입니다. 십자가에서 주님께서는 우리를 거역하고 우리를 대적하는 의문에 쓴 정서를 다 도말 하시고 제하여 버렸습니다. 법을 제하여 버렸습니다.

우리가 빚을 지고 있을 때는 빚 문서를 가지고 와서 자꾸 우리에게 강조하지마는 빚을 다 갚아버린 다음에는 빚 문서가 소용이 없습니다. 그것은 아무런 힘이 없습니다. 빚졌을 때 빚 문서가 소용이 있지 빚을 갚아버리고 난 다음에는 빚 문서는 찢어버려야 되는 것입니다. 우리가 죄악의 빚을 졌을 때 하나님의 법으로써 우리를 심판하고 마귀가 우리를 굉장하게 고통당하도록 몰아 부치는 것입니다. 예수께서 우리의 일생의 죄를 다 청산해 버린 다음에는 죄를 정죄하는 율법은 철폐되어 버리고 마는 것입니다. 그러므로 오늘날 우리가 율법을 지키므로 구원받는 것이 아니라 이제는 오직 믿음으로 은혜로 구원을 받게 되는 것입니다.

죄를 지었음에도 불구하고, 못났음에도 불구하고, 버림을 당해야 마땅함에도 불구하고, 죄지은 그대로 빈 손든 그대로 예수를 믿기만 하면 남녀노유, 빈부귀천 할 것 없이 다 구원을 받게 되는 것입니다. 그러므로 마귀는 여기에서 자기의 무기인 율법을 잃어버리고 말은 것입니다.

율법은 십자가에서 폐지되어 버리고 말은 것입니다. 부활하심으로 예수 그리스도는 마귀의 통치자를 해제해 버리고 무장을 해제해 버렸습니다. 마귀는 십자가에서 정부가 무너지고 그리고, 그 무장이 해제되었음에도 불구하고, 불신자들의 사이에 충동해서 불법적인 게릴라 운동을 하고 있는 것입니다. 그런데 예수님은 십자가를 통해서 당당하게 하나님의 아들 나라를 이 땅에 세우고 있는 것입니다.

이러므로 이제는 예수 그리스도의 나라가 이 땅에 임하게 된 것입니다. 십자가를 통하여 그리스도는 왕으로서 부활하셨고, 그리고 성령이 임하셔서 권세가 나타나고 천사들이 와서 우리를 옹위하게 된 것입니다. 이렇기 때문에 예수 그리스도의 나라는 임금님이 예수이고, 권세는 성령과 천사들인 것입니다. 이래서 하나님의 나라가 오늘날 우리 가운데 임하게 되는 것입니다. 우리가 예수 그리스도를 구주로 모시면 예수 그리스도는 우리 속에 하늘나라의 정부로써 들어오시고, 그 다음 하늘나라의 권세인 성령이 임하시고, 그 다음 하늘나라의 권세인 천사들이 우리를 둘러 진 치게 되는 것입니다.

이러므로 지금 우리 눈에 안보이지만 우리가 모인 이 자리가 바로 하늘나라인 것입니다. 예수님이 임금으로 계시고 성령이 권세로 임하시고 천사들이 군대로써 우리를 둘러 진 치고 있는 것입니다. 한 사람 한 사람의 가슴속에 예수를 구주로 모실 때, 마음속에 임금님이 오시고 성령의 권세가 임하고 천사들이 보호함으로 말미암아 한 사람 한 사람이 하늘나라가 되는 것입니다. 이러므로 하늘나라가 여기 있다. 저기 있다고도 못하리니 천국은 너희 안에 있느니라고 말씀하고 있는 것입니다.

이러므로 우리는 연약하지 않습니다. 하나님의 아들이 나타나신 바 되었으니 마귀의 일을 멸하려 하심이라 말하신 것입니다. 우리는 하늘나라가 우리 속에 와 있습니다. 우리가 하늘나라 안에 들어와 있는 것입니다. 이것은 종교가 아닙니다. 철학이 아닙니다. 나라와 나라의 전쟁이 십자가에서 일어나서 갈보리 산에서 예수 나라가 마귀의 나라를 정복하고 파괴하고 무장 해제해 버리신 것입니다. 이젠 예수 그리스도의 이름과 그 말씀의 권세와 성령의 권세와 천사의 능력을 의지해서 우리는 가는 곳마다 마귀의 나라를 파괴하고 마귀의 일을 멸하고 하늘나라를 전파하고 하늘나라를 나타내고 하늘나라 속에 들어서 살도록 만드는 것입니다.

그렇기 때문에 성경은 말씀하기를 하나님께서 우리를 흑암의 권세에서 건져내사 그 사랑의 아들나라로 옮기셨노니라고 말씀하고 있는 것입니다. 우리는 하나님의 사랑의 아들나라에 들어온 것입니다. 이것은 종교가 아닙니다. 이것은 나라가 바뀌어진 것입니다. 국적이 새로워진 것입니다. 우리는 하늘나라가 우리 속에 와 있고 우리가 하늘나라 안에 들어와 있는 하늘나라 속에서 삽니다. 그러므로 우리는 이제 하늘나라 법칙을 통해서 삽니다. 예수님의 통치를 받으며 성령님의 권세와 천사들의 능력을 의지해서 살아가기 때문에 우리는 당당하게 마귀의 모든 일을 멸하고 살아야 될 것입니다. 성령의 권능으로 마귀 권세를 부수고 날마다 승리하시기를 축원합니다.

셋째, 예수 안에서 성령으로 이 땅에 하나님 나라(천국)가 이루어진다. 주님께서는 하나님의 나라는 어떠한 일이 일어나겠다고 선포하셨습니까? 누가복음 4:18-19에 보면 예수께서 나사렛 회당에 오셔서 당신이 세운 나라 가운데 어떤 일이 일어날 것을 말했습니다. 주의 성령이 내게 임하셨으니 이는 가난한 자에게 복음을 전하게 하시려고 내게 기름을 부으시고 나를 보내사 포로 된 자에게 자유를 눈먼 자에게 다시 보게 함을 전파하여 눌린 자를 자유롭게 하고 주의 은혜의 해를 전파하게 하려 하심이라고, 말씀하십니다.

이와 같이 주님께서 지상에 가져온 나라 속에는 이와 같은 자유와 해방과 치료의 역사와 운동이 일어날 것을 말씀하는 것입니다. 그래서 하늘나라의 영역을 자꾸 넓혀가다가 주님 강림하시는 그 날에 주님께서 하늘나라에 다 데리고 올라가시는 것입니다. 이러므로 이 땅에 지금 하늘나라가 임하여서 역사하고 있는 것입니다. 그러면 그 하늘나라의 역사를 우리가 알고 우리 스스로가 그것을 체험하고 그것으로 무장해서 가는 곳마다 마귀의 통치자와 권세를 깨뜨리고 하늘나라의 통치자와 권세를 세워야 되는 것입니다.

하늘나라는 가난한 자에게 영육간의 복음적 좋은 소식이 전해지는 것입니다. 하나님을 버리고 떠난 인간들은 마음에 의도 평강도 희락도 소망도 없었는데 예수를 믿고 하늘나라가 임하자, 그 마음속에 의와 평강과 희락과 영광이 가득하고 믿음, 소망, 사랑이 들어와서 영적인 가난에서 해방됩니다. 영적인 기쁨과 삶의 평안과 의미가 충만하게 됩니다. 그뿐 아니라 가난한 생활에서 해결되는 것입니다. 주님께서 우리에게 가난을 제하시고, 저주를 제거해 버리십니다.

그리고, 하늘나라에서 주님이 예비한 축복 속에 들어와서 살게 하는 것입니다. 아브라함의 축복, 젖과 꿀이 흐르는 가나안 땅을 주님께서 우리에게 주시는 것입니다. 이것은 가난한 자에게 복된 소식을 증거 하는 것이 하늘나라의 역사인 것입니다. 가난과 저주는 하늘나라에는 없습니다. 그것은 마귀와 아담이 만들어 놓은 것이지 하나님이 만든 것은 아닙니다. 또, 포로된 자에게는 자유를 주겠다고 말씀했는데 이 하늘나라의 역사는 자유의 역사인 것입니다.

죄와 마귀의 포로가 된 사람을 따라서 가고, 거짓말을 믿고 따라가고, 더러운 가운데서 마귀가 득실거리는 삶을 살던 인생들에게 하늘나라가 임하여서 저들을 불의에서 의롭게 씻어주시고, 거짓을 제하고, 참 그리스도의 진리를 따라 살게 하고, 그리고, 더러움을 제하여 버리며 득실거리는 마귀와 귀신들을 내 쫓아버리고 거룩하게 성령으로 충만하게 살도록 만들어 주시는 것입니다. 그렇기 때문에 죄와 마귀의 포로에서 해방시키는 것이 하늘나라의 역사인 것입니다.

그리스도를 모시고 하늘나라가 들어오면 알코올 중독자가 고침을 받고, 마약 중독에서 해방을 얻고, 음란하고 방탕한 생활에서 새롭게 되고, 사람이 의와 거룩함과 진리를 따라 살게 변화되는 이유가 그것인 것입니다. 하늘나라는 이와 같은 권세가 그 속에 나타나는 것입니다. 그리고 하늘나라에 들어온 우리들은 하늘나라의 역사로써 눈먼 자가 다시 보게 됩니다. 아담과 하와가 에덴동산에서 지음 받을 때는 영안을 가지고 성부, 성자, 성신 삼위일체인 하나님을 바라보고 하늘나라를 바라보고 동행했습니다마는 그들이 하나님을 반역하고 죄를 짓자 영적으로 죽어버리매 영안을 잃어버렸습니다.

하나님을 바라보지도 못하고 하나님을 알지 못함으로 사람들은 완전히 눈에 보이는 육신의 정욕, 안목의 정욕, 세상자랑만 취하고 육신으로서 부귀, 영화, 공명만 취하여 살다가 죽어버리고 버림받고 마는 것입니다. 오늘날 세상 사람들을 보십시오. 왜 세상 사람이 하나님을 완전히 그들 생애 속에서 쫓아내 버렸습니까? 왜냐하면 하나님을 모르니까, 모르는 하나님을 어떻게 믿습니까? 안 보이는 하나님을 어떻게 믿습니까? 그러므로 그들 생애 속에 하나님을 보는 눈이 없기 때문에 완전히 하나님 없는 물질 중심으로 탐욕 중심으로만 살고 있습니다.

그러나 하늘나라에 들어오면 주의 능력으로 눈이 다시 뜨여지기 시작합니다. 영안이 열려서 하나님을 알게 되는 것입니다. 하나님 아들 예수님을 구주로 깨닫게 되고 성령님의 능력을 깨닫게 됩니다. 힘으로도 되지 아니하고, 능으로도 되지 아니하고, 하나님의 성령으로 되는 것입니다. 이와 같은 성령의 능력이 임하시고, 그리고, 하나님 나라가 임하시는 것입니다. 이와 같이 영적인 눈이 열려지면, 하늘나라를 밝히 깨달아 알 수 있게 되는 것입니다. 물론, 하늘나라에 들어가면 육신의 눈도 밝아지지요. 하늘나라에 들어오면 영안이 밝아져서 영원히 살 수 있도록 천국을 바라보게 만들어 주시는 것입니다.

4장 가계치유를 오래 했는데 똑같아요.

(요 14:12-14)"내가 진실로 진실로 너희에게 이르노니 나를 믿는 자는 내가 하는 일을 그도 할 것이요 또한 그보다 큰일도 하리니 이는 내가 아버지께로 감이라. 너희가 내 이름으로 무엇을 구하든지 내가 행하리니 이는 아버지로 하여금 아들로 말미암아 영광을 받으시게 하려 함이라. 내 이름으로 무엇이든지 내게 구하면 내가 행하리라"

하나님은 성령으로 지옥 같은 세상을 하나님의 나라(천국)를 만드십니다. 가계치유를 5년을 했는데 옛날과 똑같다는 것은 이성적인 믿음 생활과 가계치유를 했다는 것입니다. 적극적인 가계치유가 아니라. 소극적인 가계치유를 하신 것입니다. 쉽게 설명한다면 자신이 생명의 말씀과 성령으로 완전하게 장악이 되는 믿음 생활을 하신 것이 아니고, 그저 가계의 저주를 끊어서 평안한 삶을 살겠다는 생각으로 가계치유를 한 것입니다.

필자가 이렇게 말하는 분들의 이야기를 들어보면 모두 하나같이 이성적인 치유를 했습니다. 이성적인 치유란 사람의 감정을 건드려서 인건적인 역사를 일으키며 치유입니다. 약을 쓰고 물병을 두드리고, 저주를 끊는 기도문을 주문 외우듯이 외우고, 욕을 해대고, 이렇게 하는 가계치유는 5-7년이 아니라, 10년을 해도 가계의 저주에서 해방되지 못합니다. 혈통의 죄 성에서 역사하는 가계의 저주를 일으키는 세력은 모두 사람의 무의식과 잠재의식에 형성되어 있습니다. 잠재의식과 무의식을 치유해야 가계의 저주에서 해방이 된다는 것입니다. 이성적인 행동으로 잠재의식이나 무의식을 건드릴 수가 없습니다.

반드시 성령의 역사가 일어나야 무의식 잠재의식의 상처와 혈통의 죄 성이 정체를 드러내는 것입니다. 필자에게 목회자들이 문의를 합니다. 어떻게 해야 잠재의식이나 무의식을 치유할 수가 있습니까? 저는 이렇게 대답합니다. 인간적인 방법은 없습니다. 성령의 역사를 일으키는 수밖에 없습니다. 성령님만이 잠재의식과 무의식을 건드려서 치유하실 수가 있습니다. 사람의 방법으로 무의식과 잠재의식을 드러내어 치유할 수가 없습니다. 그래서 가계의 저주에서 해방되게 하는 것이나 상처를 치유하는 것은 성령께서 저를 통하여 하시는 것입니다. 절대로 제가 하지 못합니다.

바르게 알고 가계의 저주에서 해방을 받으려고 해야 합니다. 이 책을 끝까지 정독하면 어느 정도 영의 눈이 열리고 어찌해야 된다는 영적인 원리가 떠오를 것입니다. 가계의 저주에서 해방을 받으려면 먼저 자신이 하나님의 나라가 되는 것입니다. 하나님은 성도들이 생명의 말씀과 성령으로 하나님의 나라가 되기를 소원하십니다. 하나님의 나라가 되어야 하나님의 일을 하면서 이 땅에 하나님의 나라를 건설하는 군사로서 사용할 수가 있기 때문입니다.

이모든 것은 성령으로 되는 것입니다. 성령으로 자신의 영-혼-육이 지배를 받게 되는 것입니다. 전인격이 성령의 지배를 받으니 예수님의 인격으로 변화되는 동시에 육체와 혼에 역사하는 존재들이 떠나가는 것입니다. 그런데 자신은 변화되지 않고, 육체와 혼에 역사하는 악한 존재만을 쫓아내려고 하니 떠나갔다가 다시 들어오는 것입니다. 이러기를 수없이 반복하는 것입니다. 근본이 변화되지 않았기 때문입니다. 근본이 변화가 되어야 합니다. 근본은 자신이 인정하고 개달아야 변화되기 시작을 합니다. 이 역시 성령으로 되는 것입니다. 성령이 아니고는 자신을 정확하게 볼 수가 없기 때문입니다.

우리가 바르게 알아야 할 것은 예수 믿는 다는 것은 행복을 의미합니다. 예수 믿으면 하루의 삶이 달라집니다. 예수 믿는 다는 것은 평안을 의미합니다. 예수를 믿으면 인생이 달라지게 되어있습니다. 예수 믿는 다는 것은 기적을 의미합니다. 예수를 믿으면 아브라함의 축복을 받습니다. 예수를 믿으면 운명이 달라집니다. 오늘날 많은 사람들이 주저앉은 인생을 살고 있습니다. 사랑이 주저앉았다. 믿음이 주저앉았다. 가정이 주저앉았다. 사업이 주저앉았다. 도무지 헤어날 수 없는 좌절의 바닥에서 몸부림치고 있는 사람들이 있습니다.

도대체 누구를 잡아야 살 수 있을까 누구의 도움을 받아야 일어설 수 있을까 고민하고 있습니다. 하지만 세상을 아무리 바라보아도 우리의 도움은 오직 주 밖에 없습니다. 예수 그리스만이 우리 운명을 바꾸는 능력이십니다. 이 능력을 자신이 직접 사용해야 가계의 저주에서 해방이 될 수가 있습니다. 사람들은 돈이 있어야 운명을 바꿀 수 있다고 생각하지만 성경은 우리에게 이렇게 가르쳐 줍니다.

베드로가 "은과 금은 내게 없으나 내게 있는 것을 당신에게 주겠소. 나사렛 예수 그리스도의 이름으로 일어나 걸으라"고 말하고 있습니다(행:3-6). 예수 이름의 능력이 인생의 운명을 바꿉니다. 인생의 희망은 오직 예수 그리스도의 이름에 있습니다. 누구든지 예수 그리스도의 이름을 붙들어야 구원을 얻고 영원한 생명을 얻는 것입니다. 저는 모든 성도들이 자신의 운명을 바꾸는 예수 이름의 권능을 사용하기를 소망합니다. 하나님은 예수 그리스도를 통해 우리의 인생이 평안하기를 원하십니다. 하나님은 예수 그리스도를 통해 주저앉은 삶이 일어나기를 원하십니다. 하나님은 예수 그리스도를 통해 구원받기를 원하십니다.

예수 이름에 치유가 있습니다. 예수 이름에 축복이 있습니다. 예수 이름에 행복이 있습니다. 예수 이름에 회복이 있습니다. 예수 이름에 능력이 있습니다. 예수 이름에 기적이 있습니다. 권능 있는 예수 이름을 적절하게 사용하십시오. 그러면 당신의 운명은 주저앉은 인생에서 일어서는 인생으로 바뀌게 될 것입니다. 남에게 도움 받는 인생에서 남을 도와주는 인생으로 바뀌게 될 것입니다. 오직 예수 그리스도의 이름만이 우리의 운명을 변화시키는 기적을 가져옵니다. 예수의 이름에는 능력이 있습니다. 이 예수님이 우리에게 위임한 권능을 사용해야 가계의 저주에서 해방이 되는 것입니다.

첫째, 권능을 성령으로 기도할 때 나타난다. 예수님의 능력은 항상 성령으로 기도하는 사람을 통해 나타납니다. 전인격이 성령의 지배를 받아야 하기 때문입니다. 기도가 능력이고, 기도가 성령 충만이기 때문입니다. 유대인들은 바벨론 포로에서 돌아온 후 하루에 세 번 기도하는 습관을 가지고 있었습니다. 본문에는 베드로와 요한이 유대인의 습관을 따라 제 구시에 성전으로 기도하러 올라가는 모습이 소개되고 있습니다. 성령 충만을 경험했던 베드로와 요한이 유대인의 전통적인 기도 시간에 기도하러 성전에 올라갔다는 말은 초대 교회가 유대교의 전통을 완전히 버리지 않고 준행했음을 시사하고 있습니다. 초대교회 성도들이 복음을 유대교의 연장선상에서 이해하고 있었기 때문입니다. 그래서 베드로가 이방인 고넬료에게 복음을 전하는 것을 꺼려했고, 예루살렘 교회 성도들이 문제를 삼았습니다(행11:2-3). 그러나 유대교의 전통이 모두 다 그릇된 것은 아닙니다. 그리스도인이 시간을 정해 놓고 기도하는 습관을 갖는 것은 유익한 것입니다.

베드로와 요한은 자기 형제가 있었지만 그들은 자기 형제 이상으로 친밀한 관계를 유지하고 있었습니다. 그것은 베드로가 회개하고, 하나님이 그를 용납하셨다는 좋은 증거가 되며, 그리스도 안에 있는 교제가 혈연관계보다 더 친밀할 수 있다는 사실을 보여 주는 것입니다.

앉은뱅이가 일어나는 기적은 기도하는 시간에 베드로와 요한을 통해 일어났습니다. 기도하는 사람은 하나님이 함께 하시는 특별한 존재입니다. 그들을 통해 하나님은 기사와 표적을 나타내십니다. 기도는 영적 호흡이며, 하나님과의 교제이고, 자신을 치유하는 시간이고, 심신의 피로를 회복하는 시간이며, 하늘나라의 보물 창고를 열 수 있는 열쇠가 되기 때문입니다. 우리 주님은 구하고 찾는 자에게 가장 좋은 것으로(마7:11), 가장 빠른 시간 안에(눅18:8), 우리가 필요한 것만큼(눅11:8) 주시는 분입니다. 하나님께서 우리에게 주신 최고의 능력 가운데 하나가 기도입니다. 하나님께 쓰임 받았던 사람들의 공통점은 기도의 사람이었습니다. 기도의 능력은 제한이 없습니다.

성도는 얼마든지 기도를 통해서 세상을 변화시킬 수 있습니다. 우리는 사도들과 같이 하루에 세 번씩 시간을 정해 놓고 기도할 수는 없어도 하루를 시작하는 새벽 시간을 하나님께 드릴 수는 있습니다. 시간을 정해 놓고 하나님을 만나는 사람은 믿음의 사람입니다. 성령으로 세례를 받고 성령으로 기도할 때 가계의 저주에서 해방이 될 수가 있습니다.

둘째, 성도들은 그보다 큰 것도 하는 능력을 가진자. 성도들의 믿음의 성장, 영적 성장의 과정을 보면 크게 나누어 3단계로 변화를 체험합니다. 예수님을 영접하고 처음 교회에 들어와 새 신자 교육이나, 성경 공부 등을 통하여서 예수님을 우리의 죄를 사하기 위하셔 십자가에 달리신 분이라고 인식하게 됩니다. 즉 "구원자의 예수님"으로 "아 나는 구원을 받았구나"이렇게 인식하게 됩니다.

그 이후 차츰 시간이 흐르고 목사님들의 설교를 통하여서 혹은 다른 성도들의 간증을 통하여서, 또 성경 말씀을 통하여서 예수님에 대한 인식이 한 단계 변화하게 됩니다.

그 두 번째 단계는 바로 "권능의 예수님"입니다. 성경말씀 속 예수님께서 제자들과 함께 돌아다니시면서 병을 고치시고 귀신을 내보내고 오병이어와 같은 각종 이적과 기사를 행하시는 것을 보면서 "아 예수님은 권능이 있으시구나" "권능의 예수님이시구나" 알게 됩니다.

그런데 문제는 많은 크리스천들이 이 2번째 단계에서 멈춘다는 것입니다. 그 이후에 있는 3번째 단계에 도달하지 못한다는 것입니다. 그렇다면 3번째 단계는 무엇이기에 많은 크리스천들이 이 단계에 도달하지 못하는 것일까요? 바로 3단계는 2단계에서 인식한 능력의 예수님께서 우리에게 실제적으로 역사하는 것을 체험하는 것입니다. 그런데 왜 3단계로 변화되지 못할까요? 그것은 살아있는 성령의 역사를 체험하지 못하기 때문입니다. 성령으로 세례를 받고 내면의 상처를 치유 받으면서 자신에게 역사하는 악한 영을 알고 몰아내는 체험을 하기가 어렵다는 것입니다. 보수적인 교회에서 성령을 체험하기는 상당히 어렵습니다.

왜냐하면 성도들을 양육하는 목회자 중에 예배나 집회를 통하여 성령으로 세례를 베풀 수 있는 목회자가 많지 않기 때문입니다. 그래서 실제 말씀대로 성령의 역사를 일으키지 못합니다. 성도들이 살아있는 성령의 역사를 체험하지 못하니까, 예수님께서 행하신 기적들은 당시 예수님 시대에서만 행하여지는 것이고, 우리가 사는 현대 시대에는 있을 수 없는 일이라고 생각한다는 것입니다. 성도들은 목사님이 알려주는 것만 알고 행하기 때문입니다. 그러므로 담임 목사님들의 영성이 중요합니다. 영적인 진리를 많이 알고 전하고 체험하게 해야 한다는 책임감이 있어야 합니다. 성도들은 자신이 알려주는 것만 알고 있다는 것을 알아야 합니다.

또 우리는 그런 기적을 행할 수 없다고 생각하는 것입니다. 이는 우리가 믿는 기독교가 생명의 종교요, 기적의 종교요, 체험의 종교라는 것을 알지 못하고 믿지 않은 연고입니다. 하지만 우리 안에 성령이 계시고, 지금도 살아서 역사하고 계시는 성령이라는 것을 알고 믿으며, 성경을 하나님의 말씀으로 믿고 있다면 이런 생각은 잘못된 것임을 알아야 합니다.

하나님은 지금도 살아서 역사하시는 하나님이십니다. 하나님은 말씀하신 것을 실제로 이루시는 분입니다. 그러므로 성령의 임재 하에 말씀을 선포한 그대로 이루어진다는 믿음을 가져야 합니다. 요한복음 14장 12절을 보면 "내가 진실로 진실로 너희에게 이르노니 나를 믿는 자는 나의 하는 일을 저도 할 것이요 또한 이보다 큰 것도 하리니 이는 내가 아버지께로 감이니라"

이처럼 예수님께서는 친히 우리에게 우리가 예수님을 믿는다면 예수님께서 하신 일을 할 수 있으며 또 그보다 큰 것도 한다고 말씀하셨습니다. 예수님께서 행하신 눈먼 사람도 고칠 수 있으며, 앉은뱅이도 일어서게 할 수 있으며, 혈루병, 귀신들린 자, 병

어리 된 자, 우울증, 공황장애, 죽은 자, 오병이어의 기적뿐만이 아니라, 그보다 더 큰 기적을 우리는 행할 수 있다고 말하고 계시는 것입니다.

그렇다면 2단계에서 3단계로 성장하기 위해서는 어떻게 해야 할까요? 예수님께서 행하신 기적들을 우리가 행하려면 어떤 것이 필요할까요? 그 비밀의 열쇠는 바로 "예수라는 이름의 능력의 사용"입니다. 예수님의 권능을 사용하려면 먼저 성령을 바르게 알고 성령으로 세례를 받아야 합니다. 예배나 집회에서 실제로 살아서 역사하시는 성령을 체험해야 영적인 수준이 향상되는 것입니다. 예수님은 이렇게 말씀을 하십니다. "너희가 내 이름으로 무엇을 구하든지 내가 시행하리니 이는 아버지로 하여금 아들을 인하여 영광을 얻으시게 하려함이라 내 이름으로 무엇이든지 내게 구하면 내가 시행하리라(요 14:13~14)"

위 말씀은 예수님께서 직접 하신 말씀으로 13절에 "너희가 내 이름으로 무엇을 구하든지 내가 시행하리니…" 그리고 또 14절 "내 이름으로 무엇이든지 내게 구하면 내가 시행하리라"에 두 차례나 걸쳐서 예수님께서 예수님 자신의 이름으로 "무엇이든지" 구하면 시행하리라 라고 말씀하고 계십니다. 이처럼 내 이름으로! 예수이름! 으로 구하면 시행하신다는 것입니다. 마가복음 16장 17~18절을 보면 "믿는 자들에게는 이런 표적이 따르리니 곧 저희가 내 이름으로 귀신을 좇아내며 새 방언을 말하며 뱀을 집으며 무슨 독을 마실지라도 해를 받지 아니하며 병든 사람에게 손을 얹은즉 나으리라 하시더라"

그렇습니다. 예수라는 이름으로는 불가능한 것이 없습니다. 우리가 예수님의 이름을 부르면 귀신이 떠나가는 역사가 일어납니다. 우리가 예수님의 이름을 부르면 병이 씻은 듯이 낫습니다. 또 우리가 예수님의 이름을 부르면 불가능한 것도 가능해지는 것입니다. 이처럼 예수라는 이름에는 그 이름 속에는 능력과 권세가 있기 때문에 "내가 나사렛 예수의 이름으로 명령하노니 귀신아 떠나가라!" 이렇게 담대히 선포할 수 있는 것입니다.

예수님은 어떠한 제한도 두지 않으시고 '무엇이든지'라고 하셨습니다. 무엇이든지 예수님이름으로 구하면 예수님께서 시행해주신다고 해결해 주신다고 하셨습니다. 예수님께서 말씀하신 '무엇이든지'라는 것을 우리는 마음속 깊숙이 새겨야 합니다. 예수님의 이름의 능력에는 어떠한 조건도 제한도 두어서는 안 됩니다.

지금 저는 성령치유 사역에서 이 예수님의 이름의 권세와 능력을 몸소 체험하고 있습니다. 어디를 갈 때든지 어느 곳에 있든지 속으로나 혹은 입으로 '예수 이름으로 명하노니…!'라고 계속 선포를 합니다. 저는 앞의 말씀처럼 무엇이든지 구하라 하신 예수님의 말씀을 그대로 믿고 작은 것 하나부터 실천했습니다. 내가 믿음으로 선포할 때 예수님이 하신다는 믿음이 중요합니다. 그래서 그냥 지나칠 수 있는 사소한 일이라도 예수님께 구합니다. 믿음가지고 예수님 이름으로 구합니다. 제가 힘이 없을 때 "예수 이름으로 나에게 힘이 생길지어다"를 외치고 제가 우울해질 때 "예수 이름으로 나의 우울함은 떠나갈지어다"를 외치고, 제가 화가 날 때 누군가가 미워질 때 "예수 이름으로 화는 떠나갈지어다"를 외칩니다. 이렇게 '예수 이름으로'를 외치고 나면 정말로 신기하게도 모든 것이 해결이 되고 마음의 평안이 옵니다. 마음에 사랑이옵니다. 기쁨이 옵니다. 이것이 바로 예수라는 이름의 능력이고 힘인 것입니다.

예수라는 이름에는 이미 그 권세와 능력이 들어있습니다. 그 이름의 능력을 믿고 작은 것부터 예수이름으로 구하여 보십시오. '이런 것쯤이야'라는 나태한 마음을 버리시고 하나하나 작은 것부터 예수이름을 외치십시오. 그런다면 우리도 예수님처럼 귀신을 쫓고 기적을 행하는 진정한 예수님의 제자다운 크리스천이 될 것입니다. 예수님의 권능을 사용할 줄 알아야 진정한 성도가 되어 가계의 저주에서 해방되는 것입니다.

셋째, 물질보다 더 뛰어난 능력. 예수의 이름에는 은, 금보다 더 뛰어난 능력이 있습니다. 베드로와 요한이 앉은뱅이를 만난 곳은 미문이었습니다. 그 문은 높이가 75피이트에 폭이 60피이트나 되는 거대한 문이었습니다. 사람들은 그 문을 "니카노르 문"(Nicanor Gate)이라고 불렀습니다. 그러나 그 문이 너무나 아름답고 웅장하기 때문에 "아름다운 문"이라고 부르기를 더 좋아했습니다.

그렇게 아름답고 어마어마한 문과는 대조적으로 그 문 앞에 날마다 쭈그리고 앉아 때 묻은 손을 내밀며 구걸하는 불쌍한 사람이 있었습니다. 하나님이 사랑하는 당신이여! 가장 아름다운 공간 안에 가장 초라한 인생이 앉아 있는 모습을 상상해 보시기 바랍니다. 그것은 참으로 아이러니입니다. 사도행전 4장 22절에 "이 표적으로 병 나은 사람은 40여세나 되었더라"고 기록된 것을 보면, 그는 40년간이나 앉은뱅이 인생을 살아 온 것입니다. 어릴 때는 그런대로 부모의 보호를 받으며 자랄 수 있었을 것입니다. 그러나 세월이 지남에 따라 부모도 늙어서 그를 도와 줄 수 없게 되었고, 형제들은 저마다 출가나 분가를 했을지도 모릅니다. 그래서 그는 혼자 남게 되었을 것입니다.

건강하지 못한 이 앉은뱅이는 아무것도 할 수 없었습니다. 그때에 친척과 이웃이 그에게 여러 가지로 권면했을 것입니다. "아무렴 산 사람 입에 거미줄을 처서야 되겠느냐?"고 말입니다. 그래서 그는 이웃의 도움을 받으며 미문 앞에서 구걸을 하기 시작했습니다. 살기 위해서 그가 할 수 있는 일은 그것 밖에 없었습니다. 성전 문 앞에는 항상 거지들이 줄지어 있었습니다. 그것은 하나님의 전으로 올라가는 사람들에게 동정이나 자비를 구하는 것이 비교적 쉬웠고 또 자선에도 비교적 관대했었기 때문이었습니다.

그렇게 구걸하며 지내던 어느 날 그는 평소와 같이 때 묻은 손을 내밀며 동정을 구하고 있었는데 그 길을 베드로와 요한이 지나가다가 그를 보게 되었습니다. 가난한 베드로와 요한은 그에게 줄 돈이 없었습니다. 그러나 그냥 지나쳐 갈 수가 없었습니다. 그래서 그에게 우리를 보라고 요청했습니다. 앉은뱅이는 인간적인 기대

이상을 바라지 않았습니다. 내가 무엇을 해야 구원을 받을 수 있느냐고 묻지도 않았습니다.

앉은뱅이가 그들을 바라보자 베드로가 외쳤습니다. "은과 금은 내게 없거니와 내게 있는 것으로 네게 주노니 곧 나사렛 예수 그리스도의 이름으로 걸으라" 베드로는 앉은뱅이가 구하는 돈이 아니라 예수의 이름을 주었습니다. 앉은뱅이가 일어난 것은 영이 알아듣고 혼에게 명령하니, 혼이 알아듣고 육에게 명령하니 육이 순종하여 앉은뱅이가 뛰어서 걸으며 간증한 것입니다. 우리도 예수 이름의 권능을 전해야 합니다. 희망을 잃은 사람들에게 예수의 이름을 나누어 주는 일은 교회가 할 일입니다. 성도가 할 일입니다. 세상은 은과 금의 이야기로 가득 채워 있습니다. 돈 이야기를 빼면 할 말이 없는 세상입니다. 한마디로 보이는 면만을 보고 추구한다는 것입니다. 그래서 영적인 능력이 나타나지를 않는 것입니다.

사람들은 돈이면 무엇이든 할 수 있다고 생각하지만 우리 인생에서 정말 중요한 것은 결코 돈으로 살 수 없습니다. 오늘날 돈에는 부요하지만 영혼은 가난한 사람이 많습니다. 돈은 많지만 참된 평안을 잃어버리고 불안에 떠는 사람이 많습니다. 오늘날 사람들은 은과 금에 인생의 희망을 겁니다. 하지만 인생의 희망은 오직 예수 그리스도의 이름에 있습니다. 누구든지 예수 그리스도의 이름을 붙들어야 구원을 얻고 영원한 생명을 얻는 것입니다. 저는 모든 성도들이 자신의 운명을 바꾸는 예수 이름의 능력을 소유하기를 소망합니다.

넷째, 구하는 것을 주시는 능력. 예수의 이름에는 우리가 구하는 것을 주시는 능력이 있습니다. 또한 우리의 필요를 채워주시는 능력이 있습니다. 베드로는 앉은뱅이의 오른손을 잡아 일으켰습니다. 이 대목에서 베드로의 위대성을 보게 됩니다. 치료의 확신이 없었다면 손을 잡고 일으킬 수가 없었을 것입니다. 진정한 구제는 행동이 수반되어야 합니다. 사도행전 3장 8절은 이 명령이 환자에게 준 영향에 대하여 설명해 주고 있습니다. 그는 말씀에 복종하여 뛰어 일어나 걸었습니다. 그는 잠을 자고 난 후 몸이 회복된 사람처럼, 자기에게 힘이 있는지 의심하지 않고 걷기 시작했습니다. 그것은 수천수만 개의 은과 금이 주지 못하는 놀라운 기적이었습니다. 존재의 변화입니다. 그리고 그가 고침 받은 자신의 모습을 사람들에게 보여 주며 하나님을 찬미한 것은 간증이었습니다. 하나님의 은총을 경험한 사람은 그들이 경험한 것을 증명해야 합니다.

누가 앉은뱅이였던 사람에게 "벌어먹고 살기도 힘들 텐데 다시 앉은뱅이로 돌아가는 것이 어떻겠느냐"고 묻는 다면 그는 단호히 거절할 것입니다. 일어서 보기 전에는 앉아 있는 것이 그런대로 안전하고 편하다고 생각할지도 모릅니다. 그러나 서는 기쁨, 걷는 기쁨, 달리는 기쁨을 경험한 그는 절대로 앉은뱅이 상태로 돌아가려고 하지 않을 것입니다. 넘어지는 것을 겁내는 어린이는 절대로 서서 걸으려고 하지 않습니다. 신앙생활도 마찬가지입니다. 은혜를 경험하고, 주를 위해 봉사하며 말씀대로 살아 본 사람은 절대로 과거로 돌아가려고 하지 않습니다. 그것이 설사 육신적으로 피곤하고 물질적으로 희생이 되어도 그는 그가 경험한 은혜의 자리에서 앞으로 전진 할 뿐입니다.

어느 날 톨스토이가 산책을 하고 있는데 거지 한 사람이 건너편에서 그를 보고 달려와서 구걸을 했습니다. 그러나 톨스토이는 가진 돈이 없었습니다. 그래서 거지를 끌어 앉으며 "형제여 내가 지금 돈이 없어서 아무것도 줄 수가 없습니다." 그의 품에 안겼던 거지의 얼굴에 웃음꽃이 피었습니다. 이 모습을 지켜보고 있던 또 다른 거지가 그에게 물었습니다. '자네는 톨스토이에게 무엇을 얻었기에 그렇게 싱글 벙글하는가' '그가 나보고 형제라고 불렀다네' 꼭 물질이 있어야 이웃을 섬기는 것이 아닙니다. 예수의 이름으로 진실한 사랑을 전할 수 있다면 그것이 또 하나의 섬김이 될 것입니다. 예수 이름은 초자연적인 권능이 있기 때문입니다.

결론적으로 가계치유를 오래했는데 변화가 없는 것은 자신에게 문제가 있든지 가계치유를 하는 장소와 목회자가 문제가 있든지 두 가지 중에 한 가지가 문제가 있기 때문에 가계치유를 오래했는데 영육의 변화가 없는 것입니다. 분명하게 성령의 역사가 일어나는 가계치유를 받았으면 영육의 변화가 일어나지 말라고 해도 변화가 일어나게 되어 있습니다. 원인을 진단하여 조치해야 할 것입니다. 하나님은 세월을 아끼라고 말씀하셨기 때문입니다.

5장 말로 해방되나 성령으로 해방되나

(행3:6-10)“베드로가 이르되 은과 금은 내게 없거니와 내게 있는 이것을 네게 주노니 나사렛 예수 그리스도의 이름으로 일어나 걸으라 하고, 오른손을 잡아 일으키니 발과 발목이 곧 힘을 얻고 뛰어 서서 걸으며 그들과 함께 성전으로 들어가면서 걷기도 하고 뛰기도 하며 하나님을 찬송하니 모든 백성이 그 걷는 것과 하나님을 찬송함을 보고 그가 본래 성전 미문에 앉아 구걸하던 사람인 줄 알고 그에게 일어난 일로 인하여 심히 놀랍게 여기며 놀라니라”

하나님은 영이시지만 살아계십니다. 살아계신 하나님은 초자연적인 분입니다. 그렇기 때문에 하나님의 말씀은 말이 아닙니다. 말씀이 떨어지는 곳에는 말씀과 같이 보이는 역사가 나타나는 것입니다. 초자연적인 하나님께서 동행하시기 때문에 기사와 이적이 일어나는 것입니다. 그러므로 레마의 말씀을 선포했는데 기사와 이적이 일어나지 않으면 하나님께서 동행하지 않는 다는 것입니다. 원인을 찾아서 해결해야 합니다. 그래서 가계의 저주에서 해방되려면 말(이론)이 아니라, 선포하는 말이 성령의 역사가 일어나 권능이 되어야 가계의 저주가 물러가는 것입니다. 말로 백날 ‘물러가라.’ 해도 가계의 저주를 일으키는 살아있는 초인적인 존재가 꼼작도 하지 않습니다. 말이기 때문입니다. 가계의 저주를 일으키는 존재가 가상적인 존재가 아니라 살아있는 초인적인 존재이기 때문입니다. 가계의 저주를 일으키는 존재는 사람보다 강한 존재입니다. 반드시 성령의 초자연적인 역사가 일어나야 물러가는 존재입니다. 성령의 살아있는 역사가 자신을 지배해야 가계의 저주에서 해방이 될 수가 있습니다. 다음을 글을 읽으시면서 영적인 눈을 뜨시어 성령 안에서 예수 이름을 사용하여 가계의 저주에서 해방을 받으시기를 바랍니다.

예수 이름의 권세는 언제 누구에게 나타나는 것일까요? "먼저 생각할 것은 우리가 이 땅에서 예수 그리스도의 이름을 부르는 의미를 알라"기도는 나를 위한 것이 아니라, 하나님을 위한 것임을 잊지 말아야 합니다. 즉 예수 이름을 사용하는 목적이 나를 위함이 아니라, 하나님의 영광을 위함이어야 한다는 것입니다. 예수의 이름은 내가 하나님을 이용하도록 주신 것이 아니라, 하나님께서 나를 사용하시기 위해 주신 이름이라는 말씀입니다. 이를 알고 성령으로 기도해야 합니다. 성령 안에서 예수님의 권세가 나타나는 것입니다.

성령 안에서 예수님의 이름으로 기도할 때 하나님이 들어주시고 응답하여 주십니다. 우리가 '예수님의 이름으로' 기도하는 것은, 예수님께서 돌아가시기 전에 제자들에게 마지막으로 부탁하신 말씀 때문입니다. 물론 '예수님의 이름으로' 기도할 때에는, 예수님의 가치와 목적과 성품이 그 기도 속에 포함되어 있어야 합니다. 즉 성령의 임재가운데 성령으로 기도해야 합니다. 그 구체적인 기도의 내용이 바로 주님이 가르쳐주신 주기도문에 담겨있습니다. 무엇보다 우리가 기도하는 대상이신 하나님에 대해서 오해를 풀어야 합니다. 우리의 기도는 억지로 떼를 써서라도 인색한 하나님에게 우리가 원하는 것을 받아내는 고집스러운 행위가 아니라, 단순하고 솔직하게 필요한 것과 성령님이 감동하시는 것을 믿음으로 간구하는 것입니다.

그리고 '예수님의 이름으로' 기도할 때에 우리가 받게 될 가장 좋은 응답은 바로 '성령'이라는 것을 알아야 합니다. 기도할 때 성령을 주십니다. 이것이 바로 예수님께서 우리에게 '예수님의 이름으로' 기도하라고 가르쳐주신 진정한 이유입니다. 이 부분에 대해서 조금 더 깊이 묵상할 필요가 있습니다. 예수님께서 승천하시기 전에 제자들에게 남겨주신 말씀은"오직 성령이 너희에게 임하시면 너희가 권능을 받고 예루살렘과 온 유대와 사마리아와 땅 끝까지 이르러 내 증인이 되리라 하시니라."(행1:8)입니다. 누가복음 11장에서 주님은 우리가 '예수님의 이름으로' 기도하면 '성령'을 받게 될 것이라고 말씀하셨습니다. 여기 사도행전 본문에서는 '성령'이 임하면 '권능'을 받게 될 것이며, 그 '권능'을 받아야 땅 끝까지 이르러 '주님의 증인'이 될 수 있다고 하셨습니다. 그리고 오순절 성령강림을 통해서 실제로 주님께서 약속하신 성령이 제자들에게 하나씩 임했습니다.

자, 그렇다면 제자들이 성령이 임함으로써 받게 된 '권능'이 구체적으로 무엇일까요? 오순절 성령강림절 당일에 제자들이 다른 나라의 말로 '방언'을 말함으로써 예수 그리스도의 복음이 선포되는 정말 놀라운 일이 나타났습니다. 그러나 '방언'을 '권능'이라고 표현하기에는 무언가 충분하지 않다는 느낌입니다. 성령이 임하심으로 제자들이 받게 된 '권능'이 무엇일까요?

베드로가 행한 오순절 설교에서 이 '권능'의 의미가 잘 설명되고 있습니다. "이스라엘 사람들아 이 말을 들으라. 너희도 아는 바와 같이 하나님께서 나사렛 예수로 큰 권능과 기사와 표적을 너희 가운데서 베푸사 너희 앞에서 그를 증언하셨느니라."(행2:22)입니다.

베드로는 예수님께서 이미 '권능'을 나타내셨다고 이야기합니다. 예수님께서 행하신 '권능'(權能)이란 기사(wonders)와 표적(signs)을 행하실 수 있는 눈으로 보이는 '능력'(power)이라는 것입니다. 그 권능을 통해서 예수님이 하나님의 아들이요. 그리스도이심을 하나님께서 '증언'하셨다는 것입니다. 반드시 예수님의 권능은 말로만 그치는 것이 아니라 실제 몸으로 느끼고, 눈으로 보이는 실제적인 현상이 나타나야 합니다. 정리하자면, '권능'은 기사와 표적을 행하는 능력인데, 그것을 통해서 예수 그리스도가 증명(prove)될 수 있는 그런 능력입니다.

자, 그렇다면 오순절 성령강림 사건을 통해서 제자들이 받게 된 '권능'은 무엇일까요? 그것은 예수님과 똑같습니다. '기사'와 '표적'을 행할 수 있는 '능력'입니다. 그 권능을 사용함으로써, 주님께서 하신 말씀처럼, 제자들은 비로소 땅 끝까지 이르러 예수님을 증언하는 사역을 할 수 있게 되었던 것입니다. 그러니까 예수님께서 제자들에게 '예수님의 이름으로' 하늘 아버지께 기도하여 '성령'을 받으라(눅11:13)고 말씀하신 이유는, 결국 제자들이 성령을 받아야 이와 같은 권능을 사용할 수 있게 되기 때문인 것입니다. 권능은 성령으로 기도할 때 기사와 표적이 나타나기 때문입니다. 그렇기 때문에 예수님의 권능을 사용하려면 반드시 성령으로 세례를 받아야 합니다.

그렇게 해서 실제로 초대교회에서는 성령 받은 제자들로 말미암아 많은 '기사와 표적'이 나타나게 되었습니다(행2:43). 그 중의 그 첫 번째 사건이 바로 성전 미문에서 구걸하던 나면서부터 못 걷게 된 장애인을 베드로와 요한이 치유한 일입니다. 이때 베드로가 그를 향해서 무엇이라고 말했습니까? "베드로가 이르되 은과 금은 내게 없거니와 내게 있는 이것을 네게 주노니 나사렛 예수 그리스도의 이름으로 일어나 걸으라 하고…."(행3:6)라는 말입니다.

여기에서 우리가 주목해야 할 부분은, 베드로가 권능을 행하면서 사용한 '나사렛 예수 그리스도의 이름으로'라는 말입니다. 베드로는 '내가 명하노니 일어나 걸으라!'라고 하지 않습니다. '예수님의 이름으로 일어나 걸으라!'고 명령합니다. 바로 이것이 '예수님의 이름으로' 기도하여 성령의 권능을 받은 사람들이, 그 권능을 행할 때 하는 방법입니다. '예수님의 이름으로' 기도하여 얻은 권능은 오직 성령 안에서 '예수님의 이름으로' 명령함으로써 그 능력이 나타나게 되는 것입니다.

그렇다면 예수님은 기사와 표적을 행하실 때에 당신의 이름을 사용하셨을까요? 아닙니다. 예수님은 당신의 이름을 사용하실 필요가 없으셨습니다. 그냥 '말씀하심'으로 놀라운 기사와 표적을 보이셨습니다. "…중풍병자에게 말씀하시되 일어나 네 침상을 가지고 집으로 가라 하시니 그가 일어나 집으로 돌아가거늘…."(마9:6b-7). 베데스다 연못가에 누워 있던 38년 된 병자를 향해서도 예수님은 그냥 명령하셨습니다. "예수께서 이르시되 일어나 네 자리를 들고 걸어가라 하시니 그 사람이 곧 나아서 자리를 들고 걸어가니라."(요5:8-9). 명령하셨습니다.

예수님은 굳이 '예수님의 이름으로' 선포하실 이유가 없으십니다. 왜냐하면 그분이 바로 예수 그리스도 자신이시기 때문입니다. 그러나 제자들은 다릅니다. 제자들은 자신의 능력으로 기사와 표적을 나타내 보이는 것이 아닙니다. 성령 안에서 예수님의 이름으로 기도하여 얻은 '권능'으로 기사와 표적을 보이는 것입니다. 따라서 그들은 반드시 '예수님의 이름으로' 그렇게 선포하고 명령해야 하는 것입니다.

그러니까 엄밀하게 말하자면 제자들이 기사와 표적으로 '권능'을 행할 때에, 예수님께서 그 일을 행하신다는 믿음을 가지고 '예수님의 이름으로' 기도하는 것이며, 동시에 예수님께서 행하실 일(기사와 이적)에 대해서 선포하고 명령하는 것입니다. 예수님께서는 믿음의 '기도'를 들으시고 이적이 나타날 대상에게 성령으로 '명령'하는 것입니다. 이 명령을 대상이 알아듣고 순종하니 기적이 나타나는 것입니다.

이와 같은 놀라운 일은 베드로에게만 경험된 것이 아니었습니다. 바울은 그보다 더 놀라운 일을 행했습니다. 빌립보에서는 예수 그리스도의 이름으로 귀신들린 여종에게서 귀신을 내쫓기도 했습니다. "…바울이 심히 괴로워하여 돌이켜 그 귀신에게 이르되 예수 그리스도의 이름으로 내가 네게 명하노니 그에게서 나오라 하니 귀신이 즉시 나오니라."(행16:18). 바울이 말 한대로 귀신이 나왔습니다. 에베소에서 사역할 때에는 정말로 믿기지 않는 놀라운 역사가 나타나기도 했습니다. "하나님이 바울의 손으로 놀라운 능력을 행하게 하시니 심지어 사람들이 바울의 몸에서 손수건이나 앞치마를 가져다가 병든 사람에게 얹으면 그 병이 떠나고 악귀도 나가더라."(행 19:11-12). 이는 실제로 일어난 성령의 역사입니다.

이 이야기는 마치 12년 동안 혈루증을 앓던 여인이 예수님의 옷에 손을 대고 고침을 받은 장면을 연상하게 합니다. 그러나 그것은 어디까지나 예수님 이야기입니다. 하나님의 아들이신 예수님이라면 물론 얼마든지 그런 일을 행하실 수 있습니다. 그런데 바울의 몸에서 손수건이나 앞치마를 가져다가 얹으면 병이 고쳐지고 악귀가 나가는 이런 일이 어떻게 벌어진단 말입니까? 오랫동안 선교활동에 헌신하다가 보니까 바울도 예수님과 같은 어떤 초자연적인 능력을 가지게 된 것일까요? 아닙니다. 그것은 바울이 가지고 있는 능력이 아닙니다. 본문은 이와 같은 오해를 막기 위해서 분명한 어조로 말합니다. "하나님이 바울의 손으로 놀라운 능력을 행하게 하셨다."

바울을 통해서 나타난 일은 분명히 보통 사람들로서는 감히 행할 수 없는 아주 '이례적인'(extraordinary) 것이었습니다. 그러나 그것은 바울이 자신의 능력으로 행한 일이 아니라, 하나님께서 바울을 통해서 하신 일입니다. 지금도 하나님은 성령으로 세례를 받고 믿음 있는 성도들을 통해서 일을 하십니다.

왜 하나님께서는 바울을 통해서 그런 놀라운 능력을 나타내셨을까요? 그것은 바울이 선포하는 '말씀의 권위'를 세워주시기 위해서였습니다. 잘 새겨들으십시오. '바울의 권위'가 아닙니다. '말씀의 권위'입니다. 바울이 가르치고 전하는 주님의 말씀의 권위를 높여주시기 위해서 놀라운 능력을 보여주신 것입니다. 하나님이 바울을 통하여 일을 하신다는 것을 나타내신 것입니다.

이와 같은 일은 예수님의 공생애 기간 동안에 이미 경험되어진 일입니다. 예수님께서 제자들을 파송하셨을 때에도 제자들을 통해서 놀라운 권능이 나타났습니다. "예수께서 열두 제자를 불러 모으사 모든 귀신을 제어하며 병을 고치는 능력과 권위를 주시고 하나님의 나라를 전파하며 앓는 자를 고치게 하려고 내보내시며…."(눅9:1-2). 예수님은 열두 제자를 한 자리에 불러놓으시고, 그들에게 '모든 귀신을 제어하며 병을 고치는 능력(power)과 권위(authority)를 주셨다'고 합니다. 이 '능력'과 '권위'를 한 마디로 줄여서 말하면 바로 '권능'(權能)이 되는 것입니다. 그런데 이 '권능'의 구체적인 내용이 무엇이었을까요? 그렇습니다. 바로 성령 안에서 '예수님의 이름을 사용할 수 있는' 능력과 권위입니다. 우리는 이 능력과 권위를 예수 이름으로 사용해야 합니다.

실제로 이때 파송 받은 제자들은 '각 마을에 두루 다니며 곳곳에 복음을 전하며 병을 고쳤다'(눅9:6)고 합니다. 또한 '귀신들이 제자들에게 항복하는' 그런 일들도 체험했습니다(눅10:17). 그것 또한 제자들의 능력이 아니었습니다. 오히려 그들이 전하는 하나님 나라의 '복음의 권위'를 드러내기 위해서 주님께서 제자들에게 '예수님의 이름을'사용할 수 있는 권능을 주셨고, 그것을 통해 놀라운 능력을 실제로 나타내신 것입니다.

베드로와 바울이 행했던 권능도 이와 같이 예수님의 이름을 사용하는 능력이었습니다. 그것을 통해서 놀라운 기사와 표적이 나타났던 것입니다. 그러나 '예수님의 이름'을 사용한다고 해서, 누구에게나 이와 같은 놀라운 일이 나타나게 되는 것은 아닙니다. 바울이 에베소에서 사역할 때에 '예수님의 이름으로' 귀신을 쫓아내는 것을 본 마술사들이 그 흉내를 냈던 일이 있었습니다. "이에 돌아다니며 마술하는 어떤 유대인들이 시험 삼아 악귀 들린 자들에게 주 예수의 이름을 불러 말하되 내가 바울이 전파하는 예수를 의지하여 너희에게 명하노라 하더라."(행19:13). 여기에서 '돌아다니며 마술하는 어떤 유대인들'은 그냥 눈속임수로 사람들을 즐겁게 해주는 '마술사'를 의미하지 않습니다. 이들은 사실 '악한 영들을 쫓아내는' '유대인 퇴마사'였습니다.

사도행전 8장에서 빌립이 사마리아 성에 내려가 복음을 전하다가 만난 '시몬'이라는 마술사나, 사도행전 13장에서 바울이 첫 번째 선교여행 중에 구브로의 바보에서 만난 '바예수'라는 유대인 거짓 선지자인 마술사도, 엄밀하게 말하면 사실 퇴마사들이었습니다. 물론 그들이 행하는 것은 눈속임수의 가짜 마술에 불과했지만, 그것을 잘 모르는 사람들에게는 '퇴마사'로서 큰 영향력을 행사하고 있었습니다. 그러다가 빌립이나 바울을 통해서 진짜 능력이 나타남으로써 그들의 가짜 행세가 들통 나고 말았었습니다.

바로 이곳 에베소에도 그와 같이 여기저기 떠돌아다니며 사기쳐서 먹고 사는 가짜 퇴마사들이 나타났던 것입니다. 그들은 바울을 모방하여 '시험 삼아' 귀신을 축출하려고 했습니다. 악귀 들린 사람들에게 '내가 바울이 전파하는 예수를 의지하여 너희에게 명하노라!'라고 말하면서, 예수님의 이름을 이용하여 귀신을 쫓아내려고 했던 것입니다. 아마도 바울이 '예수 그리스도의 이름으로' 귀신을 쫓아내는 장면을 목격했었던 모양입니다.

자, 과연 어떤 일이 벌어졌을까요? 그들도 정말 귀신을 쫓아낼 수 있었을까요? "악귀가 대답하여 이르되 내가 예수도 알고 바울도 알거니와 너희는 누구냐 하며 악귀 들린 사람이 그들에게 뛰어올라 눌러 이기니 그들이 상하여 벗은 몸으로 그 집에서 도망하는지라."(행19:15-16).

그렇습니다. 예수 그리스도의 이름을 아무리 큰 소리로 부른다고 하더라도, 만일 그가 예수님을 구주로 믿지 않는 사람이라면, 그에게는 아무런 능력도 나타나지 않습니다. 왜냐하면 그 능력의 근원은 '예수 그리스도의 이름'에 있는 것이 아니라 '예수님 자신'에게 있기 때문입니다. 예수님께서 행하신다는 믿음이 없는데, 그 이름을 부른다고 무슨 일이 나타나겠습니까?

믿음 없이 부르는 '예수 그리스도의 이름'은 아무런 능력도 나타내지 않는 공허한 '주문'(呪文)이 되고 맙니다. 그것이 바로 하나님께서 십계명을 통해서 엄중하게 금지하신 '하나님의 이름을 망령되이 일컫는' 죄를 범하는 것입니다.

베드로가 성전 미문에서 행한 표적을 보고 놀란 사람들이 솔로몬 행각으로 모여들었을 때에, 그들에게 베드로는 이렇게 선포했습니다. "그 이름을 믿으므로 그 이름이 너희가 보고 아는 이 사람을 성하게 하였나니 예수로 말미암아 난 믿음이 너희 모든 사람 앞에서 이같이 완전히 낫게 하였느니라."(행3:16). 그렇습니다. 예수님의 이름을 불렀다고 권능이 나타나는 것이 아니라, 예수 그리스도의 이름을 믿는 믿음이 그와 같은 놀라운 기적을 나타낸 것입니다. 예수님이 자신을 통해서 일하신다는 믿음이 있을 때 성령이 역사합니다. 절대로 자신이 행하는 것이 아닙니다. 예수님이 하신다는 믿음을 보고 행하시는 것입니다. 우리는 예수님이 사용하시는 도구에 불과합니다.

요한복음 14장에서 주님은 '내 이름으로 무엇이든지 내게 구하면 내가 행하리라'(요14:14)고 말씀하셨습니다. 그래서 우리 그리스도인들은 기도할 때마다 반드시 예수님의 이름으로 기도합니다. 그러나 예수님의 이름으로 구한다고 해서, 무조건 우리가 간구하는 모든 기도와 소원이 이루어지는 것은 아닙니다. 믿음으로 기도해야 합니다. 예수를 그리스도로 믿는 믿음으로 기도해야 합니다. 그럴 때에 우리의 생각과 기대를 뛰어넘는 하나님의 놀라운 은혜와 능력으로 응답되는 것입니다.

'예수님의 이름으로' 기도할 때에 우리는 성령으로 세례를 받습니다. 성령을 세례를 받아 성령이 임하게 되면 우리는 '예수 이름으로 명령하는 권능'을 받게 됩니다. 예수님께서 행하신다는 확실한 믿음을 가지고 '예수님의 이름으로'기도하며, 또한 '예수님의 이름으로' 명령할 때에, 하나님께서는 우리를 통해서도 얼마든지 놀라운 기사와 표적을 나타내시면서 예수님이 하나님의 아들이요, 그리스도이심을 증언하게 하실 것입니다.

성도들은 하나님께서 주신 예수 이름의 권세를 사용해야 합니다. 많은 목회자들이 성도들에게 예수님을 믿으면 하나님의 자녀가 되는 권세가 있다고 말합니다. 그래서 많은 성도들이 자신에게 하나님의 권세가 있는 줄 압니다. 자신에게 권세가 있다는 것을 안다고 권세가 나타나는 것이 아닙니다. 성령 안에서 믿음으로 사용할 때 권세가 권능으로 나타납니다. 그런데 문제는 권세를 사용할 줄을 모른다는 것입니다. 권세가 있어도 사용하지 않으면 무용지물입니다. 사용할 때 권능으로 역사가 나타나는 것입니다.

경찰관에게는 나라에서 부여한 권세가 있습니다. 그러나 경찰에게 부여한 권세를 사용하지 않으면 세상에 범죄가 판을 치고, 교통이 혼잡하게 됩니다. 교통사고가 많이 나고, 도둑이 판을 칠 수가 있습니다. 경찰관이 나라에서 부여한 권세를 사용하면 모든 것이 질서를 잡고 잠잠해지는 것입니다.

예수님은 예수님이 떠나고 우리에게 그 성령이 오시는 것이 더욱 유익하다고 말씀하셨습니다. "그러나 내가 너희에게 실상을 말하노니 내가 떠나가는 것이 너희에게 유익이라 내가 떠나가지 아니하면 보혜사가 너희에게로 오시지 아니할 것이요 가면 내가 그를 너희에게로 보내리니"(요16:7). 왜 유익이냐면 육체를 입으신 예수님은 우리 각자와 연합할 수 없으나 성령은 우리 한 사람, 한 사람의 보혜사로 각 심령에 임재하실 수 있기 때문입니다.

예수님은 이 세상이 얼마나 험한지 잘 알고 계셨습니다. 주님이 그의 제자들을 세상으로 보내면서 "너희를 보냄이 양을 이리 가운데 보냄과 같다"고 말씀하실 정도로 이 세상이 무서운 곳임을 그분은 잘 알고 계셨습니다. 왜 무섭습니까? 이 세상의 임금은 사단, 마귀이기 때문입니다. 그런 곳에서 당신이 피 값을 주고 산 하나님의 자녀들이 혼자서는 살아갈 수 없음을 아셨기에 성령을 보내주신 것입니다.

성령을 받으면 하늘의 권세를 받게 됩니다. "오직 성령이 너희에게 임하시면 너희가 권능을 받고"(행1:8). 권능이 무엇입니까? 권세와 능력입니다. 무슨 권세와 능력입니까? 하나님이 모든 권세를 예수 그리스도에게 넘기셨지 않습니까(마28:18)? 그 권세와 능력을 예수님이 우리에게 주신 것입니다. 즉 성령 안에서 '예수 이름'을 사용하면 우리도 예수님이 하셨던 것처럼, 악한 마귀와 귀신들을 추방할 수 있고, '예수 이름'을 사용하면 하늘의 것과 땅의 것, 그리고 땅 아래 있는 것들이 우리 앞에 복종할 수밖에 없다는 것입니다. 왜냐하면 예수의 이름은 곧 예수님이기 때문입니다.

예수님은 "믿는 자들에게는 이런 표적이 따르리니 곧 그들이 내 이름으로 귀신을 쫓아내며 새 방언을 말하며, 뱀을 집어 올리며 무슨 독을 마실지라도 해를 받지 아니하며 병든 사람에게 손을 얹은즉 나으리라 하시더라"(막16:17~18)라고 말씀하셨는데, 이런 능력은 성령이 임해야 가능합니다. 그래서 예수님이 승천하기 바로 전에 "볼지어다! 내가 내 아버지께서 약속하신 것을 너희에게 보내리니 너희는 위로부터 능력으로 입혀질 때까지 이 성에 머물라 하시니라”(눅24:49)라고 말씀하신 것입니다.

그 말씀대로 120문도가 마가의 다락방에 모여 기도하며 성령을 기다렸던 것입니다. 성령이 불 같이 하나씩 임하자 그들이 나가 민간에게 표적과 기사를 행했습니다. 심지어는 베드로의 그림자만 밟아도 병이 낫는 일이 일어났습니다. 베드로뿐입니까? 스데반이나 빌립 집사 등 일곱 집사들도 성령의 권능이 충만하여 귀신을 쫓아내고 병을 고쳤습니다. 왜요? 어떻게요? 베드로의 말대로 '나사렛 예수 그리스도의 이름으로' 행한 것입니다. 사도 바울이 귀신을 쫓은 것 역시 '예수 이름'입니다.

예수 그리스도가 성령으로 주신 '예수 이름'으로 귀신을 향하여 명령하면 귀신은 떠날 수밖에 없는 것입니다. 그런데 안합니다. 사용하지 않습니다. 안 믿습니다. 왜요? 그게 되냐는 겁니다. 그런 법이 어디 있냐는 겁니다. 한 번도 예수 이름으로 기도하여 기사와 표적을 행하는 것을 보지 못했기 때문입니다. 예수 이름을 사용하는 훈련을 받지 못해서 하는 말입니다. 말씀 만 많이 알면 다된다고 배웠기 때문입니다. 머리로 아는 지식적인 말씀은 실제 살아있는 역사를 일으키지 못합니다. 그러면 총을 쏘면 총알 나가서 짐승이 죽는 건 어떻게 믿습니까? 아마 총을 쏘면 짐승이 죽는 것은 모두 믿을 것입니다. 총을 쏘면 총알이 나가서 죽이는 것처럼, 성령 안에서 예수 이름으로 명령하면 예수 이름이 귀신을 쫓아내게 되어 있는 것입니다.

예수 이름으로 쫓지 않으면 귀신이 들끓게 되어 있고, 그러면 인생이 꼬이는 것은 물론이고, 병들고 망하게 되는 것입니다. 내 집이, 내 육체가 귀신의 집이 되기 때문입니다. 아무리 말씀을 많이 알아도 방해꾼이 있으면 평안하지 못합니다. 성령 안에서 예수 이름을 사용하면 방해꾼들이 떠나갑니다. 생각해보십시오. 적이 없으면 편안한 거 아닙니까? 우리를 망하게 하고, 병들게 하고, 부부간에 싸우게 하는 영적인 놈을 쫓아내면 우리 가정이 편안하지 않겠습니까? 그 악한 것들로 인해 우리의 영혼이 병들어 지옥에 가면 어쩝니까? 그러므로 귀신은 무조건 쫓아내야 합니다. 그러나 귀신 쫓는 것만 가지고 안 됩니다. 생명의 말씀과 성령으로 충만 받아야 합니다. 그래야 귀신이 감해 넘보지 못합니다. 예수 이름의 권세는 성령으로 세례 받은 남녀노소를 무론하고 다 나타납니다. 그러나 만 원짜리와 천 원짜리의 가치가 다르듯 하나님의 능력 또한 기도의 양과 정비례한다는 것을 알아야 합니다. 한 시간 기도한 사람과 세 시간 기도한 사람의 능력은 차이가 있습니다. 성령으로 기도하면 성령이 충만해지기 때문입니다.

충만한 교회는 말씀과 성령으로 성도들을 깨워서 지금 천국과 아브라함의 복을 누리며 군사로 쓰임 받다가 주님이 오라고 하시면 영원한 천국에 입성하는 성도되는 것을 목표로 훈련합니다. 하나님께서 부여하신 권능을 사용하여 세상을 장악하게 합니다. 그래서 주일날도 강한 성령의 역사가 일어나는 예배를 드립니다. 예배 시간은 1부 11:00-/ 2부 13:30-입니다. 영적인 눈이 열리고 사고가 영적으로 변하는 말씀을 준비하여 교재로 제공하고 설교를 합니다. 기도를 40분 이상 하면서 담임 목사가 일일이 안수하여 성령으로 충만 받도록 합니다. 자신의 영을 자신이 지킬 수 있는 강한 성도가 되게 훈련하고 있습니다.

2부 예수님에 대해 바르게 알아야 한다.

6장 예수님이 친히 저주를 담당하셨다.

(고후 5:16-17)"그러므로 우리가 이제부터는 어떤 사람도 육신을 따라 알지 아니하노라 비록 우리가 그리스도도 육신을 따라 알았으나 이제부터는 그같이 알지 아니하노라. 그런즉 누구든지 그리스도 안에 있으면 새로운 피조물이라 이전 것은 지나갔으니 보라 새 것이 되었도다."

예수님께서 아담의 죄악으로 혈통에 흐르는 저주를 해결하기 위하여 성령으로 잉태되어 사람의 몸으로 태어 나셨습니다. 요단강에서 세례요한에게 세례를 받으시니 성령이 비둘기 형상으로 임하셨습니다. 예수님께 성령이 비둘기 형상을 임하는 모습을 세례요한의 눈에 만 보이셨습니다. 예수님은 성령의 이끌림을 받으시면서 40일 동안 주리시면서 마귀의 시험을 이기시고 천사의 수종을 들면서 세상에 나오셨습니다. 회당에서 천국복음을 증거 하시자, 사람들을 괴롭게 하면서 지옥을 만들었던 귀신들이 정체를 폭로하면서 떠나갔습니다. 이 모습을 누가는 성령의 감동으로 이렇게 기록했습니다."마침 그들의 회당에 더러운 귀신 들린 사람이 있어 소리 질러 이르되, 나사렛 예수여 우리가 당신과 무슨 상관이 있나이까? 우리를 멸하러 왔나이까? 나는 당신이 누구인 줄 아노니 하나님의 거룩한 자니이다. 예수께서 꾸짖어 이르시되 잠잠하고 그 사람에게서 나오라 하시니, 더러운 귀신이 그 사람에게 경련을 일으키고 큰 소리를 지르며 나오는지라. 다 놀라 서로 물어 이르되 이는 어찜이냐 권위 있는 새 교훈이로다 더러운 귀신들에게 명한즉 순종하는도다 하더라(눅1:23-27)"

이렇게 천사의 수종을 들면서 세상에 다니시면서 천국복음을 선포하시고 귀신들린 자, 병든 자, 죽은 자, 약한 자, 문둥병자들을 만나서 지옥같은 삶의 문제들을 해결하시면서 천국을 체험하게 하셨습니다. 유대인들에게 잡혀서 십자가에서 피를 흘리고 죽으셔서 인류의 죄악과 저주를 단번에 해결하셨습니다. 믿는 자들은 단번에 죄악을 청산하여 하나님께 나갈 수 있는 의인이 되게 하셨습니다. 예수를 믿으면 원죄는 순간 해결이 되는 것입니다. 예수를 주인으로 모심으로 우리 안에 임재하신 성령의 권능으로 자범죄를 해결하면 가계저주는 영원히 물러가는 것입니다. 이제 예수를 믿은 성도답게 살아가야 합니다. 가계저주에서 해방되어야 한다는 말입니다.

첫째, 예수님의 눈으로 자신을 보라. 십자가 밑에서 바라볼 때 그려지는 내 새로운 모습은 용서와 의의 옷을 입은 모습인 것입니다. 죄인은 하나님 앞에서 벌거벗고 있습니다. 성경에는 죄인은 하나님 앞에서 벌거벗은 모습으로 서 있다고 말하고 있습니다. 사람이 벌거벗는다는 것은 무서운 것입니다. 수치심으로 사람 앞에 나갈 수가 없는 것입니다. 그런데 죄인들은 하나님 앞에서 벌거벗은 상태라고 말합니다. 영적으로 벌거벗습니다. 그러나 우리가 예수님을 믿을 때 십자가의 보혈로 죄가 용서받고 주님은 십자가에서 의의 두루마기를 우리에게 입혀주시는 것입니다. 그래서 우리는 영적으로 벌거벗지 않고 우리는 의로운 세마포 두루마기를 입게 됩니다. 그렇기 때문에 옷을 입었으니 우리는 하나님 앞에 나갈 때 부끄러움 없이 나아갑니다. 천사들 앞에 나가고 우리는 예수님 앞에 설 수 있는 것입니다. 입은 자와 입지 않는 자는 천지 차이가 있는 것입니다.

요한계시록 3장 18절에 "내가 너를 권하노니 내게서 불로 연단한 금을 사서 부요하게 하고 흰 옷을 사서 입어 벌거벗은 수치를 보이지 않게 하고 안약을 사서 눈에 발라 보게 하라"고 말씀하고 있는 것입니다. 그러므로 우리는 그리스도의 십자가에서 피로 씻은 의인들이 입는 두루마기를 선물로 받아서 우리는 입고 있는 것입니다. 우리는 영적으로 벌거벗고 있지 않습니다. 그렇기 때문에 우리가 언제라도 하나님을 만나러 가게 되더라도 우리는 부끄러움 없이 당당하게 천국을 들어갈 수 있는 것입니다. 그러나 죄인들은 그렇지 못합니다. 그들은 벌거벗고 있습니다.

우리는 의인들이 입는 두루마기를 받아 입었으나 이 두루마기가 더러워지게 됩니다. 우리가 세상에 살면서 죄를 짓지 않는 의인은 없기 때문에 거짓말로 더러워지고 혹은 사기로 더러워지고 혹은 범죄로 더러워집니다. 그러므로 우리는 항상 입은 두루마기를 빨아야 합니다. 예수 이름으로 보혈로 성령으로 회개하므로 두루마기를 빨아서 정결하게 해야 합니다. 자범죄를 해결해야 합니다. 요한계시록 22장 14절에 "자기 두루마기를 빠는 자들은 복이 있으니 이는 그들이 생명나무에 나아가며 문들을 통하여 성에 들어갈 권세를 받으려 함이로다"라고 말하고 있는 것입니다. 하나님께서 주신 권세를 주장하면 가계저주는 물러가는 것입니다. 성령께서 알려주시는 대로 회개하고 권세를 주장하면 조상들이 지은 자범죄를 통하여 저주하는 귀신들이 물러가는 것입니다. 성령께서 마음 안에 있는 성전을 견고하게 세우시기 위하여 알려주시는 대로 순종하면 가계저주에서 영원히 해방이 되는 것입니다. 우리가 할일은 마음 안에 성전을 만드는 것입니다.

그러므로 우리는 생명의 말씀과 성령으로 마음의 상처를 치유받아야합니다. 상처를 가지고는 새사람이 될 수가 없습니다. 마음속에 도사리고 있는 무의식의 상처를 말씀과 성령으로 치유해야합니다. 그래야 진정으로 하나님이 원하시는 새로운 자기 모습을 가질 수 있습니다. 마음의 상처와 죄 성이 해결된 새로운 자기 모습으로 변화되는 동시에 가계저주가 봄에 눈이 녹는 것과 같이 녹아 없어지는 것입니다.

둘째, 성령님이 동행하는 모습이다. 우리가 십자가 앞에서 보혈로 태어난 새로운 모습은 보혜사 성령과 함께한 모습인 것입니다. 죄인은 하나님께로부터 떨어져 있고 마귀의 종이 되어 있습니다. 아담과 하와가 범죄하자 하나님 앞에서 쫓겨났습니다. 그래서 인간은 하나님을 멀리 떠나 외로운 존재가 되고 마귀의 종살이를 했습니다. 그러나 우리가 예수 그리스도를 바라보고 회개하고 구주로 믿으면 주님께서 우리를 보혈로 씻고 난 다음에 우리들에게 보혜사 성령을 보내주셔서 항상 성령의 도우심을 받으며 살게 만들어 주시는 것입니다.

성령은 보혜사입니다. 보혜사는 헬라어로 '파라클레토스'란 말인데 우리가 그 말을 번역하면 하나님께로부터 보내심을 받아 우리를 돕기 위하여, 항상 곁에 계시는 분입니다. 성령은 우리의 선생님이 되시고, 변호사가 되시고, 인도자가 되시고, 위로자가 되십니다. 성령은 능력을 주시는 자가 되고, 거룩하게 하시는 자가 되며, 하나님을 깨닫게 하는 자, 하나님을 경외하게 하는 자인 것입니다. 이 성령께서 우리와 같이 계십니다.

이렇기 때문에 예수께서 말씀하기를 내가 너희를 고아와 같이 내버려두지 아니하고, 아버지께 구하겠으니 그가 또 다른 보혜사를 너희에게 주사 영원토록 너희와 함께 있게 하시리라고 말씀한 것입니다. 그리스도를 믿지 않고 죄악 가운데 살 때는 인간은 외롭게 혼자 살았었습니다. 그러나 이제 예수 믿은 사람은 외롭지 않습니다. 눈에 보이지 않지만 바람같이 성령께서 우리와 함께 거하시고 우리 속에 계셔서 우리를 돕기 위해서 항상 기다리고 계시는 것입니다. 그러므로 항상 성령님을 의지하고 그분과 의논하시기를 바랍니다.

성령님! 저는 왜 예수를 믿으면서도 이렇게 고통을 당하면서 지옥과 같은 세상을 살아갑니까? 하고 지속적으로 질문을 계속하면 성령님께서 무슨 문제인가 알려주십니다. 알려주시는 대로 회개하고 권세를 주장하면 가계저주가 해결이 되는 것입니다. 그래서 성도들은 혈통의 문제를 해결해야 된다는 관심과 의식이 중요합니다. 하나님은 분명하게 베드로전서 5장 10절에서 "모든 은혜의 하나님 곧 그리스도 안에서 너희를 부르사 자기의 영원한 영광에 들어가게 하신 이가 잠깐 고난을 당한 너희를 친히 온전하게 하시며 굳건하게 하시며 강하게 하시며 터를 견고하게 하시리라" 말씀하십니다. 이는 예수를 믿고 성령의 인도를 받으면서 혈통에 역사하는 죄 성을 해결하여 가계저주를 해결하는 기간이 있다는 것입니다. "잠깐 고난을 당한다."는 말씀은 가계저주가 해결되어 육과 혼이 성령의 지배를 받는 기간입니다. 성령으로 세례 받고 성령의 인도를 받으면서 혈통의 죄 성으로 당하는 가계저주를 해결 받으면 천국을 누리면서 살게 되는 것입니다.

그런데 예수를 믿는 수많은 사람들이 가계저주로 고통을 당하면서 "나는 못한다. 나는 안 된다. 나는 할 수 없다. 나는 패배자다. 나는 성공하지 못한다. 나는 낙오자다." 이러한 부정적인 사고를 가지고 있습니다. 이런 성도는 매사를 자신이 해야 하기 때문에 입술에서 부정적인 말을 스스럼없이 하는 것입니다. 이런 불신앙을 가진 성도들은 성령의 인도를 받지 못하고 20-30년을 믿어도 가계저주에서 해방되지 못하는 것입니다.

눈에는 아무 증거 안 보이고 귀에는 아무 소리 안 들리고 손에는 잡히는 것 없어도 겁나지 않습니다. 하나님이 함께 계시므로 나는 궁극적으로 승리하고 만다는 확신을 가지게 되는 것입니다. 그러므로 당신의 모습을 바꾸시기를 바랍니다. "나는 성령님과 동행하는 사람이다. 성령님께 기도하면 어떠한 문제라도 해결할 수 있는 지혜를 주시고 해결하게 하신다."는 믿음의 말을 하기를 바랍니다.

셋째, 혈통의 문제를 치유 받은 새로운 모습이다. 예수 그리스도의 십자가 앞에서 우리가 얻는 새로운 모습은 치료받은 자기의 모습인 것입니다. 죄인으로 살 때는 영은 죽었고 마음은 상처투성이고 몸은 병들었습니다. 가계저주로 고통을 당했습니다. 하나님을 거역하고 사는 것이 쉽지가 않습니다. 이사야 1장 2절에서 6절에 "하늘이여 들으라 땅이여 귀를 기울이라 여호와께서 말씀하시기를 내가 자식을 양육하였거늘 그들이 나를 거역하였도다. 소는 그 임자를 알고 나귀는 그 주인의 구유를 알건마는 이스라엘은 알지 못하고 나의 백성은 깨닫지 못하는도다 하셨도다. 슬프다 범죄한 나라요 허물 진 백성이요 행악의 종자요 행위가 부패한 자식이로다. 그들이 여호와를 버리며 이스라엘의 거룩하신 이를 만홀히 여겨 멀리하고 물러갔도다. 너희가 어찌하여 매를 더 맞으려고 패역을 거듭하느냐 온 머리는 병들었고 온 마음은 피곤하였으며 발바닥에서 머리까지 성한 곳이 없이 상한 것과 터진 것과 새로 맞은 흔적뿐이거늘 그것을 짜며 싸매며 기름으로 부드럽게 함을 받지 못하였도다."

이것이 바로 죄인의 형상인 것입니다. 어느 한 곳에 상처가 없는 곳이 없습니다. 누가 우리를 치료할 수 있습니까? 인간의 힘으로 치료가 되지 않습니다. 그러나 우리 주님께서 십자가에 못 박힌 것은 이렇게 하나님을 반역하고 상처투성이인 인류를 치료하기 위해서 십자가에 매달리신 것입니다.

마태복음 8장 16절에서 17절에 예수 그리스도의 사역을 보면 "저물매 사람들이 귀신 들린 자를 많이 데리고 예수께 오거늘 예수께서 말씀으로 귀신들을 쫓아내시고 병든 자들을 다 고치시니 이는 선지자 이사야를 통하여 하신 말씀에 우리의 연약한 것을 친히 담당하시고 병을 짊어지셨도다 함을 이루려 하심이더라" 이 예수님이 십자가에 못 박힌 모습을 바라보십시오. 그 십자가에 못 박혀 십자가에 매달려 있는 그리스도께서는 우리 연약한 것을 친히 담당하시고 우리의 병을 짊어지고 가셨다고 말하고 있는 것입니다. 예수 그리스도를 쳐다보면 순식간에 내 연약함이 다 예수님께 옮겨지고 내 병을 내 가계저주를 예수님이 다 담당해 버렸습니다. 이제는 난 예수 앞에서 담당할 연약이 없고 짊어질 병이 없는 것을 알게 되는 것입니다. 예수께서 나의 연약과 나의 병을 담당하고 짊어졌는데 내가 왜 또 병을 짊어져야 됩니까? 가계저주로 고통당하면서 살아갑니까?

우리는 예수 그리스도 십자가 앞에서 나의 병든 모습을 다 훨훨 벗어 던져버리고 그리스도 안에서 건강을 얻고 가계저주에서 해방되고, 영육의 질고가 치료함 받은 새로운 모습으로 자기 모습을 받아들이게 되시기를 주의 이름으로 소원합니다. 이제는 병든 내가 아닙니다. 가계저주를 받는 내가 아닙니다. 영도 고침을 받고 마음도 고침을 받고 육체도 고침을 받고 가정도 생활도 치료받은 나의 존재인 것입니다. 그러므로 치료로 충만한 나의 모습을 십자가 앞에서 새로 그려야 합니다.

이러므로 나는 그리스도로 말미암아 생명과 건강으로 넘쳐서 할렐루야 찬미하며 살아가는 새로운 자기의 모습을 가지고 세상을 살아가야 합니다. 하나님은 우리의 변화된 새로운 자기 모습을 보시고, 그리스도 예수를 통해서 건강과 생명이 우리에게 넘치도록 치유해 주시는 것입니다. 하나님은 우리를 창조하셨습니다. 창조하신 하나님은 끊임없이 우리 인간을 감찰하시면서 우리 인간의 병든 모양을 굽어 살펴 치료하시기를 원하십니다.

하나님은 인간을 창조하셨기에, 인간의 문제에 깊은 관심을 가지시고 고통당하는 인간의 문제를 해결하시고자 하시는 것입니다. 그래서 예수님께서 이 땅에 계셨을 때 병든자를 치유하시는 사역은 예수님의 사역에 중요한 부분을 차지하였습니다. 그러나 이와 같은 예수님의 치유의 능력을 모르고 지금 교회에 다니는 성도들이 있습니다. 지금 교회에는 예수를 잘 믿는 성도들도 영육의 질병에서 해방 받지 못하고 고통을 당하며 살아가고 있는 것이 사실입니다. 이분들은 성령으로 세례 받고 성령의 인도를 받지 못하여 바른 복음을 누리지 못한 연고입니다.

넷째, 하나님의 자녀로 다시 태어난 새로운 나의 모습. 우린 예수 그리스도 십자가 앞에서 피로 그린 새로운 나의 모습이 어떤 것인가를 다시 보아야 되겠습니다. 죄인은 죄인으로 살 때는 저주하면서 살았습니다. 아담과 하와가 하나님을 반역하고 에덴에서 쫓겨났을 때 성경은 말하기를 저주를 받아 가시와 엉겅퀴를 내고 너희는 이마에 땀을 내야 먹고 살 것이라고 말했습니다. 인류는 그때부터 시작해서 계속해서 저주의 가시 채를 헤치며 살아왔었습니다. 인간은 인간주의로써 몸부림쳐봤자 완전히 가시 채를 없앨 수가 없었습니다. 여기에 저주를 제한 분이 나타났습니다. 예수 그리스도 하나님 아들이 아담 이후의 모든 저주를 당신이 그 가시채로 온 몸을 감쌌습니다. 머리에 가시채를 쓰고 다시 쇠가시에 찔리고 쇠창에 찔리고 십자가에 못 박혀 가시의 모든 세력을 주님께서 제하셨습니다. 갈라디아서 3장 13절에서 14절에 "그리스도께서 우리를 위하여 저주를 받은 바 되사 율법의 저주에서 우리를 속량하셨으니 기록된 바 나무에 달린 자마다 저주 아래에 있는 자라 하였음이라. 이는 그리스도 예수 안에서 아브라함의 복이 이방인에게 미치게 하고 또 우리로 하여금 믿음으로 말미암아 성령의 약속을 받게 하려 함이라"고 기록하고 있는 것입니다.

우리가 십자가에 못 박힌 예수 그리스도를 바라볼 때 우리의 온 몸을 칭칭 감고 있는 가시가 철렁철렁 떨어져 나갑니다. 예수를 믿는 우리는 예수 그리스도로 말미암아 가시채에서 벗어나고 아브라함의 축복이 우리 위에 찬란한 태양처럼 비쳐오게 되는 것입니다. 이러므로 우리는 예수 그리스도 안에서 이제 다시 저주받은 자기의 모습을 그대로 걸머지고 다녀서는 안 됩니다. 저주받은 것은 옛날인 것입니다. 우리는 그 모습을 벗어버리고 예수 안에서 아브라함의 복을 받은 새로운 모습으로 마음속에 자기 모습을 그려야만 되는 것입니다. 그리고 매일같이 새로운 모습을 바라보고 나는 복 받은 사람이다. 나는 복의 근원이다. 그렇게 외치고 살아갈 수 있어야만 되는 것입니다. 자기 모습을 따라서 자기 운명이 결정되는 것입니다.

동일한 것은 동일한 것을 끌어당깁니다. 우리 마음의 자기 모습이 아브라함의 축복으로 가득하면 아브라함의 축복을 끌어당깁니다. 당신의 자기 모습에 저주가 가득 들어차면 일어서나 앉으나 낭패와 실패, 곤고와 절망을 끌어당깁니다. 그곳으로 자신이 끌려가게 되는 것입니다. 인간의 마음속에 자기가 자기를 보고 있는 모습이 어떠한 것인가는 운명을 좌우하는 놀라운 힘이 그 속에 있는 것입니다. 이러므로 오늘 이 시간에 아브라함의 축복의 자화상을 가지게 되시기를 주의 이름으로 소원합니다.

우리가 알아야 할 것은 우리가 예수님의 보혈의 은혜로 권능의 사람이 되었습니다. 예수 그리스도를 구주로 영접하면 하나님의 자녀가 되는 권세를 하나님이 주시겠다고 성경에 약속했습니다. 영접하는 자 곧 그 이름을 믿는 자들에게는 하나님의 자녀가 되는 권세를 주었다고 했으니 저 하늘이 무너지고 이 땅이 꺼져도 하나님 말씀은 일점일획도 변하지 않습니다.

이제 우리는 단호하게 하나님 말씀에 서서 마귀를 대적하면 마귀는 물러가게 되는 것입니다. 예수님의 이름과 보혈의 능력에 의지하여 대적해야 됩니다. 나 혼자 힘으로 해봤자 소용이 없지요. 우리 인간은 육이기 때문에 마귀의 영적인 세력을 대결할 수 없습니다. 우리는 예수 그리스도의 이름과 보혈과 성령의 능력으로 대결해야 되는 것입니다.

요한계시록 12장 11절에 "또 우리 형제들이 어린 양의 피와 자기들이 증언하는 말씀으로써 그를 이겼으니 그들은 죽기까지 자기들의 생명을 아끼지 아니하였도다"라고 했는데 마귀가 가장 두려워하는 것이 예수님의 보혈입니다. 왜 십자가에서 흘리신 그 보혈이 우리의 모든 율법적인 정죄를 없애 버리고 죄를 없애 버리기 때문에 죄를 따라서 들어오는 마귀는 자기가 들어올 길을 잃어 버렸습니다.

그래서 마귀는 무장 해제되어 버리고 사망의 세력은 다 몰아냈으므로 오늘 우리는 예수 그리스도 안에서 생명 안에서 왕노릇하는 사람들인 것입니다. 예수 그리스도의 보혈과 그 말씀에 서면 마귀는 한길로 왔다가 일곱길로 도망치는 것입니다. 예수님은 마가복음 16장 17절에서 "믿는 자들에게는 이런 표적이 따르리니 곧 그들이 내 이름으로 귀신을 쫓아내며 새 방언을 말하며" 라고 말씀하셨습니다. 베드로전서 5장 8절로 9절에 "근신하라 깨어라 너희 대적 마귀가 우는 사자 같이 두루 다니며 삼킬 자를 찾나니 너희는 믿음을 굳건하게 하여 그를 대적하라 이는 세상에 있는 너희 형제들도 동일한 고난을 당하는 줄을 앎이라" 고 했습니다.

그러므로 우리는 마귀가 공격하는 것을 보고 그냥 무시하거나 무서워 떨면서 보고만 있어서는 안 됩니다. 두려워서 뒤로 물러가도 안 됩니다. 우리는 우리 위치를 알면 그리스도 이름과 보혈과 성령의 능력에 의지해서 물리쳐야 되는 것입니다. "나사렛 예수 이름으로 명하노니 원수 귀신아 물러가라. 성령과 예수님의 보혈을 의지하고 명하노니 물러가라. 성경에 기록하였으되 너희가 내 이름으로 귀신을 쫓아낸다고 말했다. 예수 이름으로 명하노니 물러가라." 우리가 단호하게 대적하면 가계에 저주하던 귀신은 물러가는 것입니다. 예수님의 보혈을 믿음으로 얻은 성령의 권세를 사용하여 가계에 저주하던 마귀 궤계를 물리치고 천국을 누리시기를 바랍니다.

다섯째, 영원한 천국에서 영생하는 미래의 보습을 보라. 우리가 영안으로 예수님을 바라볼 때 부활의 주님과 함께 변화되는 미래의 모습을 바라볼 수 있습니다. 이 땅에서 천국과 아브라함의 복을 누리며 하나님의 군사로 살다가 주님이 오라하시면 영원한 천국에 입성하여 영생하는 모습을 바라보아야 합니다. 죄인으로 살 때 모든 것이 죽음으로 종말 짓습니다. 세상의 부귀영화 공명이 아무리 좋을지라도 죽어서 관속에 들어가서 흙 속에 파묻히고 나면 구더기가 몸을 먹어버리고 그것을 절망이라고 생각합니다. 그렇기 때문에 죄인으로 사는 사람은 죽음을 생각하지 않습니다.

죽음의 자기 모습은 너무나 비참하기 때문에 그것을 생각하지 않고서 살려고 합니다. 그러나 생각 안 한다고 해서 죽음이 안 다가오나요? 죽음이 다가옵니다. 가는 세월 사람의 힘으로 막지 못하고 오는 백발 힘으로 막으려고 해서 됩니까? 안됩니다. 그러나 우리가 예수를 믿고 난 다음에는 우리의 모습이 달라집니다. 왜냐하면 예수께서 죽었다가 부활하셨기 때문인 것입니다. 우리는 그리스도와 함께 부활합니다.

나는 부활이요 생명이니 나를 믿는 자는 죽어도 살겠고 살아서 나를 믿는 자는 다시 죽음을 보지 않으리라고 주께서 말씀하신 것입니다. 이러므로 부활하신 예수님을 바라보고 나도 예수님의 모습으로 변화되어서 부활의 새 생명을 얻는 자기 모습을 가질 수 있는 것입니다.

고린도전서 15장 42절에서 44절에 "죽은 자의 부활도 그와 같으니 썩을 것으로 심고 썩지 아니할 것으로 다시 살아나며 욕된 것으로 심고 영광스러운 것으로 다시 살아나며 약한 것으로 심고 강한 것으로 다시 살아나며 육의 몸으로 심고 신령한 몸으로 다시 살아나나니 육의 몸이 있은즉 또 영의 몸도 있느니라"고 말씀하고 있는 것입니다. 우리는 영원히 사는 영적인 존재입니다. 이 땅에서 생명의 말씀과 성령으로 가계저주를 물리치고 천국을 누리며 살다가 육체의 장막 집을 벗어 버렸을 때 부활한 몸으로 그리스도와 함께 영원한 천국으로 갈 것이냐. 그렇지 않으면 영원한 지옥의 불타는 곳으로 떨어질 것이냐. 이것은 우리의 선택에 달려 있습니다.

성경 요한계시록 21장 8절에는 그러므로 "그러나 두려워하는 자들과 믿지 아니하는 자들과 흉악한 자들과 살인자들과 음행하는 자들과 점술가들과 우상 숭배자들과 거짓말하는 모든 자들은 불과 유황으로 타는 못에 던져지리니 이것이 둘째 사망이라"고 말했습니다. 저 하늘이 무너지고 이 땅이 꺼져도 일점일획도 변치 않는 하나님의 말씀이 예수 안에 있는 사람은 부활의 영광을 누리고 그리스도의 밖에 있는 사람은 불과 유황으로 타는 곳에 참여할 것이라고 말하고 있습니다. 그러므로 우리가 살아 있을 동안에 운명을 십자가 밑에서 결정해야 되는 것입니다.

천국에 시민권이 있는 하나님의 자녀들의 노래가 바로 예수 그리스도의 십자가 보혈임을 잊어서는 안 됩니다. 그리스도의 보혈은 영세의 영광이 될 것입니다. 인간의 어떠한 종교, 윤리, 도덕, 율법도 인간을 절망적인 죄악의 정죄로부터 자유하게 할 힘이 없습니다. 오직 하나님의 아들 예수님의 십자가 보혈만이 우리를 정죄로부터 영원히 자유하게 하고 인간의 자존심과 존엄성을 회복시켜 주며 하나님의 백성이 되어 영원히 살 수 있게 해 주는 것입니다. 성령의 인도로 가계저주의 근원을 해결하여 천국을 누리기를 바랍니다.

그러므로 '나의 죄를 씻기는 예수의 피밖에 없네 다시 성케 하기도 예수의 피밖에 없네' 예수 그리스도의 보혈을 매일 같이 찬양하고 그리스도의 보혈을 힘차게 의지하는 우리가 되시기를 주님의 이름으로 소원합니다. 우리는 새사람입니다. 지금 죽어도 영원한 천국에 가서 하나님을 만나는 영광스러운 존재들입니다. 우리 모두 긍지와 자부심을 가지시기를 축원합니다.

분명하게 예수를 믿는 하나님의 자녀는 저주가 없습니다. 그러나 자동으로 없어지는 것이 아닙니다. 성령님께 문의 하여 혈통의 죄 성을 해결하고 가계에 저주하는 귀신들을 성령의 임재가운데 몰아내야 됩니다. 자동으로 되는 것이 아닙니다. 분명하게 하나님은 베드로전서 5장 10절에서 "모든 은혜의 하나님 곧 그리스도 안에서 너희를 부르사 자기의 영원한 영광에 들어가게 하신 이가 잠깐 고난을 당한 너희를 친히 온전하게 하시며 굳건하게 하시며 강하게 하시며 터를 견고하게 하시리라" 말씀하셨습니다. 가계저주를 성령으로 찾아서 해결하시어 아브라함의 복과 천국을 누리다가 영원한 천국에 입성하시기를 바랍니다.

충만한 교회에서는 매주 토요일 10:00-12:30까지 각각 2시간 30분씩 개별 특별집중 기적치유 시간을 갖고 있습니다. 한번에 4-6명밖에 할 수 없으므로 1주일 전에 지정된 선교헌금을 입금하시고 예약을 합니다.

*대상은 이렇습니다. 여기서도 저기서도 치유와 능력을 받지 못한 분/ 지금 천국과 아브라함의 복을 누릴 분/ 불치병, 귀신역사를 빨리 치유 받을 분/ 목과 허리디스크, 허리어깨통증, 근육통, 온몸이 아프고 무거움에서 치유해방 받고 싶은 분/ 자녀나 본인의 우울증, 공황장애, 조울증, 불면증을 빨리 치유 받을 분/ 가슴이 답답하고 기도하기가 힘이 드는 분/ 방언기도를 깊고 강하게 하고 통역하고 싶은 분/ 축복과 영의 통로를 뚫고 싶은 분/ 성령의 불세례를 체험하고 싶은 분/ 최단기간에 현실문제 해결과 성령치유 능력 받고 싶은 분입니다. 오시면 자신이 눈과 몸으로 느끼고 주변사람들이 알아볼 정도로 획기적인 효과가 나타납니다. 반드시 일주일 전에 전화 확인하시고 선교헌금을 입금 후 예약해야 합니다(전화 02-3474-0675).

7장 주님은 지옥을 천국으로 현실화 하셨다.

(막5:38-42)"회당장의 집에 함께 가사 떠드는 것과 사람들이 울며 심히 통곡함을 보시고, 들어가서 그들에게 이르시되 너희가 어찌하여 떠들며 우느냐 이 아이가 죽은 것이 아니라 잔다 하시니, 그들이 비웃더라 예수께서 그들을 다 내보내신 후에 아이의 부모와 또 자기와 함께 한 자들을 데리시고 아이 있는 곳에 들어가사. 그 아이의 손을 잡고 이르시되 달리다굼 하시니 번역하면 곧 내가 네게 말하노니 소녀야 일어나라 하심이라. 소녀가 곧 일어나서 걸으니 나이가 열두 살이라 사람들이 곧 크게 놀라고 놀라거늘"

예수님은 아담의 죄악으로 지옥 같은 세상에 사는 사람들에게 천국을 눈으로 보게 하시기 위하여 사람의 몸을 입고 오셨습니다. 예수님께서 요단강에서 물로 세례를 받으시고 성령이 비둘기 같이 임하셨습니다. 성령의 이끌림을 받아서 광야에 나가 40일을 주리시면서 마귀의 시험을 받으셨습니다. 성령의 인도하심으로 3번의 마귀의 시험을 이기시고 천사들의 수종을 들으시면서 회당에서 말씀을 전하실 때 귀신들이 정체를 폭로하며 떠나가고 천국이 현실화되는 역사가 일어났습니다. 천국이 임했기 때문에 지옥인 귀신들이 정체를 폭로한 것입니다.

이와 같이 예수님은 성령의 이끌림을 받으시면서 지옥을 천국으로 변하게 하셨습니다. 이는 지옥 같은 세상을 살아가는 성도들에게 천국을 보게 믿어 누리면서 살아가도록 친히 역사하신 것입니다. 조상의 죄 성으로 가계저주의 고통을 당하면서 살아가는 사람들에게 예수를 믿고 나오면 지옥 같은 가계저주에서 해방이 되고 지금 천국을 누린 다는 것을 친히 보고 믿게 하시기 위해서입니다. 천국을 누리는 것은 예수님이 이런 분이라는 것을 순수하게 믿는 자들에게 해당이 되는 것입니다. 가계저주로 고통을 당하는 사람들은 예수님과 같이 성령으로 세례를 받고 성령의 인도를 받으면 가계의 저주에서 해방되고 천국을 누리면서 살게 되는 것입니다.

마가복음 4장과 5장에는 예수님이 혈통의 저주로 인하여 지옥 같은 삶을 사는 사람들에게 예수님이 가시면 천국이 현실화 된다는 네 가지의 놀라운 이적들이 소개되고 있습니다. 첫째 이적은 풍랑을 잔잔케 하신 것이었습니다. 갈릴리 바다의 거센 풍랑 때문에 제자들이 죽게 되었다고 절망했습니다. 그 때 예수님은 바람과 바다를 잔잔케 하심으로, 자연계를 다스리시는 권세를 나타내 보이셨습니다. 둘째 이적은 군대 귀신 들린 자를 고치신 것이었습니다. 거라서 사람들은 아무도 그를 제어할 수 없다고 절망했습니다. 그 때 예수님은 군대만큼 많은 귀신이 들린 사람을 온전하게 고쳐주심으로, 영의 세계를 다스리시는 권세를 나타내셨습니다. 셋째 이적은 혈루증으로 앓던 여자를 고치신 것이었습니다. 그는 많은 의사에게 많은 괴로움을 받으며, 가진 것을 다 허비했습니다. 그렇지만 병이 낫지 않아 절망했습니다. 그 때 예수님은 그를 고쳐주심으로, 육의 세계를 다스리시어 천국으로 변화시키는 권세를 보이셨습니다.

넷째 이적은 죽은 자를 살리신 것이었습니다. 예수님이 다스리는 나라 천국이 되면 죽은자가 살아난다는 것을 친히 눈으로 보게 하신 것입니다. 야이로가 예수님을 모시고 그의 집으로 가는 도중에, 그의 딸이 죽었다는 절망적인 소식을 전해 들었습니다. 그러나 예수님은 그의 죽은 딸을 살리심으로, 죽음을 다스리시는 권세를 나타내 보이셨습니다. 행여 가계저주로 인하여 절망적인 상황에 처하여 낙심하고 있지는 않습니까? 오늘 본문 36절에서 예수님은 말씀하시기를, "두려워하지 말고 믿기만 하라"고 하십니다. 두려워하지 말고, 믿기만 하십시오. 승리의 왕이 되신 예수님이 우리에게 성령으로 세상을 이길 힘을 주실 것입니다. 가계저주의 지옥에서 천국으로 변화하게 하십니다.

첫째, 야이로의 집으로 가는 길. 예수님이 저주의 현장에 가시도록 모셔야 천국이 됩니다. "아직 예수께서 말씀하실 때에 회당장의 집에서 사람들이 와서 회당장에게 이르되 당신의 딸이 죽었나이다. 어찌하여 선생을 더 괴롭게 하나이까(막5:35)" 예수님이 야이로와 함께 그의 집으로 가실 때였습니다. 예수님을 주인으로 모셔야 천국이 됩니다. 지옥을 천국으로 변화시키기 위하여 길을 가십니다. 큰 무리가 예수님을 에워싸 밀었습니다. 그 가운데 열두 해를 혈루증으로 앓아온 한 여자가 있었습니다. 그는 자기가 예수님의 옷에만 손을 대어도, 나음을 받을 것이라고 믿었습니다. 과연 그 여자가 예수님의 옷에 손을 대었을 때, 그 여자의 병이 순식간에 깨끗하게 나았습니다. 그 순간 예수님은 자신에게서 능력이 나간 줄을 아셨습니다. 그래서 예수님은 무리 가운데서 일부러 그 여자를 찾으셨습니다.

그 여자는 예수님 앞에 엎드려서, 모든 사실을 여쭈었습니다. 그러자 예수님은 그 여자를 향하여 따뜻하게 말씀하셨습니다. 오늘 본문 바로 앞 절에 있는 말씀입니다. "딸아 네 믿음이 너를 구원하였으니 평안히 가라 네 병에서 놓여 건강할지어다." 아직 예수님이 그 여자에게 말씀하고 계실 때였습니다. 회당장 야이로의 집에서 보낸 사람들이 그 곳으로 왔습니다. 그들은 야이로에게 절망적인 소식을 전해주었습니다. "당신의 딸이 죽었나이다 어찌하여 선생을 더 괴롭게 하나이까." 그들의 생각은 무엇이었습니까? 야이로의 딸이 병들어 있는 동안은, 예수님이 그를 고치실 수 있다고 그들은 여겼습니다. 그러나 야이로의 딸이 죽고 난 뒤에는, 예수님도 그를 어찌할 수 없을 것이라고 그들은 생각했습니다. 이제는 너무 늦었다는 것입니다. 합리적이고 이성적으로 보았을 때 사람이 죽은자를 살릴 수가 없다는 것입니다. 예수님이 말씀하십니다. "예수께서 그 하는 말을 곁에서 들으시고 회당장에게 이르시되 두려워하지 말고 믿기만 하라 하시고" 예수님은 야이로의 집에서 온 사람들이 야이로에게 하는 말을 곁에서 들으셨습니다. 분명 그 때 야이로는 "이 일을 어쩌나"하면서, 두려워했을 것입니다. 그러나 예수님은 그와 같은 상황에서도 전혀 동요하지 아니하셨습니다. 예수님은 하나님께서 천국을 현실화하실 것을 믿었기 때문입니다.

예수님은 평소와 같이 평온하신 모습으로 야이로를 향하여 말씀하셨습니다. "두려워하지 말고 믿기만 하라." 두려움은 믿음을 약화시킵니다. 그래서 예수님은 야이로에게 믿음으로 두려움을 물리치라고 말씀하셨습니다. 출애굽기 14장에 나오는 내용입니다. 이스라엘 자손이 홍해 앞에 이르렀을 때, 애굽 군대가 그들을 추격해왔습니다. 그러자 이스라엘 자손이 심히 두려워했습니다. 그러나 모세는 하나님을 믿었습니다. 그래서 모세는 담대하게 온 이스라엘을 이끌고 홍해를 건넜습니다.

사무엘상 17장에 있는 내용입니다. 이스라엘과 블레셋 사이에 전쟁이 일어났습니다. 블레셋의 거인 골리앗 때문에, 온 이스라엘이 크게 두려워했습니다. 그러나 다윗은 하나님을 믿었습니다. 그래서 다윗은 담대하게 물매로 돌을 던져서 골리앗을 쓰러뜨렸습니다. 하나님에게는 절망적인 상황이 결코 있을 수가 없습니다. 사람의 끝이 오히려 하나님에게는 시작이 될 뿐입니다. 예수님은 하나님이십니다. 그러므로 예수님에게 절망적인 상황이란 결코 있을 수가 없습니다. 가계저주로 마음에 낙심되는 일이 생겼습니까? 두려워하지 말고, 예수님을 믿기만 하십시오. 그리고 주인으로 모셔들이십시오. 예수님은 자연 세계도, 영의 세계도, 육의 세계도, 그리고 죽음도 다스리십니다. 지옥 같은 가계저주를 성령으로 해결하시고 천국을 체험하게 하실 것입니다.

둘째, 야이로의 집. 예수님이 저주로 슬퍼하는 야이로의 집에 도착하셨습니다. "베드로와 야고보와 야고보의 형제 요한 외에 아무도 따라옴을 허락하지 아니하시고 야이로는 예수님의 말씀에 위로를 받고(막5:37)" 예수님과 함께 다시금 자기의 집으로 향했습니다. 분명 이 때 무리는 더 심하게 예수님을 에워싸 밀었을 것입니다. 그들은 혈루증으로 앓던 여자가 예수님의 옷에 손을 댐으로 나은 것을 방금 목격했기 때문이었습니다. 예수님은 더 이상 무리가 따라오는 것을 허락하지 아니하셨습니다. 예수님은 그의 열두 제자들 가운데 단 세 사람, 곧 베드로와 야고보와 요한만 따라오게 하셨습니다. 예수님은 믿음이 없는 사람들을 제외시키셨습니다. 불신의 마음이 있으면 예수님의 일을 방해할 수가 있기 때문입니다. 이들 세 사람은 믿음이 있는 예수님의 측근이었습니다. 막9:2 말씀을 보면, 예수님이 변화산에 올라가셨을 때 이들 세 사람만 예수님과 함께 했습니다. 또한 막14:33 말씀을 보면, 예수님이 겟세마네 동산에서 기도하실 때에도 이들 세 사람만 예수님 곁에 있었습니다. 우리도 이들 세 사람처럼 예수님이 인정하시는 믿음이 있는 성스러운 일꾼이 되기를 바랍니다. 우리도 이들처럼 예수님의 충성스러운 증인이 되기를 바랍니다. 우리도 이들 세 제자처럼 예수님의 인정을 받으며, 모든 일에 귀하게 쓰임을 받기 바랍니다.

"회당장의 집에 함께 가사 떠드는 것과 사람들이 울며 심히 통곡함을 보시고(막5:38)" 회당장 야이로의 집에서는 이미 장례식이 시작되었습니다. 야리로의 집은 귀여운 딸이 죽었기 때문에 지옥입니다. 우리나라 장례식의 분위기는 정숙한 것입니다. 그러나 유대인들의 장례식은 떠드는 것이 특징입니다. 그들의 장례식은 매우 소란스럽습니다. 그들의 장례에는 세 가지 요소가 필수적이었기 때문입니다.

첫째, 슬픔을 적극적으로 표현해야 했습니다. 큰 소리로 울어야 했습니다. 또한 옷을 찢어야 했습니다. 그들의 전통은 옷을 찢는 방법을 39 가지로 자세하게 규정하고 있습니다. 그래서 장례식에 갈 때는 이미 여러 차례 찢은 적이 있는 옷을 입고 갔습니다. 지옥의 전형적인 표현입니다.

둘째, 곡하는 사람을 불러야 했습니다. 이는 돈을 받고서 직업적으로 울어주는 사람을 가리킵니다. 그가 하는 역할은 슬픔을 자극해서, 울음을 촉진시키는 일이었습니다. 렘9:17 말씀이 밝히는 대로,

이 일은 주로 여자들이 담당했습니다.

셋째, 피리 부는 자들을 불러야 했습니다. 오늘 본문과 같은 내용을 담고 있는 마9:23 말씀을 보면, 이러한 사실이 명시되어 있습니다. 피리 부는 자들이 하는 역할도 역시 장례식의 슬픈 분위기를 고조시키는 일이었습니다. 유대인들의 전통에 의하면, 아무리 가난하더라도 적어도 두 명의 피리 부는 자와 한 명의 곡하는 여자를 불러야만 했습니다. 야이로는 그 마을의 유지였습니다. 그러니 그 때 피리를 부는 소리, 곡하는 소리, 옷을 찢으며 슬피 우는 소리로 얼마나 소란했겠습니까? “들어가서 그들에게 이르시되 너희가 어찌하여 떠들며 우느냐 이 아이가 죽은 것이 아니라 잔다 하시니(막5:39)”

예수님이 회당장 야이로의 집에 이르셨을 때, 예수님은 이미 안에서 장례가 치러지고 있음을 보셨습니다. 예수님은 집에 들어가셔서, 장례를 치르고 있는 자들에게 물으셨습니다. “너희가 어찌하여 떠들며 우느냐?” 유대인들의 전통에 따라서, 지금 그들은 마땅히 해야 할 일을 하고 있었습니다. 그런데도 예수님은 그들이 아무런 의미가 없는 일을 하고 있다고 지적하신 것입니다. 그러면서 예수님은 곧이 어서 그 이유를 밝히셨습니다. “이 아이가 죽은 것이 아니라 잔다.” 물론 야이로의 딸에게 아직은 실낱같은 목숨이 붙어있다는 뜻으로 예수님이 이 말씀을 하신 것은 아니었습니다. 야이로의 집에서 보냄을 받은 사람들이 야이로에게 그의 딸이 죽었다는 소식을 전할 때, 예수님은 그들이 하는 말을 곁에서 들으셨습니다.

따라서 야이로의 딸에게 더 이상 목숨이 붙어 있지 않음을 예수님도 알고 계셨습니다. 그렇지만 예수님은 그 아이가 죽은 것이 아니라 잔다고 말씀하셨습니다. 왜냐하면 마치 잠자는 아이를 깨우는 것처럼, 예수님은 곧 그 아이를 일으키실 것이기 때문이었습니다. 천국에는 죽은 자가 없기 때문입니다. 요11:11을 보면, 나사로가 죽었을 때도 예수님은 그가 잠들었다고 말씀하셨습니다. 행7:60을 보면, 스데반이 순교할 때도 잔다는 표현을 사용하고 있습니다. 또한 살전 4:13에서도 성도의 죽음을 잔다는 말로 표현하고 있습니다. 그러면 왜 예수님은, 그리고 예수님을 따라서 성경의 기자들은 죽음을 잠잔다는 말로 표현했겠습니까? 죽음은 그것으로 끝나는 것이 아니기 때문입니다. 자다가 깨는 것처럼, 다시금 일어날 때가 있기 때문입니다. 예수님이 계시면 죽은 자가 살아나는 천국이 되기 때문입니다.

언젠가는 우리의 호흡도 끝날 것입니다. 고후5:8 말씀이 밝히는 것처럼, 그 때 우리의 영혼은 우리의 몸을 떠나서 예수님과 함께 있게 됩니다. 그래서 눅23:43에서 예수님은 십자가에 달려 회개한 강도에게, "오늘 네가 나와 함께 낙원에 있으리라"고 말씀하셨습니다. 그러니까 잠을 자는 것은 성도의 영혼이 아니라, 성도의 몸입니다. 성도가 육체의 장막을 떠나면, 성도의 영혼은 그 즉시 예수님이 계신 천국으로 갑니다. 그러나 예수님이 다시 오시는 날까지, 그의 몸은 잠을 자게 됩니다. 그러다가 고전15:51~53 말씀이 밝히고 있듯이, 예수님이 다시 오시는 날 성도들의 잠자던 몸들이 다 일어납니다. 그 때 그들의 몸은 썩지 아니하며 죽지 아니함을 입게 됩니다. 말하자면 영광스러운 몸으로 부활합니다.

그러면 예수님이 부활의 몸을 입으신 것처럼, 천국에 있는 성도들의 영혼도 부활의 몸을 입습니다. 말하자면 성도들의 영혼과 육체가 온전한 상태로 재결합을 하는 것입니다. 그리해서 롬8:17 말씀처럼, 성도들은 예수님과 함께 영원한 영광을 누리게 됩니다. 이와 같이 성도의 죽음은 끝이 아닙니다. 성도의 영혼은 예수님이 계신 천국으로 올라갑니다. 그리고 성도의 몸은 잠시 잠이 듭니다. 그러다가 예수님이 다시 오시는 날, 깨어나서 영화스럽게 변화됩니다. 그러므로 성도는 죽음을 두려워할 필요가 전연 없습니다.

셋째, 야이로의 딸이 있는 곳. 드디어 예수님이 야이로의 딸이 있는 곳에 도착하셨습니다. "그들이 비웃더라 예수께서 그들을 다 내보내신 후에 아이의 부모와 또 자기와 함께 한 자들을 데리시고 아이 있는 곳에 들어가사(막5:40)" 떠들며 울던 자들은 예수님을 비웃었습니다. 눅8:53을 보면, "그들이 그 죽은 것을 아는 고로 비웃더라"고 했습니다. 그러니까 그들은 "그 아이가 죽은 것이 아니라 잔다"고 하신 예수님의 말씀을 문자 그대로 받아들였던 것입니다. 야이로의 딸이 죽은 지도 이미 몇 시간이 흘렀습니다. 따라서 그의 피부 빛도 변했을 것이며, 그의 몸도 굳었을 것입니다. 그런데도 예수님은 그가 잔다고 말씀하셨습니다. 그러니 예수님이 몰라도 너무 모르신다고, 그들은 예수님을 비웃었습니다. 그러나 예수님은 전혀 동요하지 아니하셨습니다. 예수님은 비웃는 그들을 다 내보내셨습니다.

그리고서 예수님은 그 아이의 부모와 예수님의 세 제자들, 곧 베드로와 야고보와 요한만 데리시고 아이가 있는 곳으로 들어가셨습니다. "그 아이의 손을 잡고 이르시되 달리다굼 하시니 번역하면 곧 내가 네게 말하노니 소녀야 일어나라 하심이라(막5:41)" 예수님은 그 아이의 손을 잡으시고 말씀하셨습니다. 사실 예수님은 말씀만 하셔도 되셨습니다. 민19:11 말씀을 보면, 사람의 시체를 만지면 부정해집니다. 그런데도 예수님은 그 아이의 손을 잡으시고 말씀하셨습니다.

오늘 본문 앞에 나오는 23절에서 야이로는 예수님에게 아이의 몸에 손을 얹어주시기를 간구했습니다. 예수님은 야이로의 간구를 들어주셨습니다. 예수님은 야이로가 원하는 것 이상으로 들어주셨습니다. 예수님을 주인으로 모시면 저주가 천국으로 변화된다는 것을 눈으로 보게 하셨습니다. 참으로 긍휼이 풍성하신 예수님이십니다. 그러면 이 때 예수님이 죽은 아이의 손을 잡으셨기 때문에, 예수님은 부정해지셨습니까? 아닙니다. 예수님이 손을 대시는 순간, 그 아이는 살아났습니다. 말하자면 예수님은 죽은 아이의 손이 아니라, 살아있는 아이의 손을 잡으신 것입니다.

예수님은 그 아이의 손을 잡으신 채, 그에게 "달리다굼"이라고 말씀하셨습니다. 이는 예수님 당시에 유대인들이 사용하던 아람어를 그대로 음역한 것입니다. "달리다"는 소녀를 뜻합니다. 그리고 "굼"은 일어나라는 뜻입니다. 본시 유대인들의 언어는 히브리어였습니다. 그러나 그들이 바벨론에서 포로생활을 마치고 돌아온 후에는, 바사 사람들이 쓰던 아람어를 사용했습니다. 그래서 예수님도 아람어로 말씀하시며, 아람어로 사람들을 가르치셨습니다. 그런데 신약성경은 그 당시 모든 나라들이 공용어로 여기던 헬라어로 기록되었습니다. 더군다나 마가복음은 로마에 있는 사람들을 위해서 쓰여졌습니다. 따라서 그들이 아람어인 "달리다굼"이라는 말을 들으면, 그 말을 그대로 이해할 수가 없었습니다.

그래서 오늘 본문을 보면, "달리다굼"이라는 말을 번역하고 있습니다. "내가 네게 말하노니 소녀야 일어나라." 그러니까 "달리다굼"을 그대로 직역해서 "소녀야 일어나라"고 말씀하지 않고, "내가 네게 말하노니"라는 말씀을 덧붙여서 의역을 한 셈입니다. "달리다굼, 소녀야 일어나라." "천국이 임하셨다. 소녀야 일어나라." 야이로나 그의 아내는 아침마다 그렇게 말하면서, 그들의 사랑하는 딸을 깨웠을 것입니다. 마찬가지로 예수님도 마치 그 아이를 잠에서 깨우시듯이, "얘야 이제는 일어나야지"라는 뜻으로 "달리다굼"이라고 말씀하셨습니다."소녀가 곧 일어나서 걸으니 나이가 열두 살이라 사람들이 곧 크게 놀라고 놀라거늘(막5:42)"

분명 야이로의 딸은 오랫동안 앓아누웠을 것입니다. 그러기에 그의 몸은 쇠약할 대로 쇠약했을 것입니다. 그럼에도 불구하고 그는 곧 일어나서 걸었습니다. 누가 부축해줄 필요도 없었습니다. 기운이 없어서 겨우겨우 움직이는 것도 아니었습니다. 물론 소녀라고 해서, 아이라고 해서, 어린 딸이라고 해서, 나이가 아주 적은 것은 아니었습니다. 그의 나이는 열두 살이었습니다. 결혼을 할 나이였습니다. 그러니까 예수님은 열두 살 여자에게 알맞고도 건강한 신체를 순간적으로 또한 온전하게 창조하셨던 것입니다. 소녀가 곧 일어나서 걷는 것을 보면서, 방안에 있는 사람들, 곧 소녀의 부모와 예수님의 세 제자들은 어떠한 반응을 보였습니까? 그들은 곧 크게 놀라고 놀랐습니다. 말하자면 그 순간 그들은 너무나도 놀란 나머지, 정신이 하나도 없을 정도였던 것입니다. 인간의 상식으로는 도무지 이해가 되지 않는 일이었습니다. 이것을 설명할 수 있는 길은 오직 한 가지뿐입니다. 예수님은 창조주 하나님이십니다. 그러기에 예수님은 죽은 자를 순식간에 살리셨고, 또한 그에게 적합한 신체를 순식간에 창조하셨습니다. 예수님이 주인으로 임재하시면 크게 놀랄 일이 생기는 것입니다. "예수께서 이 일을 아무도 알지 못하게 하라고 그들을 많이 경계하시고 이에 소녀에게 먹을 것을 주라 하시니라(막5:43)"

여기서 예수님은 두 가지를 명하셨습니다. 첫째, "이 일을 아무도 알지 못하게 하라"고 명하셨습니다. 그러면서 예수님은 방안에 있는 다섯 사람을 많이 경계하셨습니다. 예수님이 이와 같이 명하신 이유에 대해서는 따로 밝히지를 않고 있습니다. 사실 그들이 굳이 말하지 않더라도, 야이로의 딸이 죽었다가 살아난 사실은 금새 소문이 퍼져나갈 것입니다. 우선 야이로의 집에서 떠들며 울던 자들이 다 알게 될 것입니다. 아울러 야이로의 딸이 걸어 다니면, 마을 사람들도 자연히 알게 될 것입니다. 그래서 마9:26을 보면, "그 소문이 그 온 땅에 퍼지더라"고 했습니다. 이처럼 이 일은 결코 감추어질 수가 없었습니다. 그런데도 왜 예수님은 이 일을 아무도 알지 못하게 하라고 명하셨습니까? 우리는 뒤따르는 말씀에서 그 이유를 추측해 볼 수 있습니다.

둘째, "소녀에게 먹을 것을 주라"고 명하셨습니다. 천국은 먹고 마시며 누리는 곳이기 때문입니다. 소녀의 부모에게 명하신 말씀이었습니다. 야이로와 그의 아내는 너무나 기뻐서 어찌할 바를 몰랐을 것입니다. 분명 그들은 그대로 뛰어나가서, "예수님이 내 딸을 살려주셨다!"라고 외치고 싶었을 것입니다. 만일 그들이 그렇게 하면, 사람들이 그 곳으로 우르르 몰려들 것입니다. 그리고는 요6:15 말씀과 같이, 사람들은 예수님을 억지로 붙들어 자기들의 임금으로 삼고자 할 것입니다. 그래서 예수님은 그들이 그렇게 하지 못하도록 많이 경계하셨습니다.

그 대신 예수님은 그들에게 명하시기를, "소녀에게 먹을 것을 주라"고 말씀하셨습니다. 그 동안 소녀는 병 때문에 먹지를 못했습니다. 그런데 이제는 건강하게 되었습니다. 그러니 이제는 얼마든지 먹을 수 있었고, 또한 원기가 왕성한 몸이기에 먹어야만 했습니다. 예수님의 명에 따라서, 야이로와 그의 아내는 조용하게 그의 딸에게 먹을 것을 갖다주었을 것입니다. 그런 동안에 오늘 본문 다음절인 막6:1 말씀처럼, 예수님은 그의 제자들을 데리시고 조용히 그 곳을 떠나 예수님의 고향인 나사렛으로 가실 수 있으셨습니다. 오늘 우리는 말씀을 통하여, 예수님은 죽음도 다스리신다는 사실을 알게 되었습니다. 죽음을 두려워하지 맙시다. 죽음은 잠을 자는 것입니다. 깨어나면 우리는 예수님과 함께 있을 것입니다. 그리고 예수님이 다시 오실 때, 우리의 몸도 영화롭게 부활할 것입니다.

또한 우리는 예수님의 풍성하신 긍휼도 다시금 깨닫게 되었습니다. 예수님은 멀리서도 능력을 행하실 수 있으십니다. 그러나 예수님은 야이로의 집까지 가셨습니다. 예수님은 소녀의 손을 잡아주셨습니다. 예수님은 소녀의 먹을 것까지도 자상하게 챙겨주셨습니다. 이 시간 예수님은 우리에게 말씀하십니다. "두려워하지 말고 믿기만 하라." 죽은 자를 살리신 예수님이 하시는 말씀입니다. 가계저주에서 영원한 해방을 체험하기 바랍니다.

8장 주님은 가계저주의 근본을 해결하신다.

(마 11:28-30)"수고하고 무거운 짐진자들아 다 내게로 오라 내가 너희를 쉬게 하리라. 나는 마음이 온유하고 겸손하니 나의 멍에를 메고 내게 배우라 그리하면 너희 마음이 쉼을 얻으리니 이는 내 멍에는 쉽고 내 짐은 가벼움이라 하시니라"

예수님은 믿는 자의 가계저주의 원인을 알게 하시고 해결하십니다. 예수를 믿는 하나님의 자녀들의 문제를 책임을 지시는 분입니다. 이 세상사는 동안 사람들은 많은 일을 합니다. 그 일들에 대한 책임은 주인이 지지 종이 지지 않습니다. 일을 시작하고 완성하는 것은 주인의 책임이요, 종은 주인의 명령 하에서 시키는 일만 하지 전체적인 일의 책임은 지지 않습니다.

이 세상의 일도 마찬가지입니다. 하나님께서 이 세상의 만물을 지으셨으니 이 세상의 주인은 하나님이시오, 아담이 아닙니다. 아담은 하나님을 섬기고 하나님께서 시키시는 일만 하면 되지 자신이 주인 노릇할 수 없습니다. 그럼에도 불구하고 아담은 자신이 하나님인 것처럼 이 세상에서 주인 노릇 하려 했습니다. 그는 하늘과 땅과 그 가운데 모든 것을 지은 적도 없고 그것을 다스릴 만한 실력도 없는데 자신이 주인 노릇하기 위해 하나님을 배반했습니다. 주인은 모든 일을 책임져야 하는데 아담은 그만한 실력이 없었습니다. 이것을 하나님을 배반한 후 발견했습니다. 그래서 비참한 인생이 되어버리고 마귀의 종이 되고 말았습니다.

오늘날 우리들도 마찬가지입니다. 우리 자신이 자기의 삶의 주인 노릇 하려면 무엇을 입을까 무엇을 먹을까 마실까 어떻게 살며 어떻게 일을 해결할지를 우리가 책임져야 합니다. 주인이 자신을 책임지지 아니하면 누가 책임을 집니까? 자기 인생에 대해 자신이 주인 노릇하면 자신의 인생의 모든 문제는 자신이 짊어지고 책임져야 합니다.

그러나 우리가 철저히 깨어져 예수 그리스도와 하나님 아버지를 주인으로 모시게 되면 우리의 모든 삶은 주인의 것이 됩니다. 그러면 하나님 아버지와 예수님께서 우리의 일어서고 앉는 것과 먹고 마시고 사는 것과 모든 일을 책임져 주시는 것입니다.

그 때문에 예수님께서 "수고하고 무거운 짐 진 자들아 다 내게로 오라"고 말씀하신 것입니다. 스스로 주인 노릇하기 위해서 무거운 짐을 스스로 짊어지고 일을 이루지 못하고 비틀거리는 너희들은 진실한 주인인 내게로 오라는 것입니다. 주께서 "하늘과 땅의 모든 권세를 내게 주셨으니"라고 말씀하셨으니 천지의 주재이신 예수께로 오라는 것입니다.

그러면 내가 너희를 쉬게 하겠다고 말씀하셨습니다. 예수님을 주인으로 삼고 하나님 아버지께 순복하고 나오면 하나님께서 우리의 짐을 짊어져 주시고 우리를 책임져 주시는 것입니다.

시편기자는 말하기를 "우리는 그의 기르시는 양이요 그의 돌보시는 백성이라"고 하였습니다. 그와 같이 우리가 하나님의 백성이 되고 하나님의 소유된 양이 된다면 하나님이 우리의 주인인 것입니다. 주인이 책임을 지지 주인 밑에 있는 종들은 책임을 지지는 않는 것입니다. 그러므로 예수님께서 우리의 주인이 되시면 우리의 모든 문제는 예수님의 문제이므로 예수님께서 해결해 주시는 것입니다.

첫째, 가계의 죄 성의 근원을 해결한다. 사람이 이 세상에서 해결할 수 없는 가장 큰 문제는 죄악의 문제입니다. 사람들은 죄악의 문제를 해결하기 위해서 수많은 종교를 만들어 내고 도덕적이고 윤리적인 행위를 하려 했지만 만연한 죄악을 도저히 감당할 수 없습니다. 사람들은 어머니 뱃속에서부터 죄 중에 잉태되고 죄인으로 태어나서 죄의 뿌리에 연결되어 살고 있으니 보는 것, 듣는 것, 말하는 것 그리고 생각하는 것이 죄인 것입니다. 아무리 그 속에서 몸부림쳐도 헤어 나오지 못합니다. 누가 이 인생의 죄의 문제를 해결해 줄 것입니까? 이것은 우리에게 지대한 관심사인 것입니다.

한번은 예수님께서 바리새인의 집에 초청 받아 가셨는데 그 집에 들어가자마자 그 동네의 여자 죄인 한 사람이 따라오며 주님 앞에서 그 눈물을 예수님의 발에 방울방울 떨어뜨리며 울었습니다. 예수님께서 자리에 앉으시자 그 여인은 머리채를 내려 눈물로 얼룩진 예수님의 발을 닦고 그 위에 자신이 귀하게 간직한 향유를 부었습니다. 그러자 함께 와 있던 동네 사람들은 속으로 예수님을 비난했습니다. "예수님이 만일 선지자이면 이 여인이 얼마나 더러운 죄인인줄을 아시고 근처에 오지도 못하게 할 텐데 예수님은 진짜 선지자가 아닌

가보다"

그때 예수님께서 그 생각을 아시고 주인을 부르셨습니다. "시몬아 내가 네게 질문할 것이 있다. 여기에 채무를 지고 있는 사람 둘이 있는데 한 사람은 5백 데나리온, 또 다른 한 사람은 5십 데나리온 빚을 졌다. 두 사람이 다 그 빚을 갚지 못하므로 탕감을 해준다면 누가 탕감해 준 사람을 더 사랑하겠느냐" 시몬은 '물론 많이 탕감 받은 자가 더 많이 사랑하겠지요'라 대답했습니다. 그러자 예수님께서 "네 말이 옳다 내가 이 집에 들어올 때 이 여인은 눈물로 내 발을 적시고 머리로 닦고 끊임없이 내 발에 입 맞추고 향유를 부었다. 그런데 내가 들어올 때 너는 나의 발 씻을 물도 주지 아니하고 입 맞추지도 아니하고 머리에 감람유도 붓지 아니하였다. 그러나 이 여인은 나를 많이 사랑하므로 이 여자의 많은 죄가 용서를 받았느니라"라 말씀하시고, 그 여인을 보시고 "네 믿음이 너를 구원하였으니 평안히 가라"고 하셨습니다. 예수님은 이 여인의 절실한 죄악의 문제를 해결해 주셨습니다. 이 여인은 마음 속의 죄책으로 말미암아 주야로 고민하였으나 예수님께서는 그 여인의 죄악을 해결해 주신 것입니다.

어떻게 예수께선 그 여인의 죄악의 문제뿐 아니라, 우리의 혈통에 흐르는 죄 성의 문제도 해결해 주실 수 있을까요? 그 이유는 예수님께서 우리의 죄악의 대속물이 되셨기 때문입니다. 예수님께서 십자가에 올라가셔서 그 몸을 찢고 피를 흘리신 것은 우리의 인생의 죄악의 대가를 지불하시기 위해서였습니다.

그 쓰린 십자가를 짊어지시고 그 몸의 피를 다 흘리신 것은 우리의 죄의 대가를 하나님 앞에서 지불하시기 위함이었습니다. 예수님께서 바로 우리의 죄의 대가를 지불한 당사자이므로 우리의 죄를 용서하는 권세가 그에게 주어진 것입니다.

이사야서 53장 6절에 "우리는 다 양 같아서 그릇 행하여 각기 제 길로 갔거늘 여호와께서는 우리 무리의 죄악을 그에게 담당 시키셨다"라 기록되어 있습니다. 아무도 자신의 죄를 담당하여 갚을 능력이 없으므로 죄의 짊을 짊어지고 갚아주실 수 있는 예수께 하나님께서는 우리의 죄를 담당 시키신 것입니다.

이사야서 53장 11절에 "가라사대 그가 자기 영혼의 수고한 것을 보고 만족히 여길 것이라 나의 의로운 종이 자기 지식으로 많은 사람을 의롭게 하며 또 그들의 죄악을 친히 담당하리라"고 말씀하셨습니다. 예수님께선 십자가에서 영혼의 수고를 하셨습니다. 그는 몸부림을 치고 고통을 당하셨습니다. 하나님과 세상 사람들에게 버림을 당하셨습니다. 예수님께서 십자가에서 당하신 영혼의 수고는 이루 말할 수 없습니다. 그러나 그 수고한 결과로 말미암아 수많은 사람의 죄악을 담당하시고 그들을 의롭게 만들어 주신 것입니다.

이사야서 53장 12절에 "하나님께서 말씀하시기를 그러므로 내가 그로 존귀한 자와 함께 분깃을 얻게 하며 강한 자와 함께 탈취한 것을 나누게 하리니 이는 그가 자기 영혼을 버려 사망에 이르게 하며 범죄자 중 하나로 헤아림을 입었음이라 그러나 실상은 그가 많은 사람의 죄를 지며 범죄자를 위하여 기도하였느니라"고 말씀하셨습니다.

예수님이야말로 자기 영혼을 버려서 하나님께 버림받아 사망에 이르고 음부에 내려가 사흘 밤낮을 그곳에서 지내셨습니다. 그렇게 죄의 대가를 다 지불하고 주님께서 부활하신 것입니다. 그러므로 이를 통해서 수많은 사람의 죄악을 지셨으며 범죄자를 위해 끊임없이 기도해 주신 것입니다. 예수께서 오늘날도 친히 우리의 죄악을 담당해 주시고 혈통의 죄 성을 해결하여 주십니다. 우리의 모든 불의를 청산해 주심으로 모든 일을 다 완성해 놓으신 것입니다. 십자가에서 예수님께서는 "내가 다 이루었다"고 하셨습니다. 주님께서 다 이루시고 끝내신 일이므로 우리가 할 수 있는 남은 일은 없습니다. 우리가 '죄 사함을 받기 위해서 무엇을 할까요?'라고 질문 한다면 너희 할 일은 없다는 것입니다.

예수님께서 홀로 다 완성하시고 다 이루셨기 때문에 우리가 할 일은 남아있지 않습니다. 이제 성령의 인도로 가계에 흐르는 죄 성을 찾아서 풀어내면 되는 것입니다. 어떠한 종교도 어떤 인간적인 행위도 우리를 구원할 목적으로 한다면 이것은 예수님께서 이미 다 이루어 놓으신 일을 부인하는 것이 됩니다. 우리를 구원하기 위해서 우리가 해야 할 일은 없습니다. 주님께서 다 이루어 놓으신 것입니다. 우리의 할 일은 주께서 선물로 주시는 것을 믿음으로 받아들이는 것입니다.

그러므로 에베소서 2장 8절로 9절은 "너희가 그 은혜로 인하여 믿음으로 말미암아 구원을 얻었나니 이것이 너희에게서 난 것이 아니요 하나님의 선물이라 행위에서 난 것이 아니니 이는 누구든지 자랑치 못하게 하려 함이라"하셨습니다.

아무도 구원에 대해서 자랑할 수 없습니다. 오직 하나님께 감사하고 찬양할 따름입니다. 구원은 하나님께서 우리에게 선물로 주신 것입니다. 하나님의 자녀가 되는 권세도 주신 것입니다. 우리는 믿음으로 값없이 받아들였을 뿐입니다. 이러므로 우리의 죄악의 문제와 혈통의 문제는 예수 그리스도를 믿음으로 말미암아 성령으로 해결됩니다. 자동으로 해결되는 것이 아니고 성령의 인도에 순종해야 해결되는 것입니다. 성령께서 매일 우리가 성결한 삶을 살도록 이끌어 주시고 변화 시켜 주시는 것입니다.

둘째, 성도들의 생업의 문제를 해결하신다. 예수님을 주인으로 모시면 생업에 문제도 해결하여 주십니다. 세상에는 똑같이 예수님을 믿고 하나님의 자녀가 된 성도라도 어떤 성도는 하는 일마다 잘되고, 어떤 성도는 하는 일마다 실패하는 경우가 있습니다. 반드시 이유와 원인이 있습니다. 제일 큰 원인은 예수님을 주인으로 모셨느냐, 모시지 않았느냐의 차이라고 생각합니다. 예수님이 주인 된 개인이나 사업장은 안 될 수가 없습니다.

예수님께서 사업의 문제에 대해 주님께서 관심을 가지고 계실까요? 사업의 문제를 해결하여 주실까요? 베드로는 밤이 맞도록 그물을 던졌습니다. 처자를 먹이어 살려야 하고 병든 장모의 약값도 벌어야 했습니다. 그는 초저녁부터 나가 그물을 던졌으나 아침 해가 떠오르도록 아무것도 잡지 못했습니다. 그는 처자와 장모를 어떻게 부양해야 할지 두려웠습니다. 해변에 나와 그는 찢어진 그물을 깁고 그물에 묻은 검불들을 씻어내고 있었습니다. 그때 군중들 앞에 예수님께서 걸어오시더니 베드로의 배에 오르신 후 군중을 피해 육지에서 떨어지기를 원하셨습니다. 예수님이 실패한 사업장에 찾아오셨습니다. 빈 배와 찢어진 그물, 낙심하고 절망한 베드로 이것이 사업에 실패한 사람의 전형적인 모습이 아니겠습니까?

실패하여 공장의 기계가 작동하지 않고 기계가 다 녹슬고 아무것도 생산되지 않고 근로자는 다 떠나가서 주인은 낙심하고 앉아있는 이러한 현상의 대표적인 모습이 아닙니까? 이렇게 실패한 베드로의 사업장에 주님께서 찾아오신 것입니다. 주님께서 찾아오시고 그 안에서 주님께서 천국복음을 선포하셨습니다. "그의 나라와 그의 의를 먼저 구하라 그리하면 이 모든 것을 네게 더하시리라"고 하셨습니다. 주님께서 그 배를 타시고 복음을 선포하셨습니다. 베드로의 사업장에 천국이 임한 것입니다. 주님께서는 천국 복음을 다 증거하시고 난 후 그 낙심한 베드로에게 이렇게 말씀하셨습니다. "깊은 데에 들어가서 그물을 던져 고기를 잡으라." 베드로는 기가 차서 예수님을 바라보지만 예수님의 얼굴 표정은 단호합니다. 그래서 베드로는 '제가 밤이 맞도록 그물을 던졌으나 잡은 것이 없으되 주님의 명령을 좇아서 그물을 던지겠나 이다'라고 말했습니다. 상식적으로 생각했을 때 해가 중천에 뜬 대낮에 깊은 곳에는 고기가 없습니다. 사람의 생각과 정 반대의 생각이지만 주님께서 그렇게 하라 하시매 베드로는 깊은 데로 가서 그물을 내렸습니다.

그러자 그물이 넘치도록 고기가 잡혀서 그의 배에 가득 채우고 동료의 배에까지 고기를 실었습니다. 사람이 아무리 실패하였을지라도 예수님이 주인으로 오시면 그 실패를 성공으로 바꾸실 수 있는 것입니다. 예수님이 주인으로 오시니 지옥이 천국으로 변화 되기 때문입니다. 주님의 초자연적인 권능에 방해하는 세력들이 물러가기 때문입니다. 예수님을 자신의 주인으로 모셔드리면 사업을 한번만 도와주시는 것이 아닙니다. 예수님께서 부활하실 즈음 제자들은 낙심하여 베드로와 함께 고향 갈릴리로 내려가서 호수에서 고기를 잡고 있었습니다. 그들은 디베리아 바다에서 그 날도 밤새도록 고기를 잡았으나 한 마리도 잡지 못했습니다. 아침이 되어 안개가 자욱이 끼었는데 저쪽 해변에서 누군가가 외쳤습니다. “애들아 무엇이 있느냐?” ‘아무것도 없습니다.’ “배 오른 편에 그물을 내려라” 오른 편에 그물을 내리니 잡은 것이 너무 많아 그물이 찢어질 지경입니다. 예수님의 음성을 듣고 순종하니 고기를 많이 잡은 것입니다.

그러자 요한이 ‘주님이시다’ 고 말하매 베드로가 황급히 웃옷을 입고 헤엄쳐 예수님께 갔습니다. 예수님께서는 이미 불에 떡과 고기를 구워 아침을 준비하고 계셨습니다. 여기에서도 예수님은 제자들의 실패한 그 곳에 나타나셔서 말씀대로 순종하는 믿음을 보시고 성공으로 바꾸어 놓으신 것입니다. 주님께선 우리에게 성공을 주시기 위해서 기상천외한 일을 하실 필요가 없습니다. 실패한 그 사람, 그 장소, 그 건물에 예수님을 주인으로 모시면 성공으로 바꾸시는 것입니다. 왜냐하면 예수님은 바로 축복이요, 천국이요, 성공이시기 때문입니다.

사업에 실패했다고 좌절하지 말고 예수님을 찾아야 합니다. 성령의 임재가운데 예수님을 찾고 찾아서 실패한 원인을 물어보아야 합니다. 예수를 믿는 성도가 사업이 되지 않는 것은 반드시 원인이 있습니다. 원인은 성령께서 알고 계십니다. 성령께서 원인을 알려주시면 순종해야 합니다. 순종할 때 믿음을 보시고 실패를 성공으로 바꾸시는 것입니다. 문제는 자신과 사업장이 하나님의 나라가 되는 것이 중요합니다. 하나님의 나라가 되려면 성령으로 기도해야 합니다. 하나님과의 관계에 막힌 것을 찾아서 해결해야 성령의 역사가 일어나는 것입니다. 사업장이나 개척교회나 잘 되지 않으면 성령으로 기도하면서 영적인 전투를 해야 합니다. 강력한 성령의 역사에 방해하는 세력이 물러가면 매출이 늘어나고 성도들이 찾아오는 것입니다.

그래서 사업을 하는 성도는 항상 기도하기를 힘쓰고 주의 음성에 귀를 기울여야 합니다. 왜냐하면 주님께서 성령으로 충만한 영적인 상태가 되어야 지혜의 말씀을 주시기 때문입니다. 베드로에게 "깊은 데로 가서 그물을 내려라"하신 것은 주님의 지혜의 말씀입니다. 디베리아 바다에서 "오른 편에 그물을 던지라"하신 말씀도 주님의 지혜의 말씀인 것입니다. 주님께서는 우리가 어떻게 해야 승리하고 성공할지를 알고 계십니다. 그러므로 주님의 지혜의 음성에 귀를 기울여야 합니다. 말씀을 늘 읽고 기도하고 하나님의 음성에 귀를 기울일 필요가 있습니다. 너무나 많은 일에 있어서 불현듯이 하나님의 지혜가 마음속에 들어옵니다. 기도하는 동안, 말씀을 읽는 동안 하나님의 깨달음, 지혜가 마음속에 들어오면 그 것이 성공으로 우리를 이끌어 주시는 것입니다.

인간 삶의 성공과 실패는 자신에게 있습니다. 인간의 성실과 노력도 중요하지만, 하나님께서 알려주시는 지혜 없이 일하면 아무런 일도 일어나지 않습니다. 그러나 성실과 노력에 더하여 하나님의 지혜가 사람에게 있으면 그는 어디를 가나 형통하게 되는 것입니다. 바로 그 지혜를 주님께서 우리에게 주시는 것입니다. 그래서 하나님과 관계를 열라고 강조하는 것입니다.

우리는 예수님을 믿고 아브라함의 복을 받은 사람들입니다. 아담과 하와 속에서 저주를 받아 가시와 엉겅퀴 속에서 고생을 하며 살았지만 예수께서 오셔서 우리의 저주를 대신 담당하셨습니다. 갈라디아서 3장 13절에 "그리스도께서 우리를 위하여 저주를 받은바 되사 율법의 저주에서 우리를 속량 하셨으니 기록된바 나무에 달리 자마다 저주 아래 있는 자라 하였음이라 이는 그리스도 예수 안에서 아브라함의 복이 이방인에게 미치게 하려 함이라"하셨습니다.

우리는 그리스도 예수 안에서 저주로부터 해방되어 아브라함의 복을 받은 사람들인 것입니다. 그러므로 마음을 느긋하게 가지십시오. 우리는 복 받은 사람들인 것입니다. 저주 받은 사람들이 아닙니다. 아브라함의 복을 받은 사람들이기 때문에 우리는 복 받은 사람으로서 살아갈 자격이 있습니다. 선조들이 죄를 지어 가계저주가 있다고 선조들을 원망만 할 것이 아니라, 자신이 하나님과 관계를 열어 해결하려고 노력해야 할 것입니다. 조상 탓을 하지 말라는 것입니다.

믿음 가운데 예수님을 주인으로 모시고 생활하고 예수님의 지혜와 지식을 받는다면 어느 곳에 가나 우리는 성공하고 머리가 되며 꼬리가 되지 않고 위에 있고 아래로 내려가지 않으며 남에게 꾸어 줄지라도 꾸지 않는 삶을 살아갈 수 있게 되는 것입니다. 마지막 때가 될수록 우리 예수님을 믿는 사람들은 이 세상 누구보다도 생활환경에서 성공해야 합니다.

셋째, 가계에 대물림되는 영육의 질병을 해결하신다. 인간이 세상을 살면서 끊임없이 시달리는 문제는 병의 문제입니다. 잘사는 나라에 가도 수많은 병이 있고 못 사는 나라에도 많은 병이 있습니다. 마음의 병이 있는가 하면 육신과 생활의 병이 있습니다. 가계에 대대로 대물림되는 병도 있습니다. 혈통에 대물림되는 병의 문제는 어떻게 해결할까요? 병이 중요한 문제가 아니라면 예수님께서 이 땅에서 보내신 그 귀중한 시간의 3분의 2를 치유사역에 쓰지 않으셨을 것입니다. 주님은 "회개하라 천국이 가까왔다"하시고, 곧장 병 고치시는 일을 하셨습니다. 귀신을 쫓아내고 병든 자를 고치셨으며 12제자들에게도 그렇게 하도록 하셨습니다. 70인의 제자들도 둘씩 보내시면서 천국 복음을 전파할 때는 반드시 병을 고치라고 하셨습니다. 왜냐하면 인생의 죄 값으로 온 이 병을 주님께서 죄를 사하심과 동시에 고치시기 원하셨기 때문입니다. 병은 하나님의 선물이 아니요, 하나님께서 기뻐하시는 것이 아닙니다. 병은 저주요 심판이요, 우리를 도적질하고 죽이고 멸망시키려는 마귀의 도구에 불과한 것입니다. 그러므로 우리가 병 고침을 받는 것이 하나님의 뜻입니다. 우리 하나님의 이름 중에서 여호와 라파가 있습니다.

"여호와는 나의 병을 치료하는 하나님이라." 하나님의 성함이 병을 치료하는 의사라고 말씀하시니 의사인 우리 하나님께 우리가 찾아간다면 병은 당연히 낫게 되는 것입니다. 건강한 자에게는 의원이 쓸 데 없고 병든 자에게 쓸모 있다고 예수께서 말씀하셨습니다.

시편 103편 1절로 3절에 "내 영혼아 여호와를 송축하라 내 속에 있는 것들아 다 그 성호를 송축하라 내 영혼아 여호와를 송축하며 그 은택을 잊지 말지어다 저가 네 모든 죄악을 사하시며 네 모든 병을 고치시느니라"고 말씀하셨습니다. 하나님의 은택을 잊고 사는 사람들이 많이 있습니다. 그러나 성경은 "하나님께서 주신 은택을 잊지 말라 저가 네 모든 죄를 용서하시고 네 모든 병을 고치신다"고 말씀하셨습니다. 성경은 "주 네 하나님을 섬기라 그리하면 저가 너희 물과 양식에 복을 내리고 너희 가운데 병을 제하리니 너희 중에 낙태하는 자나 잉태치 못하는 자가 없을 것이라 그가 너희 날 수를 채울 것이"라고 말씀하십니다. 이러므로 하나님께서는 우리의 병을 미워하시어 예수 그리스도를 통해 우리의 죄를 대속 하신 것입니다.

이사야서 53장 4절에 "그는 실로 우리의 질고를 지고 우리의 슬픔을 당하였거늘 우리는 생각하기를 그가 징벌을 받아 하나님께 맞으며 고난을 당한다 하였느니라"하셨습니다. 예수님께서 십자가에 못 박히시기 전에 매를 맞아 그 등이 갈기갈기 찢어졌는데 성경은 말씀하기를 "그는 실로 우리의 질고를 지고 우리의 슬픔을 당했다고 하셨습니다." 그러므로 예수님께서 우리가 병들어 슬퍼하는 것을 대신 짊어지셨다는 사실을 깨달아 알라고 성경은 말하고 있는 것입니다. 또 이사야서 53장 5절은 "그가 찔림은 우리 허물을 인함이요 그가 상함은 우리 죄악을 인함이라 그가 징계를 받으므로 우리가 평화를 누리고 그가 채찍에 맞으므로 우리가 나음을 입었느니라"고 말하고 있는 것입니다.

예수님께서 2천 년 전에 채찍을 맞으셨으므로 우리는 2천 년 전부터 나음을 입은 것입니다. 우리는 나음을 받지 않았다고 생각하지만 병은 이미 2천 년 전에 나음을 받았습니다. 이제는 우리가 그것을 깨닫고 믿고 인정하고 기도하고 주장하는 일만 남은 것입니다. 실상은 병은 거짓되고 헛된 것입니다. 우리는 2천 년 전부터 벌써 치료함을 받아오고 있는 것입니다.

이사야서 53장 10절은 "여호와께서 그로 상함을 받게 하시기를 원하사 질고를 당케 하셨은즉"이라 말씀합니다. 얼마나 하나님께서 병 고치시기를 원하셨던지 하나님께서 그로 상함 받기를 원하사 질고를 당케 하셨다고 말씀합니다.

이러므로 우리 아버지 하나님의 열렬한 뜻은 우리의 영도 마음도 몸도 병에서 놓여남을 받고 건강하게 되는 것입니다. 이렇기 때문에 예수님께서 고통당하시고 죽임 당하시고 부활승천 하신 이후 성령 강림하셔서 교회를 세우셨을 때 예루살렘 총회의 총회장이었던 야고보는 전 세계에 이렇게 편지 했습니다.

야고보서 5장 14절로 16절에 “너희 중에 병든 자가 있느냐 저는 교회의 장로들을 청할 것이요 그들은 주의 이름으로 기름을 바르며 위하여 기도할지니라. 믿음의 기도는 병든 자를 구원하리니 주께서 저를 일으키시리라 혹시 죄를 범하였을지라도 사하심을 얻으리라 이러므로 너희 죄를 서로 고하며 병 낫기를 위하여 서로 기도하라 의인의 간구는 역사 하는 힘이 많으니라”하셨습니다.

그러므로 결정적으로 교회는 병든 자를 위해 기도하고 그들의 치료를 위해 역사 하라고 명령하시는 것입니다. 이러므로 그리스도의 백성과 교회는 자신의 병 고침을 위해 기도할 뿐 아니라 다른 사람의 병 나음을 위해 기도해야 하는 것입니다. 이것이 하나님의 뜻인 줄 알았은즉 우리가 병이 들면 우리의 죄를 회개하고 단호히 병을 대적해야 합니다. 병이 마귀에게서 온 것인 줄을 알았으므로 그것을 받아들일 필요가 없습니다. 성령의 임재가운데 원인을 찾아서 끝까지 믿음으로 강하게 대결하며 기도하고 치료를 주장해서 대물림되는 병을 쫓아내고 건강한 삶을 사는 권리가 있습니다.

가계에 대대로 대물림되는 병은 한두 번의 사역으로 해방이 되지 못합니다. 성령으로 세례 받고 성령의 지배를 받는 믿음생활로 전환되어야 대물림되는 질병에서 해방이 될 수가 있습니다. 자신과 가계가 천국이 되어야 대물림되는 질병에서 해방을 받는 것입니다. 성령으로 세례 받는 것이 필수입니다. 신유은사 있는 사역자에게 안수 한두 번 받아서 해결 받으려면 생각을 접어야 질병의 저주에서 영원히 해방될 수가 있습니다.

9장 주님은 성령의 인도를 받아 일하셨다.

(막1:12-13)"성령이 곧 예수를 광야로 몰아내신지라. 광야에서 사십 일을 계시면서 사탄에게 시험을 받으시며 들짐승과 함께 계시니 천사들이 수종들더라"

예수님은 초지일관 성령의 인도를 받으셨습니다. 이 땅에서 세상신과 싸우며 살아가는 하나님의 자녀이자, 예수님의 일꾼들에게 본을 보이기 위해서 입니다. 성령의 인도를 받아야 예수님을 주인으로 모시고 사는 크리스천들이 가계의 저주에서 해방되어 이 땅에서 천국을 누릴 수가 있기 때문입니다. 가계의 저주에서 영원히 해방되려면 예수님과 같이 성령의 인도를 받아야 합니다. 성령님이 자신과 가계를 점령하여 천국이 되어야 가계저주에서 영원히 해방되는 것입니다. 성령의 인도를 받지 않았기 때문에 10년을 믿었어도 여전하게 혈통의 문제로 마귀가 저주하는 것입니다. 예수님이 요단강에서 세례요한에게 물세례를 받고 성령이 비둘기 같이 임하기 전에는 말씀을 전할 때 지옥(악령)이 드러나지 않았습니다. 성령의 이끌림을 받으며 광야에서 마귀의 3번의 시험을 승리하고, 천사의 수종을 들면서 회당에서 말씀을 전할 때부터 세상신이 드러나기 시작을 한 것입니다. 이로보아 성령으로 세상신이 떠나가야 이 땅에서 천국을 누릴 수가 있기 때문에 예수님이 믿는 우리들에게 본을 보이기 위하여 친히 성령의 인도를 받으신 것입니다.

예수님은 철저하게 성령의 인도를 받으셨습니다. 잉태될 때도 세례요한에게 물세례를 받을 때도 성령의 인도를 받으셨습니다. 이는 예수를 믿고 하나님의 자녀가 된 성도들이 세상을 살아갈 때에 성령의 인도를 받아야 한다는 교훈을 주시기 위해서입니다. 성령의 인도를 받아야 하는 이유는, 성령의 인도를 받아야 권능 있는 삶을 살아갈 수가 있습니다. 성령의 인도를 받아야 예수님의 성품으로 변화될 수가 있습니다. 주님의 마음을 품어야 하나님의 음성을 듣고 그분의 뜻을 알고 순종할 수가 있기 때문입니다. 성령의 인도를 받아야 천국을 누일 수 있습니다.

첫째, 예수님은 초지일관 성령의 인도를 받았습니다. 태어나실 때는 성령으로 잉태되는 은혜를 받았습니다. (마태복음1:20)"이 일을 생각할 때에 주의 사자가 현몽하여 이르되 다윗의 자손 요셉아 네 아내 마리아 데려오기를 무서워하지 말라 그에게 잉태된 자는 성령으로 된 것이라" 마리아는 성령에 의하여 하나님의 아들의 어머니가 되도록 은혜를 받았습니다. 이는 이사야에게 임한 이사야서 7장 14절 "그러므로 주께서 친히 징조를 너희에게 주실 것이라 보라 처녀가 잉태하여 아들을 낳을 것이요 그의 이름을 임마누엘이라 하리라" 하신 그리스도가 탄생하시기 700년 전에 주어진 예언은 이제 성취된 것입니다.

성령으로 잉태되었다는 것은 하나님 자신에 의해 낳아져 완전한 하나님이시라는 의미이며, 동정녀 마리아에게서 나셨다는 것은 인간에 의해 나셔서 완전한 인간이라는 의미입니다. 오늘 성경은 예수님의 탄생의 배경과 과정에 대해서 18절에서 이렇게 설명하고 있습니다. "예수 그리스도의 나심은 이러하니라 그의 어머니 마리아가 요셉과 약혼하고 동거하기 전에 성령으로 잉태된 것이 나타났더니"(마1:18). 성경은 예수님의 탄생에 대해 "동거하기 전에 성령으로 잉태되어"라는 말을 붙였습니다. 이 이야기는 남자를 모르는 여자가 아이를 낳을 수 있는가?라는 질문에 대한 답변으로 기록한 것입니다.

예수님의 동정녀 탄생에 대하여서는 역사적으로도 받아들였습니다. 우리가 사도신경에서 "이는 성령으로 잉태하사 동정녀 마리아에게 나신 것을 믿습니다"라고 고백하는 것은 예수님이 성령에 의해 처녀 마리아에게서 잉태되시고 태어나셔서 사람이 되셨다는 사실을 믿는 것입니다.

그리고 "성령으로 잉태"되었다는 고백은 "마리아"에게 조금도 초점이 맞추어져 있지 않다는 것을 보여주고 있습니다. 만일 이 말이 없다면 우리는 "동정녀 마리아"에게 초점을 맞추었을 것입니다. 그러나 마리아는 단지 하나님이 사용한 평범한 여인일 뿐입니다. 성경은 그녀의 어떠함에 대해 너무하다 싶을 정도로 아무런 언급이 없습니다.

누가복음에는 2장에는 예수님이 어려서 유월절에 예루살렘 성전에 갔을 때 제사장들과 논쟁하는 것에 대한 마리아의 반응에 예수님의 대답을 기록하고 있습니다. "그의 부모가 보고 놀라며 그의 어머니는 이르되 아이야 어찌하여 우리에게 이렇게 하였느냐 보라 네 아버지와 내가 근심하여 너를 찾았노라 예수께서 이르시되 어찌하여 나를 찾으셨나이까 내가 내 아버지 집에 있어야 될 줄을 알지 못하셨나이까 하시니 그 부모가 그가 하신 말씀을 깨닫지 못하더라"(눅2:48~50).

예수님께서 동정녀에게서 탄생하셨다는 이야기는 오늘 우리에게만 이상한 것이 아니라 그 시대의 사람들에게도 이상했습니다. 그것은 요셉에게도 이상했습니다. 그뿐 아니라 그것이 이상하지 않았더라면 우리의 신앙고백에 들어오지도 않았을 것입니다. 동정녀 탄생은 지식의 대상이 아니라, 신앙의 대상이기 때문에 우리의 신앙고백에 들어온 것입니다.

그러므로 "우리가 이러한 예수님을 믿는 것은 정말 하나님의 은혜이며, 선물이다"는 것을 깊이 깨닫고 그분을 찬양할 뿐만 아니라 감사해야 할 것입니다. 무엇보다도 우리의 좁은 이성과 지식 그리고 지혜를 가지고 자신의 생각 속에 가두어 놓지 말고 성령으로 잉태 하사 동정녀인 마리아에게 나신 예수 그리스도를 온전히 믿을 수 있어야하겠습니다. 예수님이 성령으로 잉태 되었다는 것은 우리의 거듭남도 성령에 의한 것임이어야 한다는 것을 의미합니다. 우리가 하나님을 믿고 하나님의 자녀가 되는 것은 성령으로 거듭남에서 출발합니다. 육에서 난 것은 육이고 영으로 난 것은 영입니다(요3:6). 육으로 태어난 우리는 이제 성령으로 다시 태어남으로 거듭나야 합니다(요3:5).

예수님께서는 태어나셔서 30이 되시자 요단강에서 요한에게 물세례를 받으셨는데 하나님께서 감동하시어 성령으로 세례를 하셨습니다. 세례 받으실 때에 상징으로 성령이 비둘기 같이 임하십니다. 주님은 성령 세례를 받으시고 난 다음 성령을 통해서 3년 반 동안 사역을 하셨습니다. 마3:16~17에 보면 "예수께서 세례를 받으시고 곧 물에서 올라 오실쌔 하늘이 열리고 하나님의 성령이 비둘기 같이 내려 자기 위에 임하심을 보시더니 하늘로서 소리가 있어 말씀하시되 이는 내 사랑하는 아들이요 내 기뻐하는 자라 하시니라" 예수님께서 요단강에서 세례 받으시고 올라오실 때 성령이 그 위에 임하신 것입니다. 그래서 하나님의 아들로 하나님께로부터 증거를 얻게 된 것입니다. 하나님은 그리스도가 하나님 아버지에게 복종하셨기 때문에 그의 아들이라고 인정하사 말씀하셨습니다. 예수님은 물세례를 받으실 필요가 없으셨으나 그를 따르는 모든 성도들에게 본을 보이기 위하여 기꺼이 본이 되어 주신 것입니다.

예수님께서 성령으로 세례를 받으신 것은 이 시대를 살아가는 성도들이 성령으로 세례를 받아야 하기 때문에 친히 본을 보이신 것입니다. 성령은 살아계신 하나님을 알게 하시는 살아있는 성령입니다. 성령의 실체를 느끼고 알아야 합니다. 그래서 성령으로 세례를 받아야 한다는 것입니다.

목회자들은 성도들에게 무조건 성령으로 세례를 받아야 한다고 하지 말고 왜 성령으로 세례를 받아야 하느냐는 것을 알게 해야 합니다. 이것을 바르게 알고 성령으로 세례를 받으려고 해야 한다는 것입니다. 왜는 간단합니다. 예수님이 요단강에서 세례요한에게 물로 세례를 받은 다음에 성령으로 세례를 받으셨기 때문입니다. 성령으로 세례를 받고 성령의 이끌림을 받아 광야에 가셔서 마귀의 시험을 성령의 인도와 말씀으로 승리하시니 천사가 수종을 들고 그때부터 회당에서 말씀을 증거 하실 때 권능으로 귀신들의 정체가 폭로되었습니다.

성령으로 세례를 받으시기 전에는 그저 말씀만 전하셨으나 성령의 세례를 받고 말씀을 전하니 권능이 나타나기 시작을 한 것입니다. 마가복은 1장 27절은 이렇게 말합니다. "다 놀라 서로 물어 이르되 이는 어찜이냐 권위 있는 새 교훈이로다 더러운 귀신들에게 명한즉 순종하는 도다 하더라" 사람들이 다 놀라서 말했습니다. "이는 어찜이냐 권세 있는 새 교훈이로다 더러운 귀신에게 명한즉 순종하는도다" 예수님의 권세는 귀신의 순종으로 나타납니다.

그리고 예수님이 성령으로 세례 받는 것을 강조하셨기 때문입니다. "요한은 물로 세례를 베풀었으나 너희는 몇 날이 못 되어 성령으로 세례를 받으리라 하셨느니라"(행1:5). 몇 날이 못 되어 성령으로 세례를 받는 다고 말씀하십니다. 그러면서 이렇게 말씀하십니다. "오직 성령이 너희에게 임하시면 너희가 권능을 받고 예루살렘과 온 유대와 사마리아와 땅 끝까지 이르러 내 증인이 되리라 하시니라."(행 1:8). 우리에게 성령이 임하시면 예수님의 증인이 되어진다고 말씀하십니다. 어떻게 해야 주님의 증인이 되어질까 고심하고 애쓰는 것이 아니라, 성령이 임하시면 증인이 되어 진다는 것입니다.

예수님을 닮아가는 것이 우리의 노력으로 되어지는 것이 아닙니다. 성령이 임하시면 성령께서 우리를 예수님을 닮은 삶으로 만들어 가십니다. 우리가 애를 써가며 예수님을 닮아가려는 것은 율법의 신앙이고, 성령께서 예수님을 닮아가게 만드시는 것이 은혜의 삶입니다. 성령께서 우리의 마음 안에 성전을 만들어 가십니다.

우리가 할 수 있는 일은 모든 일에 하나님만 인정하는 삶입니다. 말씀을 듣고 순종하는 것입니다.

우리가 바르게 알아야 할 것은 예수님을 닮아간다는 것은 예수님과 같은 권세도 포함이 됩니다. 예수님과 권세 있는 삶을 살면서 예수님의 지상명령을 순종하려면 반드시 성령으로 세례를 받아야 합니다. 성령으로 세례를 받은 다음부터 땅의 사람이 하늘의 사람으로 바뀌는 것입니다. 반드시 하늘의 사람으로 변해야 땅의 사람에게 역사하던 귀신이 떠나가기 때문입니다. 귀신이 떠나가야 자유 함을 찾을 수 있습니다.

그래서 예수님이 이렇게 말씀하시는 것입니다. "믿는 자들에게는 이런 표적이 따르리니 곧 저희가 내 이름으로 귀신을 쫓아내며 새 방언을 말하며 뱀을 집으며 무슨 독을 마실지라도 해를 받지 아니하며 병든 사람에게 손을 얹은즉 나으리라 하시니라"(막 16:17). 그럼 이제 어떻게 해야 성령으로 세례를 받을 수 있느냐는 것입니다. 우리가 바르게 알아야 할 것은 위로부터 임하시는 성령은 오순절 마가의 다락방사건으로 종료가 되었습니다. 지금은 성령으로 세례를 받은 사람이 말씀을 전하고 기도할 때 성령세례가 임합니다. 그러므로 성령의 세례와 불로 장악이 되려면 성령의 역사가 있는 장소에 가는 것이 빠릅니다. 성령의 불로 장악되고 성령의 역사를 체험하려면 성령의 역사가 있는 장소에 가는 것이 좋습니다. 자신이 과거 한번 성령의 세례를 체험했었다면 혼자 기도해도 성령의 불로 장악될 수가 있습니다.

자신이 한 번도 성령의 세례를 체험하지 못했다면 성령의 기름

부음심이 있고 성령의 불의 역사가 나타나는 장소에 가서 성령의 불로 충만 받는 것이 맞습니다. 성령의 체험과 장악은 장작불의 원리와 같습니다. 성령의 불로 충만하고 성령의 역사를 체험한 사람들이 많이 모이는 장소는 성령의 역사가 강합니다. 성령은 어디에 계시는가, 먼저 내 영 안에 계십니다.

그리고 우리 안에 계십니다. 또 말씀 안에 계십니다. 그러므로 성령체험을 하지 않았다면 성령의 역사가 있는 장소에 가셔야 성령을 쉽게 체험하고 장악을 당할 수가 있습니다. 또 한 방법은 성령 받은 자에게 가셔서 말씀을 듣고 안수를 받는 방법이 있습니다. 위로부터 임하시는 성령의 역사는 오순절 마가의 다락방에서 임하셨습니다. 그 이후는 그때 성령 받은 사람이 말씀을 전하고 안수할 때 임했습니다(행19:1-7). 성령의 불로 충만한 사람에게 전이 받는 것입니다. 성령으로 세례 받고 장악되기 원하십니까? 성령이 역사하는 장소로 가십시오. 그래야 빨리 성령으로 장악될 수가 있습니다.

예수님이 사역을 시작하시기 전에 성령이 준비하게 인도하십니다. 예수 그리스도께서는 곧 성령께 이끌려 광야로 나가서 40주 40야 금식하시고 마귀를 정복하고 성령의 능력으로 돌아오셨습니다. 성령은 그가 여러 시험을 격퇴하도록 도우셨으므로 시험을 이기셨던 것입니다. 그리고 예수 그리스도의 3년 반의 사역이라는 것은 성령을 통해서 주님은 말씀하시고 기도하시고 가르치시고 병을 고치시고 죽은 자를 살리신 역사를 베풀었지 성령을 통하지 않고는 예수님은 역사하지 않았었습니다.

눅4:18~20에 보면 "주의 성령이 내게 임하셨으니 이는 가난한 자에게 복음을 전하게 하시려고 내게 기름을 부으시고 나를 보내사 포로 된 자에게 자유를, 눈먼 자에게 다시 보게 함을 전파하며 눌린 자를 자유케 하고 주의 은혜의 해를 전파하게 하려 하심이라"고 말씀하신 것입니다. 여기에서 예수 그리스도의 사역이란 성령님의 역사 없이는 전혀 이뤄질 수가 없는 것입니다. 그리스도는 성령의 능력으로 설교하셨습니다. 이때 강한 성령의 권능이 나타났습니다(막1:21-27).

복음증거 사역을 하실 때 성령의 인도를 받았습니다. 성령에 이끌려서 육신의 질고를 치유하는 사역을 하시는 것을 보게 됩니다. (사도행전 10:37-38)"곧 요한이 그 세례를 반포한 후에 갈릴리에서 시작하여 온 유대에 두루 전파된 그것을 너희도 알거니와 하나님이 나사렛 예수에게 성령과 능력을 기름 붓듯 하셨으매 그가 두루 다니시며 선한 일을 행하시고 마귀에게 눌린 모든 사람을 고치셨으니 이는 하나님이 함께 하셨음이라" 요한복음 5장에서 예수님께서 성령에 이끌려서 병고침의 사역을 하셨습니다(요5:1-9). 예수님은 아버지가 하셨던 것을 하신다고 말씀하셨습니다. 성령으로 하나님의 뜻을 알고 순종했습니다. 하나님의 뜻은 병든자를 고치고, 귀신들린자를 억압에서 해방 받게 하는 것입니다.

(요한복음 5:19-20)"그러므로 예수께서 그들에게 이르시되 내가 진실로 진실로 너희에게 이르노니 아들이 아버지께서 하시는 일을 보지 않고는 아무 것도 스스로 할 수 없나니 아버지께서 행하시는 그것을 아들도 그와 같이 행하느니라. 아버지께서 아들을 사

랑하사 자기가 행하시는 것을 다 아들에게 보이시고 또 그보다 더 큰 일을 보이사 너희로 놀랍게 여기게 하시리라" 천국복음을 전파하시고 병든자를 고치는 것은 하나님이 하시는 일이라는 것을 알 수 있습니다.

십자가상에서도 성령의 인도를 받았습니다. 그리스도는 죄가 없으신 완전한 분으로써 하나님에게 자신을 희생의 제물로 드리셨습니다. 성령은 그리스도가 복종하실 수 있도록 도우셨습니다. (빌2:8)"사람의 모양으로 나타나사 자기를 낮추시고 죽기까지 복종하셨으니 곧 십자가에 죽으심이라" 성령의 도우심으로 그리스도는 십자가의 죽음에 복종하시게 되었던 것입니다. 그리스도는 인간으로써 고난을 당하셨습니다. (막14:36)"이르시되 아빠 아버지여 아버지께는 모든 것이 가능하오니 이 잔을 내게서 옮기시옵소서 그러나 나의 원대로 마시옵고 아버지의 원대로 하옵소서 하시고" 그는 기꺼이 하나님의 뜻을 따라 행하셨으며 심지어 그것은 십자가상에서의 고난을 의미합니다.

부활하실 때도 성령의 인도를 받았습니다. 성령으로 죽은 자 가운데에서 부활하여 영적인 능력으로 하나님의 아들로 인정을 받았습니다. (로마서1:4)"성결의 영으로는 죽은 자들 가운데서 부활하사 능력으로 하나님의 아들로 선포되셨으니 곧 우리 주 예수 그리스도시니라" 믿는 자는 성령으로 새 생명 얻습니다. (로마서8:1) "그러므로 이제 그리스도 예수 안에 있는 자에게는 결코 정죄함이 없나니" 그의 성령이 역시 우리의 영을 살리실 것입니다. 믿는 자는 영적인 사죄를 받습니다. 아담이 지은 원조의 사함을 받습니다.

자범죄는 성령의 인도로 본인이 해결해야 합니다. 예수를 믿고 교회에 들어와서 제일 먼저 해결해야 합니다.

둘째, 성령의 인도함을 받아야 하나님의 아들입니다. 예수님은 공생애 기간 동안 철저하게 성령의 인도를 받으셨습니다. 성령의 인도로 갈릴리 호수를 지나 거라사 인의 지방에 가셔서 군대 귀신 들린 자를 구원하셨습니다. 사마리아로 가셔서 우물가에서 여인을 만나 구원하기도 하셨습니다. 베데스다 연못가에서 38년 된 병자를 치유하시기도 하셨습니다. 저는 지금까지 세상을 살아오면서 성령의 인도를 받지 않고 사람의 말을 듣거나 사람을 믿고 일을 맡겼을 때 실패와 낭패를 당한 것이 한두 번이 아닙니다. 직접 성령의 인도를 받을 때는 일이 술술 잘 풀렸습니다. 저의 지론은 성령의 인도를 직접 받아야 한다는 것입니다. 성령의 음성을 듣고 움직이는 습관을 들이는 것이 중요합니다.

그래서 하나님은 로마서 8장 14절에서 "무릇 하나님의 영으로 인도함을 받는 사람은 곧 하나님의 아들이라" 말씀하시는 것입니다. 예수님께서도 성도들이 세상을 살아가면서 성령의 인도를 받게 하기 위하여 공생애 기간 동안 철저하게 성령의 인도를 받으셨습니다. 예수를 믿고 성령으로 거듭난 성도는 예수님과 같이 성령의 인도를 받아야 세상에서 승리할 수가 있습니다.

성령의 인도를 받아야 자신에게 들리고, 말하는 말씀이 율법인지 진리인지 깨달아 알 수가 있습니다. 어디를 가나 강단에서 말씀을 전하고, 들리는 말씀이 율법인지, 진리인지 알기 때문에 자신의 영을 자신이 지켜서 하나님의 복을 받아 거부가 될 수가 있습니다. 성령께서 말씀을 깨닫게 하시기 때문입니다. 성도는 성령의 인도를 받는 것은 무엇보다도 중요합니다. 성령의 인도를 받는 자와 그렇지 않은 자의 삶은 극명한 대조를 이룹니다. 성령은 그야말로 성령의 인도를 받으며 진리를 알고 성령으로 사는 성도를 영으로 인도하는 것이기에 극히 은밀하고 주관적입니다. 드러내놓고 나타내지 않습니다.

그렇다면 무엇으로 분별할 수 있습니까? 성령의 열매로 알 수 있습니다. 분명한 성령의 역사는 눈에 보이지 않게 인도하시나 눈에 보이는 열매를 맺게 하십니다. 성경 대로입니다. 오직 성령의 열매는 "사랑과 희락과 화평과 오래 참음과 자비와 양선과 충성과 온유와 절제라." 이러한 열매로 인하여 일체의 삶이 변화가 됩니다. 생명의 말씀으로 속사람이 변화되어, 자기 체질을 버리게 됨으로 새사람으로 거듭나게 되는 것입니다. 하늘의 사람으로 바뀌게 됩니다. 이전에 행했던 육신적 욕심으로부터 벗어나 영의 일을 추구하게 됩니다. 속일 수가 없는 것입니다. 성령의 역사는 시작은 미약했어도 그 나중은 창대하게 하십니다. 성령께서 믿음을 자라나게 하시기 때문입니다.

반면 성령의 인도를 받지 않는 자들은 모두들 사람을 의지합니다. 타인이든 자기 자신이든, 그러한 사람들의 독선과 독단은 의의 열매가 아닌 불순종의 열매를 맺게 됩니다. 성령의 역사와 인도에 순종이 없습니다. 성령은 하나님이십니다. 성령 하나님의 인도를 받지 않음인데 누구에겐들 순종할 수 있겠습니까? 그러한 자들의 열심히는 오히려 특심입니다. 누구보다 열심히 믿습니다. 행위로 열심히 해야 만족을 누리기 때문입니다. 그러나 인간적인 열심은 하나님께 상달되지 않습니다. 하나님은 영이시기 때문입니다. 반드시 성령의 인도를 받아 순종하는 열심만 받으십니다.

인간적인 사람은 성경대로가 아닌 사람의 말대로, 하나님 말씀이 아닌 사람의 말을 듣기 위해 예배에 참석합니다. 귀를 솔깃하게 하고, 마음을 후련하고 시원케 하고, 따뜻하게 위로하는 달콤한 사람의 말을 듣기 위해 많은 시간을 할애합니다. 이성적인 말씀을 즐겨서 듣기 때문에 도무지 구습이 변하지를 않는 것입니다. 하나님께 열심인 척하면서, 그렇게 함으로 위로와 영적인 힘을 얻으려 합니다. 사람을 의지하며 사람의 인도를 받는 자들은 사소한 일도 결정하지 못하고 사람에게 의논합니다.

마치 신탁이라도 받으려는 듯 순종의 모양새를 갖추고, 용한 점쟁이에게 점을 치는 것과 진배없습니다. 그들의 역겨운 행태는 분명 하나님의 자녀의 행보는 아닐 것입니다. 당연하게 하나님이 기뻐하시지 않습니다. 그러나 그들은 예수님을 믿고 있습니다. 성령의 인도를 한 번도 받아보지 못했으나 자신들도 하나님의 자녀임을 믿습니다. 그들에게서는 단 한 가지의 열매조차도 찾아볼 수 없습니다. 자기를 부인한 흔적이 없습니다. 예수의 남은 고난을 채운 흔적이 없습니다. 다만 행위에는 열심입니다. 행위로 하나님을 움직이려고 합니다.

영이 깨어나지 않은 고로 열심히 하면 하나님께서 기뻐 받으시는 줄로 착각하는 것입니다. 경건의 모양은 누구보다 거룩하며, 성실과 지속의 모양도 따를 자가 없습니다. 그래서 다 속게 됩니다. 그러나 반드시 드러나게 하시는 이가 계시니 "만물 위에 계신이라. 그 앞에서는 누구도 감춰진 것이 드러나지 않음이 없음이라. 곧 그리스도 예수라." 믿음은 믿음으로, 행위는 행위로 드러내십니다. 반드시! 지금이 아니라면 앞으로 그리 하실 것입니다. 어떤 인생 앞이라도 수많은 문제들이 포진해 있습니다. 그 문제 앞에서 드러내십니다. 완전히 다릅니다. 문제 앞에서 드러나는 각자의 믿음이 다릅니다. 그리스도 안에서 견고한 믿음의 뿌리로 터를 닦은 자는 흔들리지 않습니다. 성령의 인도를 받는 성도는 어떠한 문제 앞에서도 담대합니다. 성령의 인도를 받는 자들은 이러한 믿음으로 이루어 가십니다.

노력으로가 아니라, 하나님의 은혜로 되어지는 것이기에 감사와 기쁨이 넘치는 것입니다. 그들의 삶에는 열매가 있습니다. 그리스도는 그의 핏 값으로 부르신 성도들에게 가장 좋은 것을 주셨습니다. 곧 성령이십니다. 각자에게 적합한 수준과 방법대로 인도하시니 완전한 것입니다. 모두에게 안성맞춤입니다. 신비롭고 경이로운 일이라 사람의 언어로는 적절한 표현을 찾기가 쉽지 않습니다. 그러나 성령께서는 나를 알고 나는 성령을 압니다. 교감입니다. 기도할 때, 묵상할 때, 예배드릴 때 일어나는 이 신비로운 교감을 무어라 형언하겠습니까?

성령의 인도로 채우시는 믿음의 능력을 표현하기가 쉽지 않습니다. 오직 믿음으로 알 수가 있습니다. 우리가 사는 것은 믿음의 주이신 그리스도를 따르는 삶입니다. 그리스도의 것으로 지음을 받고 부르심을 받지 않았습니까? 하나님에게 속한 자입니다. 그리스도인은 완전한 요새입니다. 흔들림이 없는 반석입니다. 하나님의 자녀 된 내가 누구하고 의논을 해야 합니까? 하나님의 자녀답게 성령님과 의논을 해야 합니다. 이제 혈육과 의논하는 것을 멈추어야 합니다. 더 이상 혈육을 의지해서는 안 됩니다. 하나님의 자녀로 바뀐 사람답게 성령님에게 의논하여 대소사를 결정해야 합니다. 성령의 사람답게 세상을 살아가야 합니다. 그래야 성령님의 인도와 보호가 있습니다,

사람과 의논하지 아니하고, 사람에게 인정받으려 하지 아니하고, 오직 하나님 앞에 선 것은 성령의 인도로 되는 것입니다. 성령을 따르는 자는 믿음으로 채우십니다. 오직 믿음으로만 되는 것입니다. 이것이 은혜입니다. 큰 은혜입니다. 준비된 그릇입니다. 성령의 인도를 받는 자들은 성령으로 열매를 맺게 됩니다. 믿음은 종류가 많습니다. 다 같은 믿음이 아닙니다. 믿음에 따른 열심히는 그 믿음의 색깔대로 열매를 맺게 됩니다. 영을 믿고 따르는 자는 영의 열매를, 육을 믿고 따르는 자는 육의 열매를 맺음이니 곧 사망입니다. 완전히 다릅니다. 육신적인 부귀영화는 이 세상을 사는 동안 잠깐 누릴 수 있을 뿐 영원하지 않습니다. 사망은 영원한 심판 속에서 저주를 받았음이니 지옥의 형벌입니다. 열심으로 믿고 따르는 믿음이 그리스도로 말미암았다면 무엇보다 성령의 인도를 받고자 애써야 합니다. 성령의 인도를 받으려면 성령의 감동에 순종해야 합니다. 성령님을 주인으로 알고 대소사를 의논하고 질문해야 합니다. 그러면 성령께서 당신을 인도하실 것입니다.

10장 예수님은 사람의 미혹을 경계하신다.

(마 24:4-5)"예수께서 대답하여 이르시되 너희가 사람의 미혹을 받지 않도록 주의하라. 많은 사람이 내 이름으로 와서 이르되 나는 그리스도라 하여 많은 사람을 미혹하리라."

하나님은 보이는 사람을 의식하지 말고, 보이지 않는 하나님께 집중하며 살아가라고 하십니다. 성령님도 하나님의 자녀들이 보이는 사람에게 소망을 두지 않고, 보이지 않는 하나님께로 관심과 의식을 돌리도록 역사하십니다. 크리스천들이 하나님께서 보이지 않는 고로 보이는 사람을 하나님보다 더 의지하려는 성향이 강하기 때문입니다. 깨닫고 보면 세상에서 목회자들의 미혹처럼 무서운 것은 없습니다. 왜냐하면 사기꾼들에게 미혹 당하는 경우에는 금전의 손해만 보면 됩니다. 필자가 그동안 성령치유 사역을 하면서 체험한 바로는 목회자나 성도들이나 할 것 없이 사람의 미혹을 받고 고통을 당했다는 것입니다.

능력 있다고 하는 목회자나 성도가 가계의 저를 끊으려면 이렇게 해야 한다고 하면서 감언이설로 속여서 불필요한 고통을 당하게 했다는 것입니다. 가계의 저주에 대하여 잘 이해하지도 못했고, 자신이 체험하지도 않았고, 다른 사람이 써놓은 책을 읽고 자신이 능력 있는 척하면서 흉내를 낸다는 것입니다. 그러면서 가계치유 기도문이나 암송하게 만들고, 물병이나 두들기고, 악을 쓰면서 기도하라고 강요하여 영적수준이 낮은 성도들을 현혹시킨다는 것입니다. 가계의 저주는 성령님이 해결하십니다.

가계저주는 목회자가 어느 정도까지 도움을 줄 수는 있어도 끊거나 영원히 해방되게 할 수가 없습니다. 이유는 고통을 당하는 자신의 전인격이 하나님의 나라가 되어야 가계저주가 해결되기 때문입니다. 아무리 능력이 있다는 목사가 가계저주를 끊어준다 해도 자신이 성령의 지배를 당하지 않으면 저주하는 귀신이 물러가지 않는 것입니다. 가계저주로 고통당하는 자신의 영적인 수준을 끌어올리려면 영적으로 깨어 있고 성령의 권능이 함께하는 목회자의 도움을 받아야 합니다. 그러나 완전한 해방은 본인의 마음 안에 성전이 견고하게 지어져야 합니다. 자신 안의 마음 성전에서 성령의 기름부음이 흘러넘쳐야 가계저주에서 영원히 해방이 되는 것입니다.

그래서 필자는 목회자나 성도들에서 사람을 의식하지 말고, 사람을 의지하지 말고, 하나님만 의지하고 의식하라고 강조하고 있습니다. 거짓 사역자가 잘 알지도 못하는 이론으로 목회자나 성도들을 속이기 때문입니다. 우리 목회자나 성도들이 영적인 지식이 부족하고 성령의 권능이 부족하기 때문에 능력이 있다는 사람들을 추종합니다. 악하고 거짓 사역자들이 이것을 노리고 순진한 목회자나 성도들을 속여서 자신의 종을 만드는 것입니다. 더 큰 문제는 능력자라는 사람들이 자신의 행위가 잘못된 줄로 모르고 행한다는 것입니다. 자신이 하는 행위가 하나님께서 원하시는 행위라고 생각하고 행하는 것입니다. 그래서 예수님은 마태복음 15장 14절에서 "그냥 두라 그들은 맹인이 되어 맹인을 인도하는 자로다 만일 맹인이 맹인을 인도하면 둘이 다 구덩이에 빠지리라 하시니"라고 하신 것입니다.

이런 잘 못된 성직자들의 미혹은 몸과 금전과 시간과 영혼의 생명까지 빼앗아가고 맙니다. 그러나 그보다 더 주의해야 할 미혹은 자신 안에 있는 욕심의 미혹입니다. 누가 아무리 나를 미혹해도 내가 거부하면 그만이지만, 보고 듣는 것에 솔깃한 마음이 든 것은 이미 마음이 동의했기 때문입니다. 그래서 가장 경계해야 할 사람은 종교가입니다. 그러나 더 경계해야 할 것은 자신의 마음입니다.

본문 말씀은 제자들 모두는 사전에 서로 의논하고 감람산에 이르러 은밀하게 묻는 것입니다. 이러한 소문이 밖으로 퍼진다면 자칫 일을 그르칠 수 있기 때문에 제자들의 특권을 누리면서 종용히 묻고 있는 것입니다. 마가복음(막 13:1-4)에서는 제자들 중의 실세인 베드로와 야고보와 요한과 안드레가 종용히 묻습니다. 베드로와 안드레는 친 형제이며 야고보와 요한 역시 친 형제입니다. 그들은 다른 제자들보다 예수를 가장 먼저 만난 사람들입니다. 그러나 누가복음(눅 21:5-7)에서는 특정인이 아닌 어떤 사람이 묻는 것으로 기록되어 있습니다. 이러한 제자들의 우문(愚問)에 대한 첫 대답이 "너희가 사람의 미혹을 받지 않도록 주의하라"는 것입니다.

실상인즉 "너희 마음 안의 돌 성전이 돌 위에 돌 하나도 남지 않고 무너지는 그 때가 이르면 사람의 미혹을 받지 않도록 주의하라"는 말씀입니다. 쉽게 설명하면 육신의 눈으로 보이는 사람에게 소망을 두지 말라는 말씀입니다. 보이는 사람에게 소망을 두고 따르다가 그가 보이지 않으면 스스로 설수가 없기 때문입니다. 보이지 않는 하나님께 소망을 두어야 보이는 사람이 떠나거나 보이지 않더라도 실망하지 않는 다는 말입니다.

육신의 눈에 보이는 예수님이 돌 위에 돌 하나도 남지 않고 다 무너지는 때(십자가에서 해 받으시면)는 예수 그리스도를 통하여 얻어 보겠다는 제자들의 세상에 대한 욕심이 무너지는 때를 비유하여 말씀하신 것입니다. 실제로 예수님이 십자가에서 해 받으시자, 제자들은 모두 희망을 잃어버리고 본업으로 돌아갔습니다. 부활하신 예수님이 찾아가셔서 베드로에게 2번을 사랑하느냐고 물으시고, 3번째,"내가 주님을 사랑하는 줄을 주님께서 아시나이다. 예수께서 이르시되 내 양을 먹이라"(요21:17하). 말씀하시며 이제는 주님을 의지하지 말고 주님을 대신하여 "내 양을 먹이라"고 사명을 확인하여 주십니다.

즉 우리 크리스천들이 "열심인 신앙심으로 얻어 보겠다는 기복신앙과 보이는 사람에게 잘 보이려고" 믿음 생활하는 것은 무너져야 할 돌 성전인 것입니다. 성령의 인도로 보이지 않는 영원한 하나님을 신앙의 대상이 되게 하라는 말씀입니다. 요한복음에 보면, 예수께서 당신이 죽으신 후 제자들의 심경이 어떠한 것을 이미 아시고 말씀하십니다."내가 진실로 진실로 너희에게 이르노니 너희는 곡하고 애통하겠으나 세상은 기뻐하리라. 너희는 근심하겠으나 너희 근심이 도리어 기쁨이 되리라."(요 16:20). 그런 후에야 제자들은 스승인 예수 그리스도의 진면목을 보게 되는 기쁨을 누릴 것입니다.

예수님께서 베드로에게 사명을 주시는 그 때에 이르러서야 보이는 눈으로 세상이 원하는 것으로 기쁨을 누리지 아니하고, 하나님이 원하시는 것으로 기쁨을 누리게 되는 것입니다. 그 기쁨은 누구도 빼앗을 자가 없는 영원한 기쁨이 되는 것입니다. 그 기쁨은 하나님을 사랑함에서 발원한 기쁨이기 때문입니다. 그 기쁨 이외에 어떠한 기쁨으로도 거룩함에 이르지 못할 것이기 때문에 우리 모두의 소망이 되어야 합니다. 그렇지만 제자들의 관심사인 '주의 임하심과 세상 끝 날'에 대한 소망은 현재로서는 스승의 생각과 도저히 만날 수 없는 평행선입니다.

"지금은 너희가 근심하나 내가 다시 너희를 보리니 너희 마음이 기쁠 것이요, 너희 기쁨을 빼앗을 자가 없으리라. 그 날에는 너희가 아무 것도 내게 묻지 아니하리라. 내가 진실로 진실로 너희에게 이르노니 너희가 무엇이든지 아버지께 구하는 것을 내 이름으로 주시리라. 지금까지는 너희가 내 이름으로 아무 것도 구하지 아니하였으나 구하라. 그리하면 받으리니 너희 기쁨이 충만하리라." (요 16:22-24). 그 때가 되면 아버지께 구하는 모든 것을 받을 수 있고 기쁨이 충만하리라고 예언하시지만, 바로 그 때에 오히려 사람의 미혹을 받지 않도록 주의하라고 경계하십니다. 쉽게 말하면 제자들이 예수 그리스도와 같은 능력이 있을 때에 사람의 미혹(추종)

을 받는다면 그는 적그리스도요 루시퍼가 될 것이기 때문입니다.

사람의 미혹이란 다른 사람이 나를 미혹한다는 뜻이 아니라, 나 스스로 세상 사람들이 좋아하는 미혹에 빠진다는 의미도 포함합니다. 즉 세상 사람들이 추종하는 인물이 되어 재물과 권력과 명예의 미혹에 빠질 것임을 말씀하신 것입니다. 그 미혹을 피하려고 예수는 그를 추종하는 허다한 무리들을 얼마나 자주 피하셨습니까? 그 미혹을 피하려고 세례 요한의 옥에 갇힘과 죽음의 소식을 접하고도 말없이 멀리 피하셨던 것입니다.

예수께서 사람이 원하는 미혹에 빠졌다면 유대의 임금이 되었지 절대로 십자가에 못 박히지 않았을 것입니다. 예수께서는 하나님께로부터 받는 기쁨이 무엇인지 알기 때문에 세상으로부터 받는 기쁨을 취하지 않았던 것입니다. 예수의 기쁨을 마귀라도 빼앗을 수가 없었던 것입니다. "많은 사람이 내 이름으로 와서 이르되 나는 그리스도라 하여 많은 사람을 미혹하리라."(마 24:5). 미혹당하는 이유는 하나님은 보이지 않기 때문입니다.

천사장 루시퍼가 자기의 자리를 떠나 하나님과 견주려 할 때 그는 사탄이 되었습니다. 섬김의 자리를 버리고 군림의 자리를 탐하였기 때문입니다. 스승인 예수께서 제자들에게 경계하신 것이 그 때에 이르러 루시퍼와 같이 섬김의 자리를 버리고 군림의 자리를 탐할 것을 경계하셨던 것입니다. 예수 이후 신약 시대인 지금까지 얼마나 많은 자칭 예수가 출현했습니까?

오늘 예수께서 우리들에게 강력한 메시지를 전하고 있는 것입니다. 너희 안의 율법 신앙, 즉 돌로 지은 예루살렘 성전이 돌 위에 돌 하나도 남지 않고 무너지고, 하나님의 생명의 복음이 들릴 때에 사람의 미혹을 받아 너 스스로 세상 사람들이 원하는 영광을 취하지 말고 십자가를 지라 하시는 것입니다. 그 때에 사람의 미혹을 받는 자들이야말로 히브리서 기자가 강조하였던 한 번 빛을 받고 하늘의 은사를 맛본 사람들인 것입니다(히 6:4-6). 우리 모두는 말세에 거짓 선지자가 많이 일어나 사람들을 미혹할 것이라고만 알았습니다. 즉 거짓 선지자가 나를 미혹하는 것이지, 내가 거짓 선지자가 되어 많은 사람을 미혹하게 될 것이라는 것은 조금도 깨닫지 못하였던 것입니다. 예수께서 제자들에게 그 때에 이르러 "사람의 미혹을 받지 않도록 주의하라"고 말씀하신 이유가 여기에 있습니다.

제자들과 예수께서 대화하고 있는 지금, 제자들은 철저히 사람의 미혹을 받고 있습니다. 스승인 예수를 통하여 사람의 영광을 취하려고 하고 있습니다. 그와 마찬가지로 세상의 모든 사람들은 정도의 차이만 있을 뿐 사람의 미혹을 받고 있고, 그 재미와 소망으로 살아가고 있습니다. 그런 사람들에게 사람의 미혹을 받지 말라고 경계하시는 것이 아닙니다. 지금 그들에게는 아무리 경계한들 쇠귀에 경 읽기일 뿐이기 때문입니다. 그러나 하나님의 말씀을 배우고 묵상하고 상고하는 자들에게는 율법 신앙의 종말의 때가 있을 것이며, 그 때에 또 사람의 미혹을 받는다면 다시 새롭게 하여 회개하게 할 수 없으므로 사람의 미혹을 받지 말라고 하시는 것입니다. 미혹을 받지 말아야 할 것은 대략 이렇습니다.

첫째, 가계저주를 끊는다고 날마다 항변하고 가계저주에 치중하게 하는 자. 자신이 가계저주를 끊는 능력자라고 자처하면서 성도들이 영적으로 변하는 것에 관심이 없습니다. 한 사람 앞으로 불러내어 귀신이나 쫓아내어 대단한 척하면서 영적으로 깨어나지 않은 성도들을 속이고, 가계치유 기도문이나 암송하면서 가계치유를 한답시고 미혹한다는 것입니다. 가계저주를 끊어준다고 물질을 요구하기도 합니다. 그러면서 고통당하는 자신 스스로는 아무것도 하지 못하는 성도를 만든다는 것입니다. 능력자를 전폭적으로 의지하게 한다는 것입니다. 성도들을 목회자를 의지하게 하는 사람들을 조심해야 합니다. 가계의 저주를 끊는다고 주문을 외우는 것과 같이 가계저주를 끊는 기도문을 달달 외우게 합니다. 자신이 목회자와 성도의 가계저주를 끊어준다고, 목회자와 성도들의 머리에 손을 얹고 기도문대로 외칩니다. 이것은 극히 소극적인 방법입니다.

그리고 사역의 역사를 일으키는 실체가 의심스러운 것입니다. 성령의 역사가 아닐 수도 있다는 것입니다. 그래서 하나님은 열매를 보라고 하시는 것입니다. 하나님의 은혜로 살아갈 수 없는 성도를 만든다는 것입니다. 성도 스스로 하나님과 관계를 열려고 생각하지 못하게 만든다는 것입니다. 자신 안에서 성령의 역사를 일으켜서 밖으로 나타나게 할 수가 없는 성도가 되게 합니다. 목회자가 기도해주지 않으면 아무 것도 할 수 없는 성도가 되도록 합니다. 이렇게 하니 10년이 되어도 가계의 저주에서 해방이 되지 못하는 것입니다.

적극적인 방법을 사용해야 합니다. 가계에 흐르면서 저주하며 고통을 가하는 악한 요소들은 무의식 잠재의식이 도사리고 있습니다. 그렇기 때문에 성령의 역사가 일어나야 해결이 되는 것입니다. 가계의 저주로 고통당하는 목회자나 성도들이 성령으로 세례를 받도록 해야 합니다. 성령의 역사가 영에서 일어나게 해야 합니다. 성령의 인도를 받는 기도를 통하여 성령의 깊은 임재에 들어가야 합니다. 목회자에게 역사하는 성령의 역사를 가계의 저주로 고통당하는 성도에게 전이시키는 작업을 해야 합니다. 목회자는 환자의 머리와 등에 손을 얹고 안수를 합니다. 환자에게 호흡을 들이쉬고 내쉬라고 합니다. 호흡을 깊게 하게 하는 이유는 환자가 마음을 열게 하기 위함이고, 성령의 역사가 잘 일어나도록 하기 위함입니다. 한 3분정도 이렇게 안수하면 대부분의 환자에게 목회자에게 역사하는 성령이 전이되게 됩니다. 환자가 능동적으로 성령의 역사를 환영하고 받아 들여야 합니다. 그래야 빨리 성령께서 장악을 하십니다.

성령께서 장악을 하여야 치유가 되기 시작을 합니다. 목회자는 절대로 서두르지 말고 성령의 역사가 환자를 완전하게 장악할 때까지 기다려야 합니다. 가계에 흐르는 저주의 치유는 전적으로 성령님의 사역입니다. 목회자가 치유하는 것이 아닙니다. 성령께서 장악하지 못하면 치유되지 않습니다. 그러므로 목회자는 불필요한 에너지를 소비하지 말고 성령께서 역사하실 때가지 기다려야 합니다. 성령께서 장악하시면 목회자에게 감동을 주십니다. 목회자는 성령께서 감동하시는 대로 순종하면 치유가 되는 것입니다. 이렇게 하는 사역이 적극적인 사역입니다. 적극적으로 가계의 저주에서 해방되는 자세한 내용들을 책을 계속 읽어가다가 보면 터득하게 될 것입니다.

둘째, 귀신만 쫓아내면 해결 된다고 하는 자. 필자는 귀신만 쫓아내면 가계저주가 끊어진다고 하는 사람들을 조심하라고 합니다. 한마디로 얻을 것이 아무것도 없다는 것입니다. 필자는 귀신만 쫓아내면 된다는 목회자와 사역자를 멀리하라고 합니다. 그들에게 얻을 것이 아무것도 없기 때문입니다. 귀신은 성령으로 세례만 받았으면 축사할 수가 있습니다. 사역자는 환자의 마음 안에 성전이 되도록 관리하고 지도하고 성령의 역사를 흘려보내고 영을 깨우는 말씀을 전하여 환자 스스로 영적인 자립을 하도록 지도하는 사역자라야 얻을 것이 있습니다. 쉽게 안일하게 생각하여 귀신만 쫓아내면 가계저주가 끊어진다면 얼마나 좋겠습니까? 한마디로 가계저주는 귀신만 쫓아내 끊어지는 것이 아닙니다. 자신 안에 있는 성령님이 자신을 점령해야 합니다. 자신 안에 성전이 견고하게 지어져야 가계저주에서 해방될 수가 있습니다. 자신이 스스로 성령으로 기도하여 마음 안에 성전이 견고하게 지어지도록 수준을 높여야 가계저주에서 해방이 됩니다.

그런데도 일부 목회자들과 성도들의 의식이 혈통에 저주가 있으면 귀신만 쫓아내면 해결되는 줄 압니다. 제가 성령치유 사역을 하면서 체험한 바로는 귀신만 쫓아내면 다되는 줄 알고 있는 성도들이 많습니다. 귀신만 쫓아내면 문제가 해결 된다고 하니까 귀신만 좇아내려고 혈안이 되어 있습니다. 이곳저곳 능력이 있다는 사람을 찾아다니면서 귀신만 쫓아내려고 합니다. 그러다가 치유의 시기를 놓쳐서 비참한 결과를 초래하는 경우가 많습니다. 정신적인 문제나 영적인 문제나 할 것 없이 귀신만 쫓아내면 문제가 해결되지 못합니다. 문제가 있으면 반드시 원인이 있습니다. 원인을 생명의 말씀과 성령의 역사로 해결하면서 스스로 싸울 수 있는 영적인 능력을 길러야 합니다. 즉, 말씀을 듣고 기도해야 합니다. 환자가 스스로 성령으로 기도하며 싸울 수 있는 영성을 길러야 합니다. 그렇지 않고 완력으로 축사를 하면 3일 후면 다시 원위치로 돌아옵니다. 환자가 스스로 악귀들을 방어할 수 있는 권능이 없기 때문입니다.

악귀는 사람의 힘보다 강합니다. 그래서 사람의 힘만으로는 악귀를 몰아낼 수가 없습니다. 반드시 악귀보다 강한 성령의 권능을 덧입어야 가능한 것입니다. 축귀사역은 전전으로 성령의 권능으로 하는 것입니다. 귀신의 축사는 사람의 능력으로 하는 것이 아닙니다. 성령의 권세가 귀신을 축귀하는 것입니다. 성령은 어디에 계시는 가 먼저 믿는 자의 영 안에 거하십니다. 믿는 사람들이 모여 있는 곳에 임재 하여 계십니다. 또 성령으로 충만한 사역자가 영으로 전하는 말씀 안에 역사하십니다. 축귀는 피 사역자의 영 안에 임재 하여 계신 성령의 역사를 일으켜서 성령의 권능으로 밀어내는 것입니다. 능력 있는 사역자가 하는 것이 절대로 아닙니다. 사역자는 귀신의 영향을 받는 자의 영 안에서 성령의 역사가 일어나게 하는 영적인 방법을 알고 있어야 합니다. 저는 축귀사역을 절대로 성령의 임재가 되지 않은 사람은 하지 않습니다.

만약에 사역자가 성령의 임재가 되지 않은 사람을 축귀했을 경우, 그 당시 성령 사역자의 능력으로 악귀가 떠날 지라도 시간이 경과되면 다시 들어갑니다. 왜냐하면 피 사역자가 성령으로 충만한 상태가 아니므로 다시 들어가는 것입니다. 축귀사역을 바르게 하려면 찬송을 뜨겁게 부르고 통성으로 기도를 해야 합니다. 그리고 영의 말씀을 들어야 합니다. 나의 체험으로는 피 사역자가 깊은 영의 말씀을 잘 알아들어 영적으로 변하는 만큼씩 귀신이 떠나갔습니다. 축귀는 시간이 걸리는 일입니다. 성령님의 일입니다.

자신이 성령으로 완전하게 장악되는 시간이 필요합니다. 자신에게 육체가 남아있는 한 악귀는 떠나가지 않습니다. 악귀는 육체와 생각에 역사할 수 있기 때문입니다. 원래 사람의 육체는 마귀가 주인 이였습니다. 그래서 아무리 성령으로 충만했던 사람도 시기나 질투 혈기 등으로 육체가 되면 마귀가 틈을 탈수가 있는 것입니다. 그래서 하나님은 성령으로 충만함을 받으라고 하시는 것입니다. 그럼 성령으로 충만한 상태는 언제인가, 하나님을 부르고 찾고 생각할 때가 성령으로 충만한 것입니다. 성령으로 충만하려면 항상 하나님을 찾고 부르고 하나님을 생각을 해야 합니다. 우리는 성령으로 충만하다는 계념 이해를 잘해야 합니다. 새벽기도 빠지지 않고 잘 참석하고, 예배를 잘 드리고, 소득의 십일조를 드린다고 성령으로 충만하다고 볼 수가 없습니다. 이렇게 행위로 열심을 내어도 세상에 나가 세상에 빠지면 성령의 충만이 사라지는 것입니다.

왜냐하면 우리에게는 육이 있기 때문입니다. 우리는 성령으로 충만하기 위하여 의지적인 노력을 해야 합니다. 항상 하나님을 찾아야 한다는 것입니다. 내 영 안에 성령하나님이 계셔도 찾지 아니하면 주무신다. 이때는 육성이 되는 것입니다. 축귀사역을 하실 분이나 축귀를 받을 분은 이점을 확실하게 인식해야 합니다. 나에게도 가끔 이런 사람이 찾아옵니다. 악귀의 영향으로 자신의 의지를 행사하지 못하는 사람을 축귀하여 달라고 옵니다. 그것도 1:1로 말입니다. 나는 이런 사역은 하지 않습니다. 보호자에게 잘 이해가 가도록 설명하여 예배와 집회에 빠짐없이 참석하여 귀신을 축귀하려는 본인의 의지가 발동 될 때까지 다니라고 합니다. 즉, 성령이 임재 하여 장악할 때까지 기다리라는 것입니다. 참석하여 계속 말씀을 들어서 자신의 문제가 왜 왔는지 이해하고, 소리 내어 기도할 수 있을 때까지 기다립니다.

그래서 마음이 열리고 성령이 그 사람의 심령에서 역사하여 장악하면 축귀를 합니다. 축귀는 그 사람의 영 안에 계신 성령의 권능으로 밀어내는 것이기 때문입니다. 이렇게 하지 않는 축귀는 얼마가지 않아서 다시 귀신에게 눌리게 됩니다. 억지로 축귀하여 기침 몇 번하고 발작했다고 귀신이 떠났다고 볼 수가 없습니다.

절대로 축귀는 자신의 영속에서 올라오는 성령의 기름 부으심으로 귀신이 쫓겨나는 것입니다. 축귀사역자들이여! 바르게 배우고 바르게 사역하세요. 우리는 사역을 하더라도, 축귀사역을 받더라도 하나님의 영광을 위하여 하고 받아야 합니다. 하나님은 귀신에게 영향을 받는 사람을 영적으로 변하게 하여 하나님의 군사가 되게 아래를 원하십니다. 그렇기 때문에 하나님의 때를 맞추려고 의지적인 노력을 해야 하는 것입니다. 이 말이 이해가 되지 않는 분은 지속적인 사역을 하다가 보면 이해가 될 것입니다. 절대로 귀신만 쫓아내면 가계저주에서 해방될 수가 없습니다. 자신 안에 성전이 견고하게 지어지고 가정에 성전이 되어야 합니다. 전문성도 없는 자들의 감언이설에 속아서 불필요한 시간 낭비하지 마시고 자신이 먼저 하나님의 나라가 되시기를 바랍니다.

셋째, 금식하면은 가계저주가 해결이 된다고 하는 자. 얼마 전에 서울 모 기도원에서 "영안을 밝게 여는 비결" 책을 사서보고 전화를 왔습니다. 사연은 이렇습니다. 자기 남편에 가계에 음란이 대물림된다는 것입니다. 그래서 직업도 여성들과 관련된 일만 한다는 것입니다. 부부가 같이 피부 마사지 업을 하다가 그만 두었다는 것입니다. 그런데 문제는 다음입니다. 자기 아내가 꿈속에서 남편이 음란한 짓을 하는 것이 보였다는 것입니다. 그래서 전도사에게 상담을 했다고 합니다. 전도사가 처방을 한 것을 보면 아주 대견합니다. 남편 속에 음란의 귀신이 있는 것은 여자들의 몸을 만지고 마사지를 했기 때문입니다. 여기까지는 맞습니다. 그런데 다음이 문제입니다. 귀신을 쫓아내려면 남편을 금식하게 해야 한다는 것입니다. 그래서 며칠을 해야 되느냐고 물어보니까, 20일 금식을 하면 귀신이 떠나간다고 했다는 것입니다. 남편이 순종하고 20일 금식을 했습니다. 그러고 며칠 지나 부인이 꿈을 꾸니까, 또 남편이 음란한 짓을 하는 것이 보였다는 것입니다. 다시 전도사에게 가서 물어보니 다시 금식을 하라고 해서 열흘 동안 금식하다가 책을 읽고 이상하여 저에게 전화를 한 것입니다.

제가 이렇게 대답을 했습니다. 음란 귀신을 떠나보내려면 우선 피부 마사지 업을 그만 두어야 합니다. 그리고 성령의 세례를 받아야 합니다. 성령으로 세례를 받을 때는 몸에 진동이 오기도합니다. 토하기도 합니다. 기침이 사정없이 나오기도 합니다. 방언기도가 터지기도 합니다. 사지가 오그라들기도 합니다. 성령은 살아있는 영이기 때문에 지금까지 체험하지 못한 체험을 하게 됩니다. 그랬더니 목사님! 저는 아직 한 번도 그런 체험을 한 적이 없습니다. 아니 성령이 충만하다는 기도원에서 그렇게 오래 기도하셨는데 그런 체험을 못했단 말입니까? 예! 아직 체험하지 못했습니다. 집사님! 세상에 귀신이 있다고 누가 말 못합니까?

귀신이 있다고 말만하지 말고 귀신을 쫓아내 주어야하지요. 예! 목사님 맞습니다. 집사님! 귀신은 금식하다고 혈통에 역사하는 음란 귀신이 떠나가는 것이 아닙니다. 성령으로 세례를 받고 심령에서 성령의 불이 나와야 성령의 권능으로 귀신이 떠나가는 것입니다. 성령의 권능으로 귀신이 떠나가면서 몸에 아주 뜨거운 성령의 불세례도 체험하게 됩니다. 자꾸 그렇게 금식하시면 몸만 축나고 연세도 있으신데 건강에 문제가 올 수 있습니다. 정확하게 전문적으로 치유하는 장소로 가서 치유를 받으세요. 그러니까, 옆에 있던 부인이 전화를 받는 것입니다. 우리 교회가 어디에 있느냐는 것입니다. 그래서 자세하게 알려주었습니다. 며칠 후 부부가 찾아와 습니다. 부인하고 대화하다가 안 사실인데 음란한 행동을 할 것이라고 자꾸 남편을 의심을 했다는 것입니다. 남편이 음란한 행동을 할 것이라고 의심하니, 부인의 심리가 꿈을 꾸게 한 것입니다.

그러면서 우리 교회에 있는 "꿈 해석을 통한 상담과 치유하기" 교재를 읽어 보라고 했습니다. 영적인 세계에 대해서 잘 알려주고 몇 주 다니면서 치유 받으면 깨끗해질 것이라고 했더니, 순종하여 다니면서 남편과 부인이 다 같이 성령의 세례를 받았습니다. 성령의 불세례를 받으면서 내적치유가 되며 귀신이 축귀되었습니다. 스스로 성령으로 기도하면서 마음 성전이 지어지도록 권면을 했습니다. 성실하게 다니면서 완벽하게 치유를 받고 돌아갔습니다. 우리 영적인 지식을 바르게 알고 정확하게 쌓아야 합니다. 선무당이 사람을 잡습니다. 그리스도인은 선무당이 되면 안 됩니다.

정말로 영적인 사역을 하는 목회자나 성도들을 전문성을 길러야 합니다. 성도들도 귀신을 쫓아내는 목사면 다 된 줄로 여기지 말고 열매를 보고 분별력을 길러야 합니다.

3부 예수님의 사고로 바뀌어야 한다.

11장 육으로 판단 말고 영적으로 판단하라.

(고전 2:14-16)"육에 속한 사람은 하나님의 성령의 일들을 받지 아니하나니 이는 그것들이 그에게는 어리석게 보임이요, 또 그는 그것들을 알 수도 없나니 그러한 일은 영적으로 분별되기 때문이라. 신령한 자는 모든 것을 판단하나 자기는 아무에게도 판단을 받지 아니하느니라. 누가 주의 마음을 알아서 주를 가르치겠느냐 그러나 우리가 그리스도의 마음을 가졌느니라"

하나님은 예수를 믿고 성령으로 거듭난 성도들이 매사를 영적으로 판단하기를 원하십니다. 우리가 말로는 예수를 믿고 영적으로 거듭났다고 합니다. 그러나 여전하게 육을 입고 육적인 사고에서 탈피하지 못하고 살고 있는 것을 부인할 수 없는 것입니다. 육적인 판단에서 탈피하지 못하니 영안이 열리지를 않는 것입니다. 성도는 반드시 영안이 열려야 합니다. 저는 영적인 사고가 굉장히 중요하다고 생각을 합니다. 영적으로 사고하고 판단하면 좀 더 빨리 영안이 열리고 영적으로 바뀔 수가 있기 때문입니다. 신령한 사람으로 바뀔 수 있습니다. 왜 나는 예수를 믿고 교회에 다닌 지 십 년이 넘었는데 믿음이 자라지를 않을까? 사고가 영적으로 바뀌지 않기 때문입니다. 생각이 바뀌지 않고, 습관이 바뀌지 않고, 여전하게 인간적인 사고를 하기 때문에 믿음이 자라지를 않고 영안이 열리지를 않는 것입니다. 그러니까, 10년을 믿어도 여전하게 가계의 저주에서 해방되지 못하는 것입니다.

첫째, 하나님의 입장에서 영육의 고통을 보라. 예수를 믿은 하나님의 자녀는 예수를 믿는 순간에 자신은 죽고 예수로 다시 산 것입니다. 그래서 2부에서 "대관절 예수님은 어떤 분인가?"라는 과제로 5장에 걸쳐서 설명한 것입니다. 쉽게 말해서 영육의 고통이 찾아오면 하나님께 기도하여 해결방법을 찾아내라는 것입니다. 그런데도 많은 크리스천들이 영육의 고통이 찾아오면 인간방법으로 판단하여 해결을 하려고 합니다. 하나님은 뒷전으로 하고 말입니다. 하나님은 만병의 의사시라, 모든 것을 해결하실 수 있는 권능과 지혜가 있는데 말입니다.

얼마 전에 어느 젊은 여 집사가 저에게 전화를 했습니다. 목사님! 저는 지금 정상이 아닙니다. 직장을 다니고 있는데 몸이 비정상입니다. 가슴이 답답하고, 잠을 자도 늘 피곤하여 닭이 병든 것과 같이 꾸벅꾸벅 졸기 일 수입니다. 기도가 막혀서 기도를 할 수가 없습니다. 그리고 조그마한 소리도 받아들이지 못하고 짜증이 심합니다. 불안하고, 두렵고, 우울할 때도 있습니다. 몸이 천근만근 무겁습니다. 그래서 서울대 병원에 입원하여 450만원을 들여서 건강검진을 받았습니다. 그런데 결과는 모든 기능이 정상으로 나왔습니다. 그런데 몸은 비정상입니다. 그리고 대전에 아파트를

팔려고 이 방법 저 방법을 다해도 1년 6개월 동안 팔리지를 않습니다. 목사님! 이유와 원인이 무엇입니까? 하나님의 은혜로 해결받고 싶습니다.

필자가 이렇게 말했습니다. 집사님이 바르게 아셔야 할 것이 있습니다. 집사님은 예수를 믿어서 하나님의 자녀가 되었습니다. 하나님의 자녀는 하늘에 시민권이 있습니다. 이제 하나님께서 주시는 것으로 살아야 합니다. 영육의 문제도 하나님이 알려주시는 방법으로 치유를 해야 합니다. 쉽게 말해서 영적으로 해결해야 합니다. 하나님께서는 자녀들의 문제를 하나님의 사람을 통하여 치유하십니다. 세상에서 치유하지 못하는 문제도 하나님께 기도하면 하나님께서 하나님의 사람을 만나게 하여 치유하십니다. 하나님은 치유하지 못하시는 것이 없습니다. 하나님께서 치유하실 것이니 걱정하지 마세요.

여 집사가 토요일 날 개별 집중치유를 예약하여 집중치유를 받았습니다. 첫날 기도를 하는데 성령세례를 받지 않은 상태였습니다. 일단 성령의 임재가 여 집사를 장악하게 하여 성령세례가 임하도록 했습니다. 얼마 지나자 성령세례가 임했습니다. 소리를 내면서 한동안 울었습니다. 울음이 그치니 기침을 사정없이 했습니다. 그러면서 분노가 올라왔습니다. 들어보니 남편을 향한 분노였습니다. 제가 남편이 힘들게 합니까? 그랬더니 울먹이는 소리로 그렇다는 것입니다. 사사건건 충돌이 일어난다는 것입니다. 계속 기도를 하게 했습니다. 그리고 돌아가서 남편을 설득해서 남편하고 같이 와서 치유를 받았습니다. 의외로 남편이 쉽게 성령으로 장악이 되었습니다. 안수를 하니까, 깊은 곳까지 치유가 일어났습니다. 여 집사의 깊은 곳에서 치유가 일어났습니다. 남편도 생전처음 성령으로 세례를 받고 체험했다고 좋아했습니다.

돌아가서 이렇게 메일로 소식이 왔습니다. "한 달 전 남편과 같이 대전에서 올라와 치유 받은 ○○○ 집사입니다. 답답했던 가슴이 뚫리고 기도가 너무나 잘됩니다. 건강도 아주 좋아졌습니다. 더군다나 1년 6개월 동안 팔리지 않았던, 대전 아파트가 며칠 전 계약이 되었습니다. 먼저 하나님께, 그리고 목사님께 감사드립니다. 목사님께서 알려 주신 데로 남편과 같이 열심히 대적 기도를 했습니다. 대적기도의 결과 응답되었고, 앞으로 마귀를 불러들이는 일은 하지 않아야겠다고 깨닫게 되었습니다." 성도들이 예수를 믿으면서도 영육의 고통이 찾아오면 영적으로 해결을 하려고 하지 않고 인간적인 방법을 동원하기 일쑤입니다.

그런데 크리스천이 영육의 고통을 당하면서 이리 뛰고 저리 뛰고 하면서 이 방법 저 방법 다 동원하여도 해결이 되지 않는 다는 것입니다. 그때야 영이신 하나님이 생각이 나는 것입니다. "하나님 이일을 어떻게 해야 해결이 됩니까?" 애타게 찾으며 하나님께 부르짖어 기도하니까, 영이신 하나님께서 들으시고 해결방법을 알려주시는 것입니다. 하나님께서 알려주시는 해결방법대로 순종하면 순간 문제가 해결이 되는 것입니다.

여러 해를 질병으로 고생하다가 치유 받은 집사의 간증입니다.

목사님! 저는 지난 토요일에 집중기도 치료받았던 ○○○집사입니다. 목사님이 어디서 왔냐고 질문하셔서 대전에서 왔다고 했는데 기억하실런지요. 그때 제가 기도가 막히고 축농증수술후유증으로 목에서 가래가 심하다고 증상을 적어 올려서 목사님께서 집중기도를 해주셨습니다. 제가 유아 시절 축농증 때문에 고생하다 어른 돼서 재발하는 바람에 수술도 3번이나 했고, 후유증 때문에 몹시 어렵고 고통을 많이 당했습니다. 좋다는 것 다 먹어보고 고칠 수 있다는 한의원에 가서도 침 치료를 받았지만, 평생 가지고 가야 한다고 말했는데….

목사님의 기도로 깨끗이 완치되어 너무 기쁘고 감사해서 이렇게 메일 보내드립니다. 그날 가기 전에 철야기도도 했는데… 점점 기도가 힘들어지고 게다가 환경도 막혀 막막했는데… 아는 지인의 소개로 목사님을 알게 되어 바로 서점에 가서 목사님의 저서를 읽고 망설일 틈도 없이 바로 서울에 올라갔습니다. 가기 전까지도 마음이 힘들고 이런저런 어려운 마음을 안고 갔는데… 대전에 내려올 때는 코와 목도 시원하게 치료받고 마음도 가볍고… 목사님의 말씀대로 기도도 해보니 전에 느끼지 못한 변화가 느껴집니다. 앞으로 저에게 하나님의 더 큰 은총이 부어주실 것을 기대하고 감사하며 그날 집중치유기도시간에 저 때문에 힘을 더 많이 쏟아주신 것 같아 너무 죄송하고 감사드립니다. 목사님교회에 다니시는 성도들이 정말 부럽습니다. 앞으로도 목사님의 저서들을 보면서 저도 좀 더 주님과 동행하는 열매 맺는 성도로 거듭나길 소망하며 돈으로 따질 수 없는 값진 것을 받고 돌아온 기쁨으로 감사드립니다. 기회가 된다면 계속 메일로 인사드리고 싶습니다. 이렇게 하나님을 찾고 기도하여 하나님의 방법으로 해결하면 순간에 해결이 되는 것입니다.

둘째, 하나님의 말씀과 성령으로 해답을 구한다. 영적으로 판단하는 사람은 하나님의 말씀과 성령으로 기도하여 문제의 해답을 구합니다. 하나님의 말씀 안에는 모든 문제를 풀 수 있는 원리가 숨어있습니다. 그래서 영적으로 사고하는 신령한 사람은 문제가 다가올 때, 그 문제에 대한 해답을 하나님의 말씀을 따라 구하지 인간의 지혜나 지식이나 총명을 따라 구하지 않습니다. 왜냐하면 영적인 사고를 하는 사람은 떡으로만 살지 않습니다. 하나님의 입으로 나온 말씀으로 말미암아 삽니다. 영적인 사고를 하는 사람은 이제 믿음으로 말미암아 살고 인간의 이성으로 살지 않습니다. 그렇기 때문에 문제의 해답을 하나님 말씀에서 찾아야 됩니다.

사람의 문제는 영에서부터 발생합니다. 문제를 해결하기 위해서는 영적인 사고를 해야 합니다. 영적인 사고를 하지 않으면 인간에게 발생하는 문제를 해결할 수가 없습니다. 질병과 문제를 해결할 때 영적인 사고로 문제의 원인을 찾아야 합니다.

예를 든다면 불안장애나 공황장애를 치유하기 위해서 이렇게 해야 합니다. 육적인 방법은 정신과의 약을 먹는 방법밖에 도리가 없습니다. 잘 아시다시피 정신과 약은 치유하는 약이 아니고 도파민과 세로토닌을 조절하는 약입니다. 그러므로 평생 약을 먹어야 합니다. 마치 혈압약이나 당뇨약과 같은 것입니다. 그러므로 영적으로 사고하여 치유 방법을 찾아야 합니다. 불안장애나 공황장애는 상처에 의하여 발생합니다. 귀신에 의하여 발생한다고 하시는 분들이 있는데 상처를 받았기 때문에 상처를 통하여 귀신이 침입을 한 것입니다. 상처를 치유해야 귀신이 떠나가고 근본적인 치유가 되는 것입니다. 상처를 치유하려면 성령으로 세례를 받아야 합니다. 성령으로 내적인 상처를 치유하면서 두려움의 상처 뒤에 역사하는 귀신을 축사해야 합니다. 이렇게 지속적으로 치유를 하면 정상적인 생활을 할 수 있는 사람이 되는 것입니다.

그리고 가정의 재정에 문제가 있을 경우입니다. 육적인 방법으로 보면 원인을 찾을 수가 없습니다. 영에서 문제가 발생했기 때문입니다. 영적인 눈으로 보면 가난의 영이 역사할 수도 있습니다. 게으름의 영이 역사할 수도 있습니다. 거지의 영이 역사할 수도 있습니다. 이런 영적인 문제를 해결하기 위하여 말씀과 성령으로 정확한 진단을 하여 원인을 찾아 해결해야 합니다. 이 영적인 문제를 해결하지 않으면 절대로 가난의 문제가 해결되지 않는 것입니다.

부부간의 문제도 마찬가지입니다. 원인 없는 문제는 없습니다. 원인은 성령의 임재 가운데 찾아야 합니다. 영적인 원인이 있기 때문입니다. 원인은 상처로 인한 것일 수도 있습니다. 가문에 흐르는 부부 불화의 영의 영향일 수도 있습니다. 부부 이간의 영이 역사할 수도 있습니다. 이런 여러 영적인 원인을 찾아 해결하지 않는 한 부부간의 문제는 해결이 되지 않습니다. 이런 부부문제의 원인을 영적으로 찾지 않고 육적으로 해결하려고 하니 문제가 해결이 되지 않는 것입니다. 결국 악한 영의 계획대로 부부가 이혼하고 마는 것입니다. 인간의 모든 문제를 해결하려면 영적인 사고를 해야 가능한 것입니다. 이래서 세상 사람들이 자신들에게 임한 문제를 자신들의 능력으로 해결하려고 발버둥을 치다가 결국 무당을 찾아가는 것입니다. 자신의 문제를 해결하는 데는 한계가 있다는 것을 아는 것입니다. 반드시 신적인 도움을 받아야 해결이 될 수 있다는 것을 알고 무당을 찾아가는 것입니다. 이는 세상 모든 민족들이 공통으로 사용하는 방법인 것입니다. 사람은 육적이면서 영적인 존재이기 때문입니다.

예수를 믿는 우리는 예수를 믿고 성령으로 거듭난 사람들입니다. 하늘에 시민권이 있는 사람들입니다. 우리 영적인 사고를 습관화하여 영안을 열어갑시다. 인간에게 찾아오는 문제를 해결함에 있어서 영적인 사고를 합시다. 영안을 열고 원인을 찾아 해결하는 습관이 되시기를 바랍니다. 성도가 영적으로 사고를 하며 하나님의 말씀으로 문제의 해답을 구하여 사는 삶이 바로 깊은 곳에 그물을 던지는 삶입니다. 영적으로 사고하며 성령의 역사로 기적을 체험하며 형통의 축복을 받는 삶인 것입니다.

베드로는 자신이 인간의 힘이나 능력이나 수단과 방법으로 삶의 문제를 해결하려고 하다가 빈 배만 가지고 돌아왔지만, 그의 문제가 해결된 것은 예수 그리스도의 말씀 한마디로 해결 된 것입니다. 예수께서 깊은 곳에 가서 그물을 던져 고기를 잡으라는 그 한 마디가 문제를 해결하고 마는 것입니다. 영적인 사고를 하는 사람들은 문제가 있으면 하나님 앞에 나와서 말씀을 찾고 성령하나님의 인도를 기다려야 되는 것입니다. 말씀으로써 우리 문제의 해답을 찾을 때, 오늘날도 하나님께서는 성경말씀을 통해서, 설교를 통해서, 성령으로 기도할 때 성령의 음성을 통해서 문제를 해결할 수 있는 레마의 말씀을 주시는 것입니다.

셋째, 생활을 영적으로 사는 사람. 참으로 신령한 생활을 하고 사는 사람은 영적인 사고를 하며 생활하는 습관이 된 사람인 것입니다. 영적인 사고로 생활하며 영으로 사는 사람은 중생한 사람인 것입니다. 종교를 믿는 사람이 아닙니다. 생명의 종교인 기독교(예수님)를 믿는 사람인 것입니다. 영적인 사고로 생활하며 영으로 사는 사람은 예수 그리스도를 만난 사람인 것입니다. 갈보리 십자가에서 날 위하여 양손과 양발에 대못이 박히시고, 머리에 가시관을 쓰시고, 피를 흘리시고, 옆구리에 창을 받아 물과 피를 다 쏟으시고, 나의 과거의 죄, 현재의 죄, 미래의 죄를 청산해 버리신 속죄 제물인 예수 그리스도를 만나서, 내 죄를 고백하고, 내가 죄 사함을 받고, 하나님의 성령을 주인으로 모시어 들여서, 성령의 인도를 받으며, 영적인 사고로 생활하는 사람은 신령한 사람인 것입니다.

로마서 8장 9절에 "만일 너희 속에 하나님의 영이 거하시면 너희가 육신에 있지 아니하고 영에 있나니 누구든지 그리스도의 영이 없으면 그리스도의 사람이 아니라"고 말씀하고 있는 것입니다. 오늘 예수를 나의 주인 구주로 믿으셨으면 '아멘'하십시다. 그렇다면 영적인 사고로 생활하며 성령의 인도를 받아야 합니다. 그래야 하나님이 원하시는 대로 영안이 열리는 것입니다. 이 사람은 영적인 사고로 생활하며 말씀과 성령으로 사는 사람인 것입니다. 육신의 정욕을 따라 살지 아니하고, 인간의 혼의 교만과 인간의 지성으로 살지 아니하고, 말씀과 성령으로 사는 사람인 것입니다. TV를 보거나 컴퓨터를 하더라도 영적인 사고를 하며 사는 신령한 사람인 것입니다. 세상 모든 생활을 할 때 영적으로 사고하는 사람이 신령한 사람입니다. 하나님은 이런 영적인 사람을 들어서 사용하십니다. 하나님은 지금도 이런 사람을 찾고 있습니다. 이렇게 영적인 사고로 생활하며 변화된 사람이 되게 하기 위하여 성령으로 인도하며 훈련하시는 것입니다.

성경은 말하기를 사람이 떡으로만 살 것이 아니요, 하나님의 입으로 나오는 모든 말씀으로 살 것이라고 했는데, 이 말씀은 바로 하나님의 지식이요, 하나님의 지혜요, 하나님의 판단인 것입니다. 우리가 영적인 사고로 생활하며 영으로 사는 사람은 주야로 이 성경 말씀을 자기의 삶의 양식으로 삼아야 되는 것입니다. 우리가 육신의 떡을 먹고사는 것처럼, 우리의 이 신령한 영은 하나님의 영의 말씀을 먹고삽니다. 영적인 사고로 생활할 때 영이 깨어나기 때문에 영안이 열리는 것입니다.

이렇기 때문에 말씀을 등한히 하면서, 신령한 생활을 할 수 있다는 것은 절대로 거짓말인 것입니다. 말씀은 매일 먹어야 되고, 매주일 먹어야 되고, 묵상해야 되는 것입니다. 그리고 영적인 사고를 하며 생활을 해야 합니다. 그래야 영이 깨어나고 사고가 영적으로 변하니 영안이 밝아지는 것입니다.

영안은 영적으로 사고를 해야 열리는 것입니다. 영적으로 사고를 하며 생활을 하고 말씀을 삶에 적용하며 체험을 할 때 영안이 열리는 것입니다. 영안은 능력 있는 사람에게 눈 안수 한번 받았다고 열리는 것이 아닙니다. 예수를 믿고 말씀과 성령으로 거듭난 사람은 하루 빨리 육적인 사고를 탈피해야 합니다. 영적인 사고로 바꾸어야 합니다. 그러기 위해서 생활을 하면서도 영적으로 사고를 해야 합니다.

그래서 생활 속에서 하나님의 역사를 보고, 하나님의 지혜를 얻고, 하나님의 지식을 얻고, 하나님의 판단력을 얻고, 하나님의 능력을 얻어서, 그래서 하나님처럼 생각하고, 하나님처럼 말하고, 하나님처럼 판단하는 이러한 승리적인 삶을 살수가 있는 것입니다. 신령한 사람은 영적인 사고로 생활하며 성령의 인도를 받는 사람인 것입니다. 로마서 8잘 14절에 "무릇 하나님의 영으로 인도함을 받는 사람은 곧 하나님의 아들이라"고 말한 것입니다. 그러므로 신령한 사람은 일상생활에서도 하나님의 성령을 인정하고, 환영하고 모시어 들이고 의지하고, 하나님 성령께서 항상 우리와 같이 계신 것을 믿는 사람인 것입니다.

예수께서 내가 너희를 고아와 같이 내버려두지 아니하고, 너희에게 다시 오리라고 하시고, 내가 아버지께 구하겠으니, 그가 또 다른 보혜사를 너희에게 주사 영원토록 너희와 함께 있게 하시리라고 말한 것입니다. 보혜사라는 것은 부름을 받아 내 곁에 와서 나를 도와주기 위해서 기다리고 계신 분을 말하고 있는 것입니다. 보혜사 성령께서 계시므로 신령한 사람인 우리는 언제나 영적인 사고를 하며 범사에 엎드려 기도했습니다. 성령이 내게 무엇을 말씀하시는가? 그 귀를 기울일 줄 아는 사람이 되어야 하는 것입니다. 성령의 음성을 듣는 사람은 마귀의 올무에 걸려 들어가지 않습니다. 오늘날 그렇기 때문에 요한계시록에 보면 언제나 "귀 있는 자는 성령이 교회들에게 하시는 말씀을 들을지어다"라고 말한 것입니다.

성령이 없는 개인, 성령이 없는 교회는 물 없는 우물과 불 없는 화로와 같이 형식은 있으되 생명이 없는 것입니다. 성령이 없는 사람은 영적인 사고를 할 수가 없는 것입니다. 그리고 신령한 사람은 직관과 양심으로 사는 사람인 것입니다. 하나님의 성령은 우리의 영의 직관을 통해 말씀하시고, 우리의 양심을 통해서 역사하는 것입니다. 성령께서는 우리의 머리 지성을 통해서 역사하지 않습니다. 성령은 우리에게 계시로써 나타나기 때문에 우리에게 직관을 통해서 오시고, 그리고 우리의 양심을 통해서 오시는 것입니다. 아무리 하나님의 계시가 온다고 하더라도 그 계시에 윤리와 도덕성이 결여되면 이것은 하나님의 계시가 아닌 것입니다.

하나님은 언제나 우리에게 계시하시되, 성령을 통하여 우리의 마음 안에 있는 영에 계시하십니다. 하나님은 인간의 머리나 육성에 계시하시지 않습니다. 그래서 육은 하나님의 나라에서 무익하다는 것입니다. 그리고 하나님은 인간의 윤리와 도덕성에 벗어난 계시는 하시지 않습니다. 그래서 하나님께서 계시가 계시 일 때 거짓말을 하라고 계시하신다면, 이것은 하나님의 계시가 아니라, 마귀의 계시인 것입니다. 하나님께서 계시가 왔는데 도둑질하라고 한다면, 이것은 윤리와 도덕성이 결여된 계시인 것이므로 하나님의 계시가 아닌 것입니다. 우리 하나님께서 우리에게 계시해 줄 때는 그 계시는 언제나 윤리와 도덕성이 겸한 계시를 주시는 것입니다.

이러므로 우리는 인생을 살면서 깊은 기도를 하고, 일상생활에서도 영적인 사고를 하며 성령 충만한 신앙생활을 하려고 의지적인 노력을 해야 합니다. 생활에서도 영적인 사고를 하며 성령과 같이 동행하면 우리의 직관이 자꾸 예민하여 성령의 계시를 잘 받을 수 있게 되어가는 것입니다.

자연스럽게 영안이 열려서 세상에서 살아가면서 하나님의 역사와 마귀역사와 사람의 역사를 눈으로 보면서 성령을 따라가는 신령한 성도가 됩니다.

우리의 영안이 자꾸 열리니 자연스럽게 영도 예민하게 깨어납니다. 그래서 인간의 지성으로 이해하기 전에 우리의 마음속에 있는 영이 벌써 하나님의 계시를 직관적으로 깨달아 알고 행하게 하는 것입니다. 그래서 우리의 마음 안에 있는 영이 하나님의 계시를 직관적으로 깨달아 이것은 좋다. 이것은 나쁘다. 이것은 된다. 이것은 안 된다. 분명하게 가르쳐 주시는 것입니다.

이것은 우리가 영적으로 사고를 하니 인간의 시간과 공간을 초월해서 하나님의 성령께서 우리에게 직관을 통해서 역사하십니다. 성령께서 지시하는 직관이 양심에 거리끼지 아니하고 양심에 일치가 되면 우리 주님께서 직접으로 우리를 인도하는 것이 되는 것입니다. 그래서 생활에서도 영적으로 사고하는 것이 중요한 것입니다. 우리가 매사를 영적으로 사고하니 성령께서 율법이요, 선지자로 역사하는 것입니다.

그리고 영적인 사고를 하며 영으로 사는 사람은 하나님 중심으로 사는 사람인 것입니다. 무엇을 하더라도 하나님 중심으로 생각하는 것입니다. 내 개인도, 내 가정도, 내 처자에 속한 일이라도, 내 가정, 처자를 앞세울 것이냐, 하나님을 앞세울 것이냐를 결정할 때, 하나님을 앞세워야 되는 것입니다. 내 사회생활에 있어서 주님의 몸된 교회를 앞세울 것이냐, 나의 이익을 앞세울 것이냐, 언제나 주의 몸된 교회를 앞세우는 것입니다. 이 세상과 세상에 있는 모든 것은 다 일시적인 것입니다. 모든 일생은 풀과 같고, 그 영화는 풀의 꽃과 같다. 풀은 시들고 꽃은 떨어지는 것입니다.

세상의 부귀영화가 아무리 좋다 하더라도 얼마 있지 아니하면 다 사라져 버리고 마는 것입니다. 옛날 말에도 부자가 3대가는 법이 없다고 말한 것입니다. 우리가 영원히 살 곳은 하나님 품인 것입니다. 그러므로 우리의 영원한 관심사가 하나님 중심이 되어야 되는 것입니다. 영적인 사고로 바뀌어야 합니다. 우리의 삶의 본업이 하나님을 섬기는데 있고, 이 세상의 모든 삶은 우리의 삶의 부업이 되어야만 되는 것입니다.

이래서 신령한 사람은 영적인 사고를 하며 하나님 중심으로 사는 사람이 신령한 사람이 되는 것입니다. 그 다음 신령한 사람은 영적인 사고를 하며 영으로서 몸의 행실을 죽이고 사는 사람이 신령한 사람이요, 영의 생각으로 혼을 굴복시키며 사는 사람인 것입니다. 우리는 어찌할 수 없이 혼이 영을 도우려 육을 옷 입고 살고 있는 것입니다. 혼은 인간의 지성인 것입니다. 그러므로 인간의 지성은 그가 아무리 교육을 많이 받고, 지혜가 있다고 할지라도, 영의 명령에 순종하는 시녀이지, 혼이 일어나서 내리 휘젓고, 다스리면 그 사람은 완전히 망하고 마는 것입니다. 그래서 생활에서도 영적인 사고를 해야 하는 이유가 여기에 있습니다.

이러므로 영은 혼을 정복할 줄 알아야 되는 것입니다. 그리고 혼은 영에 정복당해야 하는 것입니다. 그래야 영안이 열린 영에 속한 성도가 되는 것입니다. 그래서 인간의 모든 지혜와 지식과 교육이 많다고 할지라도, 그것을 중심으로 살지 말고, 하나님께 굴복해서 하나님을 섬기고 삶을 살아야 합니다. 하나님에게 정복당한 혼으로서 우리가 다스릴 줄 알아야 됩니다. 그 다음 우리가 살고 있는 육신은, 하나님의 영에게 정복당하여 살아가는 육신이 되어야 합니다. 그러지 못하고 육신의 정욕, 부패한 육신을 따라서 살아간다면 종국에는 패망하게 되는 것입니다.

이러므로 육신이 완전히 영으로 그 몸의 행실을 죽이고 살아야 되는 것입니다. 이것이 우리의 신앙생활에 끊임없는 투쟁인 것입니다. 그러나 오늘 내가 확실히 말하고 싶은 것은, 우리의 주인은 육신도 아니요, 혼도 아니요, 하나님의 형상과 모양대로 지음을 받은 영인 것을 알게 되기를 주의 이름으로 축원합니다. 우리의 영이 영원히 우리의 주인입니다. 영은 혼을 굴복시키고 육의 행실을 죽이고 주인 노릇을 해야 되는 것입니다.

충만한 교회에서는 매주 화-수-목 성령치유 집회를 11:00-16:30까지 진행을 합니다. 무료집회입니다. 단 교재를 매주 구입을 해야 입장이 가능합니다. 매주 다른 과목을 가지고 집회를 인도합니다. 우리 교회 집회는 "성령의 불세례, 내적치유, 귀신축사, 신유, 성령의 은사 전이, 깊은 영의기도"는 기본으로 깔아놓고 집회를 인도합니다. 어느 집회에 오시더라도 "성령의 불세례, 내적치유, 귀신축사, 신유, 성령의 은사 전이, 깊은 영의기도"를 받을 수 있다는 말입니다

오시면 병원이나 세상 방법으로 해결하지 못하는 15가지 질병과 문제도 해결 받겠다는 믿음과 의지를 가지고 참석하면 모두 해결 받습니다. 단 성령께서 자신을 장악해야 치유가 되기 때문에 성령이 장악하는 기간이 사람마다 다릅니다. 특별하게 교회를 개척하여 자립하지 못하는 분들이 오셔서 능력 받아 교회가 자립하고 있습니다.

오시는 분 모두 지금 천국과 아브라함의 복을 누리면서 하나님 쓰임을 받는 목회자 성도가 됩니다. 그래서 무슨 문제이든지 믿음을 가지고 오시면 해결이 된다는 것입니다. 오셔서 모두 치유와 능력을 받으시기를 바랍니다.

12장 기도를 바꿔 성령으로 해야 한다.

(고전14:15)"그러면 어떻게 할까 내가 영으로 기도하고 또 마음으로 기도하며 내가 영으로 찬송하고 또 마음으로 찬송하리라"

하나님은 예수를 믿고 성령으로 거듭난 우리에게 성령 안에서 기도하라고 하십니다. 바른 기도의 습관이 하나님과 바른 관계를 여는 것입니다. 기도는 참으로 중요한 것입니다. 기도를 성령으로 해야 가계의 저주에서 해방될 수가 있습니다. 모든 가계의 문제가 무의식과 잠재의식이 있기 때문입니다. 무의식과 잠재의식에 웅크리고 있는 가계의 문제를 해결하려면 성령으로 기도하여 영적인 상태에 들어가야 하기 때문입니다. 영적인 상태가 되어야 무의식과 잠재의식의 문제들이 정체를 폭로하기 때문입니다.

그래서 기도가 성령으로 되어서 영적인 상태에 들어가야 가계에 역사하는 악한 영들을 성령의 권능으로 해결할 수가 있다는 것입니다. 기도가 바르지 못하니까, 5년 동안 가계의 저주를 끊으려고 해도 끊어지지 않는 것입니다. 인간적인 방법으로 무의식과 잠재의식을 치유하려고 하니 해결이 되려고 해도 될 수가 없는 것입니다. 이 장에서는 자신의 기도를 진단하여 클리닉하시기를 바랍니다. 그래서 가계의 저주에서 영원히 해방될 수가 있습니다.

우리는 기도를 바르게 알아야 합니다. 기도는 하나님과 사귀는 것입니다. 하나님과 가까이 하는 것입니다. 하나님과 함께 시간을 보내는 적극적인 행위입니다. 하나님과 사랑을 나누는 시간입니다. 하나님의 음성을 듣는 시간입니다. 하나님께 사랑을 고백하고 감사하는 시간입니다. 자신 안의 성전을 견고하게 세우는 시간입니다. 자신의 영혼에 성령으로 충만하게 채워서 마음의 안에 성전을 깨끗하게 하는 시간입니다.

우리의 삶에서 가장 깨어있는 시간, 하나님의 소리를 듣는 시간입니다. 자신을 치료하는 시간입니다. 세상에서 받은 스트레스를 정화하는 시간입니다. 예수를 믿는 성도가 하는 기도는 세상 사람들이 하는 기도와 다릅니다. 자신이 매일 철야하며 새벽기도를 해도 영육이 변화되지 않고, 환경이 어려운 것은 세상적인 기도를 하기 때문입니다. 예수를 믿는 성도가 하는 기도는 다음과 같은 원칙을 가지고 해야 합니다.

첫째, 성령 안에서 기도하라. 기도를 할 때에 자신의 생각이나 머리에서 나온 지식이나 언어구사를 잘하려고 하는 생각으로 기도하지 말라는 것입니다. 바른 기도생활을 위해서'좋은 기도의 습관'이 중요하긴 하지만 그 보다 더 중요한 것이 있습니다. 그것은 바로 기도의 영을 받아 가지고 있는 겁니다. 우리가 새벽기도를 생각해볼 때 우리가 항상 새벽에 그 시간에만 살아가는 것이 아니지 않습니까? 우리가 예배당 안에서만 살고 있지는 않지 않습니까? 우리가 가정에서나 직장에서나 세상에서 살아갈 때 우리 앞에 다양하게 펼쳐지고, 우리에게 다가오는 그런 도전과 문제, 그 어려운 상황 속에서 우리의 기도가 정해진 기도의 제목만으로는 우리 삶을 다 감당하지 못해요. 그래서 좋은 기도의 습관을 갖는 것도 중요하지만, 우리가 기도의 영을 가져서 성령 안에서 기도하는 것 그것은 더욱 중요합니다. 마치 내 영이 기도의 영이신 성령 안에 푹 잠겨 있는 것처럼 내가 하루 24시간 어디에서 무엇을 하고 있든지 하나님과 끊임없는 교통가운데서 내 삶이 진행되는 것, 그것이 바로 기도의 영을 가지는 것인데, 이것이 바로 기도생활의 이상이라고 할 수 있습니다. 그래서 하나님 말씀은 우리에게 '성령 안에서 기도하라' '성령으로 기도하라'라는 말씀을 여러 번 당부하십니다. 그 중 한 곳인 에베소서 6장 18절을 같이 읽겠습니다. "모든 기도와 간구를 하되 항상 성령 안에서 기도하고 이를 위하여, 깨어 구하기를 항상 힘쓰며, 여러 성도를 위하여 구하라" 과거 개역에는 '무시로 성령 안에서 기도하라'고 했는데, '무시로'란 항상 이란 뜻입니다. 영어로 always 또는 all times입니다.

그렇다면 어떻게 기도하는 것이 '성령 안에서 기도'하는 것일까요? '성령 안에서 기도한다'는 의미는,"성령의 영성과, 성령의 지성과, 성령의 감성을 따라서 기도하는 것이다" 라고 말할 수 있습니다. 또, 성령의 임재 가운데 기도하는 것입니다. 성령께서 주시는 생각으로 기도하라는 것입니다.

실제적으로 성경에 보면, 성령께서 우리를 위하여 말할 수 없는 탄식으로, 성령의 생각이 삼위일체 하나님과 합치된 상태에서 우리 안에 와계신 성령께서 우리를 위하여 계속 기도하고 계십니다.

"이와 같이 성령도 우리의 연약함을 도우시나니, 우리는 마땅히 기도할 바를 알지 못하나 오직 성령이 말할 수 없는 탄식으로 우리를 위하여 친히 간구하시느니라. 마음을 살피시는 이가 성령의 생각을 아시나니 이는 성령이 하나님의 뜻대로 성도를 위하여 간구하심이니라 (롬8:26~27)."

'성령 안에서 기도하라'는 엡6장 18절의 말씀을 실행 할 수 있는 그 약속이, 이 로마서 말씀에 주어져 있습니다. 로마서 8장 26~27절속에는,성령의 [영성] [지성] [감성]이 나타나 있어요. 성령의 영성은 무엇과 같은가요? 어머니의 영성과 같지요. 어머니는 자녀들을 한없는 사랑으로 용납해주고 품어줍니다. 그러한 것처럼 성령은 포근한 영성, 온유하신 영성, 인자하신 영성으로서 마치 어머니가 자식을 위해 기도하듯이, 성령께서 우리를 위하여 기도하고 계신다는 거예요. 우리는 무엇을 위하여 기도하는지도 모르고, 우리 앞에 어떤 일이 일어날지도 모릅니다.

그렇기 때문에 성령께서 '우리를 위하여 마땅히 무엇을 위해서 기도할지 모르지만, 우리를 위하여 앞서 기도'하고 계신다는 것입니다. 성령의 영성이 그러하단 것입니다. 또 성령의 영성은, 성령은 지성을 가진 인격체이셔서 우리를 위해서 기도 할 바를 명확하게 인지하시고, 그리고 그 생각을 갖고 기도하고 계십니다. 롬8장 27절 말씀에 성령은 지성을 지니신 분이시다. 라는 것을 보여주는 한 표현이 있습니다.'마음을 살피시는 이가 성령의 생각을 아시나니' '성령의 생각'이라고 했습니다. 성령은 생각하신다. 즉, 지성을 지니신 분이십니다. 우리를 향하신 그 성령의 생각이 얼마나 많은지 시편 40편 5절에 이런 말씀이 나옵니다.

"여호와 나의 하나님이여 주의 행하신 기적이 많고 우리를 향하신 주의 생각도 많도소이다" 우리의 부모가 자녀를 위해서 기도하지 않습니까? 자녀에 대한 모든 사정을 헤아리고 살펴서 자녀를 위해서 기도합니다. 부모는 자녀를 위해서 기도하지만, 자녀는 부모를 그렇게 생각하지 않아요. 자기 인생이 바쁘기 때문에 내리 사랑을 해서 부모는 자녀를 위해서 그렇게 안타깝게 간절히 기도하지만, 자녀들은 그 부모에 대한 마음을 헤아리지 못합니다. 저도 자녀를 위해서 기도하면서 '이 아이들이, 부모인 내가 이렇게 하나님 앞에서 간절히 자기들을 위해 기도하는 것을 알고 지내기나 하나?' 그런 생각을 할 때가 있습니다.

마찬가지로 우리는 별로 하나님을 생각하지 못하고 살아가지만 성령께서 우리를 위하여, 해변의 모래보다 더 많으신 그 생각, 그 사랑의 생각을 가지고 우리를 위해서 기도하고 계십니다. 또한 성령은 감성을 지닌 분이십니다. 로마서 8장 26절 말씀에 성령의 감성을 보여주는 한 어구 한 표현이 있습니다. "말할 수 없는 탄식으로 우리를 위하여 기도하시는 성령님"이라고 했습니다.

성령은 감성을 가지고 계세요. 우리는 성령을 근심하게 할 수도 있고, 우리는 성령을 기쁘시게도 할 수 있습니다. 성령이 인격적으로 우리를 대해주십니다. 이 말씀이 보여주는 바대로 성령님은 어머니와 같은 그런 넓으신 자애로우신 사랑의 영성을 지니셨고, 또

한 성령은 생각을 가지신 지성을 지니신 인격체이시고, 성령은 우리를 위하여 말 할 수 없는 탄식으로 하나님 앞에서 기도하시는 감성을 지니신 분이십니다. 성령께서 우리 안에 오셔서 우리를 위해 그토록 기도하시는 그 성령의 영성과 지성과 감성을 따라 기도하는 것이 성령님 안에서 기도하는 것입니다.

둘째, 성령으로 기도하는 방법. 기도에 대하여 바르게 알아야 합니다. 많은 성도들이 문제가 있으면 무조건 기도하면 가계의 문제가 풀어지는 줄로 알고 있습니다. 그래서 무조건 기도하라고 합니다. 그렇지 않습니다. 기도는 하나님의 음성을 듣는 것입니다. 문제의 원인에 대하여 하나님께 질문하여 하나님께서 알려주시는 것을 해결하면서 기도해야 합니다. 예를 든다면 회개라든가, 용서라든가, 하나님께서 알려주시는 레마를 받아 순종하며 기도해야 문제가 풀어지는 것입니다. 막연하게 문제를 해결하여 주시옵소서. 하며 기도하면 문제가 해결되지 않습니다. 반드시 하나님에 알려주시는 해결 방법을 적용하여 해결하면서 기도해야 문제가 풀어지는 것입니다. 성도들이 바르게 알아야 할 것은 자신이 당하는 문제는 하나님의 문제라는 것을 믿어야 합니다. 그래서 자신에게 일어나는 문제는 하나님이 해결해야 합니다. 왜냐하면 자신은 예수를 믿을 때 죽었습니다. 다시 예수로 태어났습니다. 지금 예수 인생을 사는 것입니다. 그렇기 때문에 성령으로 기도하여 영의 상태가 되면 하나님께 해결 방법을 질문하여 응답받은 대로 조치를 해야 문제가 해결되는 것입니다. 그렇기 때문에 문제를 해결하려면 기도하지 않으면 안 되는 것입니다. 성령으로 기도하여 영의 상태가 되어야 내적인 상처도 치유되고, 귀신도 떠나가고, 병도 고쳐지고, 문제도 해결되고, 하나님의 음성도 들을 수가 있는 것입니다.

성령으로 기도하는 것은 성령의 임재가운데 성령 안에서 기도하는 것을 말합니다. 마음으로 기도하여 마음의 문이 열려야 영으로 기도하게 되는 것입니다. 영으로 기도하는 것이 성령으로 기도하는 것입니다. 그렇기 때문에 먼저 마음의 기도로 마음의 문을 열어야 영으로 기도할 수가 있는 것입니다. 성령으로 기도하는 비결은 이렇습니다. 숨을 들이 쉬고 내 쉬면서 주여! 숨을 들이 쉬고 내 쉬면서 주여! 숨을 들이 쉬고 내 쉬면서 주여! 자연스럽게 주여! 주여! 를 하면 되는 것입니다. 방언으로 기도할 줄 아는 분들은 호흡을 들이쉬고 내쉬면서 방언기도하고, 호흡을 들이쉬고 내쉬면서 방언기도를 합니다. 즉 내면의 활동이 강화되어 자신의 마음속 영 안에 계신 성령이 밖으로 나오시게 해야 합니다. 코로는 바람을 들이쉬고 배꼽 아랫배로 호흡을 하는 것입니다. 호흡을 들이쉬고 내쉬면서 주여! 주여! 주여! 하다가 성령께서 감동을 주시는 것이 있습니다.

예를 든다면 "혈통에 흐르는 자녀들의 문제 위하여 기도하라!" 하실 수도 있습니다. 그러면 자녀를 위하여 기도하는 것입니다. 자녀에게 문제가 있는 것도 할 수가 있습니다. 자녀에게 바라는 것이 있으면 그것을 기도해도 좋습니다. 하나님께 혈통의 문제가 왜 생겼는지 물어보는 것입니다.

알려주시면 조치하는 것입니다. 기도를 마치고 다시 주여! 주여! 주여! 하면서 기도를 합니다. 다시 성령께서 너의 물질문제를 기도하라고 하실 수도 있습니다. 물질문제를 기도합니다. 물질문제가 어떻게 해서 생겼는지 하나님에게 질문하며 기도합니다. 죄악으로 인한 것이라면 회개를 합니다. 회개하고 혈통의 죄악을 타고 들어온 귀신을 축귀합니다. "예수 이름으로 명하노니 선조들의 죄를 따라 들어와 물질 고통을 주는 귀신아 물러가라" 소리는 크지 않아도 됩니다. 성령이 충만한 상태이므로 귀신들이 잘 떠나갑니다. 다시 다른 기도를 위하여 주여! 주여! 주여! 하면서 기도를 합니다.

그러면 성령께서 다시 감동을 합니다. 너의 건강을 위하여 기도하라! 그러면 자신의 건강을 위하여 기도합니다. 기도하면서 하나님에게 질문을 합니다. 하나님! 저의 어느 부분이 문제가 있습니까? 하면서 기도하여 조치를 취하면 됩니다. 무엇을 결정해야 할 경우는 어느 정도 기도하여 성령으로 충만한 상태가 되면 지속적으로 문의 하는 것입니다. 이것을 어떻게 해야 합니까? 이것을 어떻게 해야 합니까? 이것을 어떻게 해야 합니까? 지속적으로 질문을 하면 문득 떠오르는 생각이 있습니다.

이것이 하나님의 방법입니다. 이것을 해결하면 치유가 되는 것입니다. 이것이 성령으로 기도하는 것입니다. 어려울 것이 없습니다. 자신의 생각이나 욕심을 내려놓고 순수하게 성령을 따라 기도하는 것입니다. 보통 성도님들이 하시는 말씀대로 기도분량이 채워지니까 성령께서 알려주신 것입니다. 기도분량이 채워졌다는 것은 성령님이 역사하실 수 있는 영적인 상태가 되었다는 것입니다. 절대로 성령은 육의 상태에서 응답을 주시지 못합니다.

반드시 성령으로 충만한 영의 상태가 되어야 레마를 들려주십니다. 그러므로 영의 상태가 되도록 성령으로 깊은 영의기도를 해야 합니다. 영의 상태에서 하나하나 감동이나 음성으로 알려주시는 것입니다. 기도의 성공요소는 영의 상태에 들어가는 것입니다. 영의상태에서 성령님과 교통할 수가 있기 때문입니다.

셋째, 온몸으로 기도하라. 예수를 믿고 성령으로 거듭난 크리스천의 기도는 이런 단계를 거치면서 발전해야 합니다. 첫째, 육의기도입니다. 머리로 생각으로 지식으로 기도합니다. 둘째, 마음의 기도입니다. 배꼽아래 15센티에 의식을 두고 마음으로 기도를 합니다. 셋째, 영의기도입니다. 마음으로 지속적으로 기도를 하면 발전하여 자신도 느끼지 못하는 순간 영으로 기도를 하게 됩니다. 넷째, 영-혼-육의 전인격이 기도하는 것입니다. 영의 기도를 지속적으로 하다가 보니 한 차원 발전하여 온몸으로 기도하는 것입니다. 온몸으로 기도하는 것이 영의 사람의 기도입니다. 온몸으로 기도하는 단계까지 발전해야 합니다. 그래야 가계의 저주를 해결하고 천국을 누리면서 살아가게 됩니다.

첫째로 육의기도입니다. 심령에서 불이 나오는 깊은 영의기도의 1단계는 소리 내어 하는 기도입니다. 깊은 영의기도의 첫 단계는 소리를 내어 또박또박 천천히 기도하는 것입니다. 이때 급하게 하지 말고 정신을 집중하여 기도 문장의 의미를 깊이 의식하면서 반복해야 합니다. 이 단계는 영-혼-육 중에서 "육으로 기도하는 단계"입니다. 영-혼-육이란, 사람을 삼등분(삼분)하여 표현한 말입니다. "평강의 하나님이 친히 너희를 온전히 거룩하게 하시고 또 너희의 온 영과 혼과 몸이 우리 주 예수 그리스도께서 강림하실 때에 흠 없게 보전되기를 원하노라(살전 5:23)" 이는 앞으로 깊은 영의기도를 배우는데 핵심적이고 가장 중요한 요소이며 구별하고 알기가 무척 어려운 부분입니다. 다음은 필자가 깊은 영의기도를 숙달하기 위하여 훈련할 때 현실 수행에 맞게 효과적으로 만들어 사용한 기도문입니다. "하나님 사랑합니다." "하나님 도와주세요." "하나님 용서해 주세요." "하나님 감사합니다."

여러 문장을 가지고 기도해 보았으나, 너무 길어서 효율이 떨어지고 나중에 자동으로 반복할 시에도 장애가 됩니다. 한번 자신이 정한 문장을 자주 바꾸면 반복하는데 어렵고 습관화시키는데 오랜 시간이 걸리므로 한번 정할 때에 간단명료하게 정하고 자주 바꾸지 말아야 합니다. 나중에 이 "한번 기도하는데 걸리는 시간"이 "걸을 때에 오른발과 왼발을 한번 내딛는데 걸리는 시간"과 또는 "호흡 시 들이쉬고 내쉬는 시간"과 잘 맞아야 합니다.

그래서 필자가 바로 전에 말씀드린 간단한 기도문이 적절하다고 생각합니다. 자기 나름대로 기도문을 만들어 사용해도 됩니다. 자주 바꾸지는 마세요. 나중에 힘들어집니다. 이 음성기도는 무의식에 심겨져 자동으로 반복되어지는 것을 경험할 때까지는 계속 되어야 합니다. 나중에 2, 3단계 기도에 어려움이 생길 때에는 다시 1단계의 음성기도로 돌아와서 집중력을 길러 다시 올라가야 합니다.

깊은 영의기도의 원리는 자신 안에 계신 하나님께 몰입하는 것입니다. 그렇기 때문에 간단한 분장을 가지고 자신의 배꼼 아래 10센티 아래에 의식을 두고 지속적으로 하나님을 찾는 것입니다. 다른 잡념이 오더라도 거기에 상관하지 말고 오로지 하나님을 찾는 것에 지중하여 영적인 상태에 들어가는 것입니다.

둘째로 마음의 기도입니다. 심령에서 불이 나오는 깊은 영의기도 2단계는 마음의 기도합니다. 깊은 영의기도 2단계 기도를 숙달할 때 "호흡법"을 기도와 연결하면 쉽게 습관화시킬 수 있습니다. 즉 숨을 들이쉬고 내쉬는 동작을 한 사이클로 해서 반복합니다. 조용하고 편안한 곳, 기도에 방해받지 않고 집중하여 기도할 수 있는 자세를 취하시기를 바랍니다. 의자 등받이에 등과 엉덩이를 밀착하여 앉거나, 무릎을 꿇고 하는 것도 좋습니다. 본인이 하기 좋고, 편안하고, 자기를 낮추어 겸손하게 만드는 자세를 취하는 것이 좋습니다. 예를 들면, 숨을 들이쉬면서 "하나님"하고, 숨을 천천히 내쉬면서 "사랑합니다." 하세요. 숨을 내쉴 때에 더 천천히 하여, "사랑합니다." 라고 말한 뒤에도 계속 기도 내용에 집중하여 머물러 있으면 좋습니다.

또 다른 방법은 숨을 들이쉬면서, "하나님 도와주세요." 하고, 숨을 천천히 내쉬면서 "하나님 용서해 주세요." 이렇게 하는 것은 특별한 왕도가 없고 본인이 편안하고 오래 집중적으로 할 수 있으면 됩니다. 절대로 남이 그렇게 했다고 따라서 할 필요는 없다는 것입니다.

2단계는 목소리를 죽이고 우리 머리의 생각을 죽이고 마음에 고도로 집중하여 기도합니다. 방법은 자신의 배꼽아래 15센티에 의식을 두고 "마음"을 이용하여 집중하는 기도입니다. 1단계 음성기도가 깊어지면 2단계 마음의 기도는 자연스럽게 반복됩니다. 오랜 시간 기도할 때 소리 내어 기도하는 발성기도로 오래하면 피곤하고 지치므로 1시간은 발성기도, 1시간은 마음의 기도를 하면 서로 조화를 이루는 기도가 됩니다.

이 마음의 기도가 안 되고 정신이 산란해지면 발성기도로 다시 돌아가야 합니다. 잘못하면 잡념에 사로잡히고 기도문이 막히는 경우도 생깁니다. 자념을 해결하는 방법은 잡념에 관심을 두지 말고 하나님을 찾는 기도에 집중하는 것입니다. 기도에 집중하여 기도하다가 보면 잡념이 성령의 역사로 물러가는 것입니다. 절대로 인간의 힘이나 행동으로 잡념이 물러가는 것이 아니고 성령의 역사에 의하여 물러가는 것입니다. 그러므로 잡념이 들어오면 아랫배에 힘을 주고 강하게 호흡을 하면서 마음 안의 하나님을 찾는 것입니다. 다른 방법은 소리를 내어 발성 기도를 하든지, 또는 찬양을 하든지, 성경을 읽고 잡념을 몰아내든지, 지옥이나 예수님의 십자가 죽음을 묵상하든지 등등으로 해결책을 찾아야 합니다.

셋째로 영의기도입니다. 심령에서 불이 나오는 깊은 영의기도 3단계는 가장 어려운 단계로 영으로 하는 기도입니다. "정신의 핵심" 영이 거처하는 마음 안에 내려가 영과 하나가 되는 성령의 기도입니다. 즉 혼의 가장 깨끗한 핵심 부분인 "누스(Nous):마음의 눈"가 영과 결합하여 성령으로 드리는 영의기도입니다. 이 기도는 1,2단계 기도가 충분히 발전되어 자동으로 깊은 영의기도가 24시간 쉼 없이 이루어질 때에 일어납니다. 쉬지 않고 하나님을 찾으며 기도하는 단계입니다. 항상 성령의 임재 가운데 있는 상태입니다. 즉 회개와 겸손과 희생으로 영-혼-육이 충분히 정화되고 성령의 조명을 받을 때에 일어납니다.

이때에 하나님을 대면하며 그의 현존과 임재를 느끼며, 우리의 영-혼-육의 전인적인 부분이 치유되고 통합되는 신비한 체험을 합니다. 쎄오리아(Theoria), 즉 하나님을 "관상(Contemplation: 봄, 임재 하심을 느낌, 현존을 체험)"하는 최고의 단계에 이릅니다. '쎄오리아'의 의미는 '묵상, 들여다보기'라는 뜻입니다. 다시 말해 '묵상'이란 '자신의 처지를 제3자의 눈으로 보는 시선'을 의미합니다. 묵상은 자신 안에 감금된 자기를 관찰자의 눈으로 보고 자신만의 길을 찾기 위한 연습입니다. '마음의 눈'이라고 불리는 '누스'를 통해 사물을 경험하고, 관찰하고 이해하는 것이 바로 '쎄오리아'입니다. 쎄오리아는 궁극적으로 신과 합일되는 '쎄오시스'

의 과정입니다. 결국 인간은 '쎄오리아'를 통해 자기를 완전히 버리고 신의 경지에 도달할 수 있게 됩니다. 이것은 어떤 부정적 의미의 신비주의나 엑스타시가 아니라, 내 전인이 변화를 받아 지혜와 사랑을 얻기 위한 성령 하나님의 은총의 체험입니다. 이 '쎄오리아'의 결과로 하나님이 주신 성령의 불과 능력이 흘러나오며, 하나님이 주시는 참 지혜가 생기며, 세상을 향해 베풀 수 있는 사랑을 하나님으로부터 받게 됩니다. 저는 이 기도를 통하여 저의 영육의 치유와 깊은 영성을 유지하며 사역을 하고 있습니다. 이 깊은 영의기도 3단계에 의식적으로 들어가야 하겠다고 생각하면 절대 들어갈 수 없습니다. 2단계 마음의 기도를 집중적으로 몰입해서 계속하다가 보면 어느 순간에 영의기도에 들어갑니다. 영의 기도의 최고의 경지로서 여러 가지 영적 체험을 할 수 있습니다. 이 단계에 들어가려면 많은 훈련과 의지와 노력이 필요합니다.

넷째로 영-혼-육의 전인격(온몸)이 기도하는 것입니다. 영의 기도를 지속적으로 하다가 보니 한 차원 발전하여 온몸으로 기도하는 것입니다. 전인격이 하나님께 기도하는 것입니다. 쉽게 설명하면 성령께서 영-혼-육의 전인격을 지배하여 온몸으로 기도드리는 것입니다. 하나님과 대면하면서 하나님의 마음으로 자신을 보면서 기도하는 것입니다. 마치 예수님께서 새벽 오히려 미명에, 밤이 맞도록, 또한 겟세마네동산에서 땀방울이 핏방울이 되도록 기도하신 것과 같은 기도입니다. 예수님께서 그렇게 기도하신 것은 오로지 하나님이 자녀들을 위해 본(本)을 보이신 것입니다. "너희들이 이렇게 기도해야 마귀를 진멸할 수 있고, 영혼을 살릴 수가 있고, 십자가를 질 수 있고, 하나님의 음성을 들을 수가 있고, 하나님의 뜻에 순종할 수 있고, 사명을 감당할 수 있다"는 것을 친히 몸으로 보여주신 것입니다. 이렇게 영-혼-육의 전인격으로 기도해야 하나님과 대면할 수가 있고 하나님과 대화할 수가 있는 것입니다.

예수님께서 겟세마네동산의 기도를 하신 후 어떤 일이 벌어졌습니까? 바로 가룟 유다가 군사들을 이끌고 예수님을 잡으러 왔고, 제자들은 다 도망갔고, 예수님은 다음날 십자가에서 달려 죽으셨습니다. 예수님도 십자가의 고통이 얼마나 큰 것인 줄 아셨기에 "심히 고민하여 죽게 되었다. 이 잔을 내게서 옮기시옵소서!"라고 기도하셨습니다. 예수님은 육신을 입고 오셨기에 십자가의 고통이 너무나 힘드셨던 것입니다. 하지만 겟세마네동산의 피땀 어린 기도를 하신 후에 잠잠히 십자가의 길을 가시는 모습을 볼 수 있습니다. 이것이 온몸으로 드리는 피땀 어린 기도의 능력입니다. 온몸으로 기도하는 것이 영의 사람의 기도입니다. 온몸으로 기도하는 단계까지 발전해야 합니다.

13장 성령 세례를 명확하게 해야 한다.

(행 2:1-4)"오순절 날이 이미 이르매 그들이 다같이 한 곳에 모였더니 홀연히 하늘로부터 급하고 강한 바람 같은 소리가 있어 그들이 앉은 온 집에 가득하며 마치 불의 혀처럼 갈라지는 것들이 그들에게 보여 각 사람 위에 하나씩 임하여 있더니 그들이 다 성령의 충만함을 받고 성령이 말하게 하심을 따라 다른 언어들로 말하기를 시작하니라"

가계의 저주에서 영원히 해방되려면 성령세례에 대하여 명확하게 알고 체험해야 할 것입니다. 성령으로 가계의 저주가 물러가기 때문입니다. 앞에서도 여러번 설명했지만 가계의 저주를 일으키는 문제는 모두 무의식과 잠재의식에 숨어있기 때문입니다. 무의식에 숨어서 가계저주를 일으키는 존재는 살아있는 존재이면서 사람보다 강한 실체이기 때문입니다. 성령의 역사가 아니고서는 잠재의식과 무의식을 터치할 수가 없기 때문입니다. 성령으로 가계의 저주를 해결하지 않으니까, 5년을 가계치유를 해도 똑같은 것입니다. 반드시 성령으로 세례를 받고 성령의 임재가운데 가계의 저주문제를 해결하기 시작하면 3-7년이면 완전하게 해방될 수가 있습니다. 필자도 4년 정도 걸린 것 같습니다. 이 기간은 제가 성령으로 전인격이 장악이 되어 지배를 받는 시간입니다. 4년은 하나님의 시간으로 하면 잠깐입니다. 너무 길다고 자포자기 하면 절대로 가계의 저주에서 해방될 수가 없습니다. 자신과 가정이 성령님이 지배하는 하나님의 나라가 되어야 가계저주에서 영원하게 해방이 되는 것입니다 .가계의 저주에서 영원히 해방되겠다는 의지가 중요합니다.

알아야 할 것은 예수를 믿는 순간에 성령세례 받은 것이 아닙니다. 일부 크리스천들이 성령의 능력이 있는 목사님의 교회에 다니면 성령으로 충만할 줄 아는 데 절대로 그렇지 못합니다. 능력 있는 목사님(사람)을 의지하니 더 성령으로 세례 받기가 힘들수도 있습니다. 자신이 직접 성령으로 세례를 받으려고 관심을 가지고 노력해야 합니다. 성령 세례를 받지 않으면 영혼의 만족을 누릴 수가 없습니다. 성령으로 충만할 때 영혼이 만족할 수 있기 때문입니다. 또한 눈으로 주님을 뵈올 수 있는 성도가 되지 못하기 때문입니다.

하나님은 분명하게 "그런즉 너희는 먼저 그의 나라와 그의 의를 구하라 그리하면 이 모든 것을 너희에게 더하시리라(마 6:33)" 말씀하셨습니다. 자신 안에 하나님의 나라가 먼저 이루어지게 하라는 말씀입니다. 그래서 교회에 들어오면 먼저 예배를 드리면서 기도하고 찬양하다가 성령으로 세례를 체험해야 합니다. 성령으로 세례를 받으면 성령께서 자신이 살아오면서 받은 상처를 치유하십니다. 앞에서 설명했던 자아를 부수십니다. 그러면서 자신 안에 계신 하나님과의 관계가 열립니다. 하나님과 관계가 열리니 심령이 점차로 하늘나라가 이루어집니다. 하늘나라가 이루어지면서 혈통에 역사하던 귀신이 떠나갑니다.

귀신이 떠나가니 하나님과 친밀한 관계가 됩니다. 영혼이 만족을 누리기 시작하니 기도할 때마다 하나님께서 음성이나 감동이나 꿈이나 환상을 통해서 자신의 문제를 해결하는 지혜를 주십니다. 주신 지혜대로 순종하니 문제가 해결이 됩니다. 마음 안에 계신 성령님의 역사로 귀신이 떠나가기 때문입니다. 그러므로 예수를 믿었으면 성령으로 세례를 받아 하나님과 관계를 먼저 열어야 합니다.

성령세례에 대한 견해가 다릅니다. 장로교회에서는 예수를 믿을 때 성령이 믿게 하여 성령세례를 받았으니, 이제 성령으로 충만을 받아야 한다고 합니다. 성령충만을 강조합니다. 웨슬리안 알미니안주의 교회들(감리교, 성결교, 오순절교), 그중에서 특히 오순절 순복음 교회에서는 성령을 받는 것, 혹은 성령이 임하는 것을 즉 "성령세례"를 받는 것으로 중시합니다.

그리고 오순절교회에서는 성령세례 받은 증거가 필수적으로 방언이라고 주장합니다. 이것이 장로교회와 순복음교회의 대표적인 차이 중의 하나입니다. 과연 "성령세례"가 있습니까? 그리고 "성령세례"는 구원과 관계가 있습니까? "성령세례"의 시점은 언제입니까? 구원받은 자도 "성령세례"를 받아야 합니까? 이 문제는 아직도 결론이 나지 않는 문제입니다. 필자는 각각 성도 자신이 결정할 문제라고 생각합니다. 영적인 것은 하나님과 자신과의 관계이기 때문입니다. 성령세례를 강조한다고 잘 못된 것이 아니고, 성령세례를 꼭 받아야 한다고 말하는 것도 잘못된 것이 아닙니다.

자신이 스스로 판단하고 결정하면 되는 것입니다. 장로교단도 성령세례란 용어를 인정합니다. 그러나 순복음 교회에서 말하는 성령세례의 의미가 다릅니다.

간단히 말하면 장로교회에서는 성령세례의 순간을 "성도가 믿을 때"로 규정합니다. 그러나 순복음교회에서는 성령 세례의 순간을 "방언을 할 때"로 규정합니다. 무슨 말입니까? 장로교회의 입장에서는 성령세례가 성도의 구원과 관련이 있다고 주장한다는 말입니다. 반면에 순복음교회의 입장에서는 성령세례가 이미 구원받은 자에게 주어지는 것으로써 능력과 관련이 있다고 봅니다.

그러므로 장로교회에서는 성령으로 거듭나서 구원받은 자는 성령 세례를 받았기 때문에 또 다시 성령세례를 받아야 한다는 것을 인정하지 않고 내주하는 성령의 활동에 의한 "성령 충만"만을 인정합니다. 저는 이렇게 설명을 합니다. 장로교회에서 말하는 "성령세례"는 예수를 믿고 영이 살아나 하나님과 교통할 수 있는 것입니다. 성령이 영 안에 내주하신 것입니다. 반면 오순절교회의 "성령세례"는 내주하신 성령이 성도의 영-혼-육을 완전하게 장악하는 것을 말합니다. 저는 "성령세례"를 "내 안에 계신 성령의 폭발"이라고 표현하기도 합니다. 성령폭발이란 내주하신 성령께서 성도를 완전하게 장악한다는 뜻입니다. 용어를 쉽게 이해하도록 설명한 것이니 오해가 없으시기를 바랍니다.

그럼 왜 성령으로 세례를 받아야 되느냐 입니다. 무조건 성령으로 세례를 받아야 한다고 하지 말고, 왜 성령으로 세례를 받아야 하느냐는 것입니다. 이것을 바르게 알고 성령으로 세례를 받으려고 해야 한다는 것입니다. 왜는 간단합니다. 예수님이 요단강에서 세례요한에게 물로 세례를 받은 다음에 성령으로 세례를 받으셨기 때문입니다. 성령으로 세례를 받고 성령의 이끌림을 받아 광야에 가셔서 마귀의 시험을 성령의 인도와 말씀으로 승리하시니 천사가 수종을 들고 그때부터 회당에서 말씀을 증거 하실 때 권능으로 귀신들의 정체가 폭로되었습니다. 성령으로 세례를 받으시기 전에는 그저 말씀만 전하셨으나 성령의 세례를 받고 말씀을 전하니 권능이 나타나기 시작을 한 것입니다. 마가복음 1장 27절은 이렇게 말합니다."다 놀라 서로 물어 이르되 이는 어찜이냐 권위 있는 새 교훈이로다 더러운 귀신들에게 명한즉 순종하는 도다 하더라" 사람들은 다 놀라서 말했습니다. "이는 어찜이냐 권세 있는 새 교훈이로다 더러운 귀신에게 명한즉 순종하는도다" 예수님의 권세는 귀신의 순종으로 나타납니다.

그리고 예수님이 성령으로 세례 받는 것을 강조하셨기 때문입니다. "요한은 물로 세례를 베풀었으나 너희는 몇 날이 못 되어 성령으로 세례를 받으리라 하셨느니라"(행1:5). 몇 날이 못 되어 성령으로 세례를 받는 다고 말씀하십니다. 그러면서 이렇게 말씀하십니다. "오직 성령이 너희에게 임하시면 너희가 권능을 받고 예루살렘과 온 유대와 사마리아와 땅 끝까지 이르러 내 증인이 되리라 하시니라."(행 1:8). 우리에게 성령이 임하시면 예수님의 증인이 되어진다고 말씀하십니다. 어떻게 해야 주님의 증인이 되어질까 고심하고 애쓰는 것이 아니라, 성령이 임하시면 되어 진다는 것입니다. 예수님을 닮아가는 것이 우리의 노력으로 되어지는 것이 아닙니다. 성령이 임하시면 성령께서 우리를 예수님을 닮은 삶으로 만들어 가십니다. 우리가 애를 써가며 예수님을 닮아가려는 것은 율법의 신앙이고, 성령께서 예수님을 닮아가게 만드시는 것이 은혜의 삶입니다. 우리가 할 수 있는 일은 모든 일에 하나님만 인정하는 삶입니다.

우리가 바르게 알아야 할 것은 예수님을 닮아간다는 것은 예수님과 같은 권세도 포함이 됩니다. 예수님과 권세 있는 삶을 살면서 예수님의 지상명령을 순종하려면 반드시 성령으로 세례를 받아야 합니다. 성령으로 세례를 받은 다음부터 땅의 사람이 하늘의 사람으로 바뀌는 것입니다. 반드시 하늘의 사람으로 변해야 땅의 사람에게 역사하던 귀신이 떠나가기 때문입니다. 귀신이 떠나가야 자유 함을 찾을 수 있습니다. 그래서 예수님이 이렇게 말씀하시는 것입니다. "믿는 자들에게는 이런 표적이 따르리니 곧 저희가 내 이름으로 귀신을 쫓아내며 새 방언을 말하며 뱀을 집으며 무슨 독을 마실지라도 해를 받지 아니하며 병든 사람에게 손을 얹은즉 나으리라 하시니라"(막16:17).

그럼 이제 어떻게 해야 성령으로 세례를 받을 수 있느냐는 것입니다. 우리가 바르게 알아야 할 것은 위로부터 임하시는 성령은 오순절 마가의 다락방사건으로 종료가 되었습니다. 그러므로 성령으로 세례와 불로 장악이 되려면 성령의 역사가 있는 장소에 가는 것이 빠릅니다. 성령의 불로 장악되고 성령의 역사를 체험하려면 성령의 역사가 있는 장소에 가는 것이 좋습니다. 자신이 과거에 한 번 성령의 세례를 체험했었다면 혼자 기도해도 성령의 불로 장악될 수 있습니다.

자신이 한 번도 성령의 세례를 체험하지 못했다면 성령의 기름부음심이 있고 성령의 불의 역사가 나타나는 장소에 가서 성령의 불로 충만 받는 것이 맞습니다. 성령의 체험과 장악은 장작불의 원리와 같습니다. 성령의 불로 충만하고 성령의 역사를 체험한 사람들이 많이 모이는 장소는 성령의 역사가 강합니다. 성령은 어디에 계시는가, 먼저 내 영 안에 계십니다. 그리고 우리 안에 계십니다. 또 말씀 안에 계십니다. 그러므로 성령체험을 하지 않았다면 성령의 역사가 있는 장소에 가셔야 성령을 쉽게 체험하고 장악을 당할 수가 있습니다. 또 한 방법은 성령 받은 자에게 가셔서 말씀을 듣고 안수를 받는 방법이 있습니다.

위로부터 임하시는 성령의 역사는 오순절 마가의 다락방에서 임하셨습니다. 그 이후는 그때 성령 받은 사람이 말씀전하고 안수할 때 임했습니다(행19:1-7). 성령의 불로 충만한 사람에게 전이 받는 것입니다. 성령으로 세례 받고 장악되기 원하십니까? 성령이 역사하는 장소로 가십시오. 그래야 빨리 성령으로 장악될 수가 있습니다.

성령으로 세례를 받아야 성령의 불세례를 받으면서 성령 충만이 이루어지는 것입니다. 제가 성령 사역을 하면서 체험한 바로는 성령의 세례를 받지 않으면 성령 충만에 이르기가 어렵습니다. 왜냐하면 성령께서 성도의 전인격을 장악하지 못했기 때문입니다. 그러므로 저의 견해로는 성령으로 세례를 받는 것이 옳다고 판단이 됩니다. 성령으로 세례 받고, 성령으로 충만함을 받기 위하여 내 안에 계신 성령님에게 집중해야 합니다.

물론 처음 한번은 성령의 불을 받아야 합니다. 다음부터는 내주하신 성령으로부터 불이 나와야 합니다. 성령의 불이 자신 안에서 나오도록 영성훈련을 해야 합니다. 성령이 역사하는 교회 시대인 지금은 성령을 받은 사람이 말씀을 전하고 기도할 때 임합니다. 이는 말씀을 전하는 사람의 심령에 임재 했던 성령이 나타난 것입니다. 성령은 먼저 성령세례를 받은 성도 안에 임재 하여 계십니다. 그리고 성령으로 세례 받은 성도들이 모인 장소에 임재 하여 계십니다. 성령으로 세례를 받은 목회자가 전하는 말씀 안에 임재 하여 계십니다. 그러므로 성령의 불은 성령으로 세례를 받은 성도의 마음속에서 나오는 것입니다. 그런데 아직도 많은 목회자나 성도가 성령의 불이 하늘에서 떨어지는 줄로 압니다. 저에게 질문을 많이 합니다. 목사님! 우리 교회에서는 성령의 불이 하늘에서 떨어진다는데, 왜 목사님은 성령 받은 성도의 심령에서 올라온다고 하십니까? 그래서 제가 잘 설명을 합니다. 지금 하나님은 예수를 영접한 성도의 마음 안에 계십니다. 예수님은 요한복음14장 20절에서 "그 날에는 내가 아버지 안에, 너희가 내 안에, 내가 너희 안에 있는 것을 너희가 알리라"하셨습니다.

로마서8장 10-11절에서는 "또 그리스도께서 너희 안에 계시면 몸은 죄로 말미암아 죽은 것이나 영은 의로 말미암아 살아 있는 것이니라. 예수를 죽은 자 가운데서 살리신 이의 영이 너희 안에 거하시면 그리스도 예수를 죽은 자 가운데서 살리신 이가 너희 안에 거하시는 그의 영으로 말미암아 너희 죽을 몸도 살리시리라"하셨고, 고린도전서 3장 16절에서는 "너희는 너희가 하나님의 성전인 것과 하나님의 성령이 너희 안에 계시는 것을 알지 못하느냐"했습니다. 빌립보서 2장 13절에서는 "너희 안에서 행하시는 이는 하나님이시니 자기의 기쁘신 뜻을 위하여 너희에게 소원을 두고 행하게 하시나니"라고 하십니다. 이렇게 볼 때에 분명히 성령의 불은 내 안에서 나오는 것이 맞습니다. 하나님이 성도의 마음 안에 계시기 때문입니다. 성령의 불이 자신 안에서 나오는 것을 인정하지 않으면 이런 현상이 나타납니다. 밖에서 역사하는 불만 받으려고 하기 때문에 영의통로가 뚫리지를 않습니다. 왜냐하면 밖에다가만 관심을 집중하기 때문입니다. 내 안에 관심을 가져야 자신이 보이는데 밖에다가 관심을 두니 자신이 보이지 않는 것입니다.

그래서 밖에다가 관심을 두니 영의통로가 열리지를 않습니다. 영의통로가 막혀있으니 항상 갈급합니다. 성도는 심령에서 은혜가 올라와야 영의 만족을 얻을 수가 있습니다. 밖에서 들리고 보이는 것을 가지고 은혜를 받으려고 하니 항상 심령이 갈급한 것입니다. 교회나 은혜의 장소에 가서 말씀을 듣고 예배를 드릴 때는 은혜를 받는 것 같습니다.

그러나 마치고 돌아서면 허전합니다. 기도를 할 때도 마찬가지입니다. 기도를 하면 마음이 편안해지는 것 같습니다. 조금 지나면 심령이 갑갑해집니다. 밖에서 역사하는 성령의 불을 받아서 몸은 뜨거운데 마음은 평안하지 못합니다. 마음이 평안하지 못하니 성품이 변하지 않습니다. 남이 하는 조그마한 소리에도 참아내지 못하여 혈기를 냅니다. 성령의 불이 마음에서 올라오지 않으니 육체에 역사하는 세상신이 역사하기 때문입니다.

좀처럼 심령이 변하지 않으니 그리스도인으로서 본을 보이지 못합니다. 세상 믿지 않는 사람들보다 더 악하고 혈기를 잘 냅니다. 이런 성도가 기도하는 것을 보면 거의 목에서 나오는 소리로 기도를 합니다. 기도할 때 나름대로 생각하기는 성령으로 충만하다고 생각하는데 절대로 그렇지 못합니다.

이런 성도가 밖에서 역사하는 성령의 불을 잘 받습니다. 밖에서 역사하는 불로 인하여 육체가 훈련되어 있기 때문입니다. 성령이 역사하면 뜨거움도 강합니다. 그러니 성령의 불을 받았다고 믿어버리는 것입니다. 마음속에서 불이 나오지 않으니 육체에 역사하던 세상신이 떠나가지를 않습니다. 기도를 해도 세상신이 적응을 하여 같이 기도하면서 꼼짝도 하지 않습니다. 이런 분들이 모두가 이구동성으로 하는 말이 얼마 전에 어디에서 성령의 강한 불을 받았다고 합니다.

예를 든다면 이런 경우입니다. 제가 어느 기도원에 간적이 있습니다. 기도 시간이 되었습니다. 강단에서 집회를 인도하시는 목사님이 성령의 불을 받아라! 불! 불! 불! 하니까? 어느 여성이 욱욱하는 것입니다. 제가 물었습니다. 왜~ 그렇게 몸을 움츠리면서 욱욱합니까? 그랬더니 이렇게 대답을 합니다. 강사 목사님의 성령의 불이 강하기 때문에 자기에게 그런 현상이 나타난다는 것입니다. 이는 잘못 이해한 것입니다. 우리 안에 역사하는 성령의 불은 밖에서 역사하여 나에게 와서 느끼게 할 수도 있습니다. 그렇다고 욱욱하는 것은 아닙니다.

제가 지금까지 성령치유 사역을 하면서 욱욱하는 분들을 안수하여 영의통로를 뚫으면 속에서 말로 표현하기 힘들 정도로 더러운 것들이 나옵니다. 이 더러운 것들이 나가고 나면 절대로 욱욱하지 않고, 조용하고 평안하게 영으로 기도를 합니다. 얼굴이 평안하게 보일 정도로 평안해집니다. 욱욱하게 하는 것은 상처 뒤에 역사하는 악한 영들입니다. 이들이 떠나가고 나면 잠잠해 지면서 평안을 느끼고 영으로 깊은 기도를 합니다.

이렇게 성령의 불을 받는다고 하는 분들이 상처를 많이 가지고 있습니다. 자신의 속에서 떠나보내지 않고 받아들이기 때문입니다. 은혜의 장소에 가서 말씀을 듣고 기도할 때는 충만한 것 같습니다. 3일만 지나면 갈급해 집니다. 혈기가 나고 괜히 짜증을 많이 냅니다. 심령의 영이 막혀있어서 일어나는 현상입니다. 이런 분들은 절대로 영의 만족을 누리지를 못합니다.

마음의 상처와 상처 뒤에 역사하는 세상신이 영을 압박하기 때문입니다. 치유를 받으려면 호흡을 깊게 들이쉬고 내쉬면서 배에서 나오는 소리로 주여! 주여! 주여! 를 한 5분만 하면 영의통로가 뚫리기 시작하는 것을 본인이 느끼게 됩니다. 성령의 임재를 지속적으로 받았기 때문에 영의통로를 뚫기가 쉽습니다. 그런데 보통 이런 분들이 자아가 강하여 주여! 주여! 주여! 하면서 기도를 하지 않습니다. 몸을 움츠리고 으으으 하면서 자신만이 인정해주는 성령의 불을 받았다고 믿기 때문입니다.

자신이 성령의 불을 받는 방법을 터득하여 그대로 행동합니다. 이런 분은 좀처럼 변화되지 않습니다. 자아가 강하기 때문입니다. 제가 지금까지 십 년이 넘도록 성령 사역을 하면서 나름대로 체험한 결론에 의하면 영의통로를 뚫어야 되는 분들은 이렇습니다. 기도할 때나 안수를 받을 때 몸이 뜨거워지면서 경직이 되는 성도입니다. 기도를 하루라도 쉬면 마음이 갑갑하여 죽을 것 같다고 말하는 분입니다. 기도할 때 몸의 진동이 심하게 나타나는 성도입니다. 방언 기도할 때 몸이 뜨거워지면서 땀을 많이 흘리는 성도입니다. 안수를 받을 때 으으으 하면서 몸이 굳어지고 뜨거워지는 성도입니다. 일어서서 기도하다가 잘 넘어지는 성도입니다. 기도하다가 깜박깜박하면서 의식을 놓는 성도입니다. 기도할 때 뿐이고 돌아서면 갈급한 성도입니다. 다른 성도가 자신에게 조금이라도 거슬리는 말을 하면 분이 나와서 참지 못하는 성도입니다. 예배는 열심히 참석하고 기도는 많이 하는데 항상 심령이 갈급한 성도입니다. 나름대로 신앙생활은 잘한다고 생각하는데 몸의 이곳저곳이 아픈 분입니다. 마음의 상처로 고생하는 분들입니다.

그리고 교회에서나 세상에서 사람들과 대화할 때 머리가 아프다던가. 속이 거북스러운 분들은 영의통로를 뚫어 속에서 불이 나오게 해야 합니다. 이런 분들은 자신의 마음속에서 불이 나오지 않아 영이 약하기 때문에 일어나는 현상입니다. 대화할 때 상대방의 나쁜 기운들이 자신에게 침투하기 때문에 영이 알아차리고 조심하라고 육이 느끼게 하는 것입니다. 이런 분들은 대화할 때 마음으로 호흡을 하여 성령의 역사를 일으켜야 합니다. 그래야 상대방의 나쁜 기운들이 타고 들어오지 못합니다. 대화를 한 후 호흡을 깊게 들이쉬고 내쉬면서 심령을 정화해야 합니다. 그렇지 않으면 나쁜 기운들이 자신 안에서 집을 지을 수도 있습니다. 경각심을 가져야 합니다.

이런 분들은 성령이 충만한 장소에 가서 은혜 받고 기도하면서 영의통로를 뚫어야 합니다. 호흡을 들이쉬고 내쉬면서 배에서 나오는 소리로 주여! 주여! 주여! 를 지속적으로 하면 기침이 나오면서 영의통로가 열립니다. 체험 있는 사역자의 도움을 받는 것이 빠릅니다. 사역자가 안수할 때 이렇게 하시기를 바랍니다. 피사역자의 머리에 한 손을 올리고, 다른 손은 등 뒤에 올립니다. 피사역자에게 지시를 합니다. 호흡을 들이쉬고 내쉬라고 말입니다. 최대한 방광이 있는 곳이 부풀어 오르도록 호흡을 깊게 들이쉬게 합니다. 호흡을 들이쉬고, 내쉬고 하면서 한 3분 동안 기다리면 웬만한 성도는 모두 영의통로가 뚫립니다. 영의통로가 뚫리면 더러운 것들이 나오므로 사전에 꼭 휴지를 준비해야 합니다. 말로 표현 할 수 없도록 많은 오물들이 나옵니다.

피사역자의 마음 안에 있는 영으로부터 권능이 올라오니 더러운 것들이 밀려서 나오는 것입니다. 이렇게 몇 번만 하면 영의통로가 열려서 깊은 영의기도가 됩니다. 마음이 평안해집니다. 구습이 변합니다. 말로 표현 할 수 없는 평안이 올라옵니다. 우리는 성령의 불이 심령에서 올라오게 해야 합니다. 그래야 영적으로 변합니다. 영의 만족을 누리게 됩니다. 성령의 불이 심령에서 올라와야 예수님의 성품으로 변합니다. 영의통로가 뚫리니 영의 만족을 찾아 방황하지 않습니다.

분명하게 성령의 불은 받는 것이 아닙니다. 물론 처음에는 성령을 받아야 합니다. 그러나 성령이 장악하면 자신의 영 안에서 성령의 불이 나오는 것입니다. 자신의 영 안에서 성령의 불이 나오도록 영성을 깊게 해야 합니다. 예수를 믿고 성령으로 거듭난 성도는 바르게 알고 바르게 행해야 합니다. 명확한 근거도 없는 샤머니즘적인 용어에 속지 말고 바르게 체험하기 바랍니다. 무엇이든지 받아들이지 말고 말씀으로 분별해 보는 습관을 들이시기를 바랍니다. 마귀는 어찌하든지 성도들을 속이려고 합니다.

그것도 하나님의 말씀과 성령의 역사를 교묘하게 위장하여 침투합니다. 분별력을 길러야 합니다. 성도는 하나님의 말씀과 바른 성령 체험을 하면 변하게 되어 있습니다. 무엇이든지 열매를 보시기를 바랍니다. 아무리 뜨거운 불을 받았다고 할지라도 구습이 변하지 않으면 분별의 대상입니다. 무엇인가 잘못된 것이 있다는 것입니다. 수준을 높이시기를 바랍니다.

14장 관심과 의식이 바뀌어야 한다.

(고전 2:10-11)"오직 하나님이 성령으로 이것을 우리에게 보이셨으니 성령은 모든 것 곧 하나님의 깊은 것까지도 통달하시느니라. 사람의 일을 사람의 속에 있는 영외에 누가 알리요, 이와 같이 하나님의 일도 하나님의 영외에는 아무도 알지 못하느니라"

하나님은 자신의 관심에 따라서 역사하십니다. 특별하게 관심이 중요합니다. 영적인 관심이 없으면 가계의 저주에서 해방될 수가 없습니다. 영적인 면에 관심이 있으니까, 영적으로 변하는 것입니다. 가계의 저주가 흐를 수 있다는 것을 알 수가 있는 것입니다. 그래서 사전에 영육의 문제를 예방할 수가 있는 것입니다. 남편이 부인에 대하여 관심을 가지니까, 부부관계가 회목해지는 것입니다. 부인도 마찬 기지입니다. 자녀들에게 관심을 가지니까, 자녀들이 바른 길을 가게 됩니다. 특별하게 영적인 면은 관심이 아주 중요합니다. 더 특별하게 가계의 저주를 자신의 대에서 해결하려는 관심이 중요합니다. 관심을 가지니까, 가계의 저주가 해결이 되는 것입니다.

요즈음 보수적인 교회에서는 가계의 저주에 대하여 관심밖에 두고 있습니다. 예수를 믿었으니 혈통의 문제와 상관이 없다는 이론적인 원리를 믿은 연고입니다. 물론 인간적으로 말씀을 해석하면 맞습니다. 그러나 성령께서 열어주시고 깨닫게 하시는 영의 눈으로 보면 나르다는 것을 금방 알아차릴 수가 있습니다. 그래서 어느 정도 은혜를 받았다고 하면 보이는 열심으로 신앙의 수준을 평가합니다. 많이 알고 열심히 하면 믿음이 좋다는 것입니다. 그런데 열심히 해도 성령의 지배를 받지 않으면 여전하게 세상 신에게 고통을 당하면서 살아간다는 것을 알아야 합니다. 자신은 열심히 믿음생활하고 있고 이론적으로 많이 알고 있어 믿음이 있는 것으로 알고 믿어 버립니다. 이렇게 영적으로 깨어나지 못한 성도들 역시 관심을 가지지 않고 믿음 생활하다가 생각하지도 않은 어느 날, 공부 잘하고 믿음생활 잘하고 말을 잘 듣던 사랑하는 자녀가 영적이고 정신적인 문제로 쓰러집니다. 그때야 이리 뛰고 저리 뜁니다. 자세하게 알고 보니 자신의 선친 중에 그런 문제로 사람노릇을 하지 못하고 살아가 돌아간 사람이 있었다는 것을 발견합니다.

해결하려고 인간적인 노력을 다해도 그렇게 쉽게 해결이 되지 않습니다. 사전에 관심을 가졌더라면 얼마든지 예방할 수가 있었는데 담임목사의 말을 철석같이 믿고 믿음 생활을 하다가 보니 자녀가 그렇게 된 것입니다. 이런 분들의 믿음 생활이 영적이지 못하고 혼적인 믿음으로 견고하게 되어 쉽사리 영적으로 바뀌지를 않습니다. 치유를 한다고 해도 이성적인 치유를 받겠다고 하나 치유가 될 턱이 없습니다. 상당한 기간 동안 고통을 당하다가 성령으로 체험하고 서서히 영적인 면에 눈이 뜨이기 시작을 합니다. 그러나 때는 늦었습니다. 이미 자녀는 상당히 깊은 곳까지 문제가 장악을 하여 쉽사리 해결이 되지 않습니다. 부모님이 목사가 되어도 천일을 철야를 해도 해결이 안 됩니다. 반드시 성령의 역사가 장악하고 지배를 해야 해결되기 시작을 합니다. 관심이 이렇게 중요합니다. 목사 한 사람의 말이 성도들을 죽이기도 하고 살리기도 합니다. 성도들은 담임목사의 말을 하나님의 말씀으로 듣고 행하기 때문입니다.

어느 목사님의 이야기를 읽어보시기를 바랍니다. 어느 날 젊은 나이에 7년간 역술을 했었다는 육십 대 중반의 목사님이 저를 찾아 왔습니다. 아버지는 저를 만날 때까지 역술을 하고 계신다고 말했습니다. 그런데 30대 초반에 영적인 세계를 알게 되어 역술을 포기하고 예수를 믿었다고 합니다. 예수 믿고 은혜를 받아 신학을 하면서 ○○에서 목회를 시작했다고 합니다. 그런데 영적인 면에 무지한이었습니다. 예수를 믿었으니 가계의 저주는 없다고 하면서 무시하고 목회를 했습니다.

그런데 젊은 나이에 역술을 했던 영향으로 성도들의 심령을 읽고 예언을 잘해준 덕에 교회가 부흥을 했습니다. 그래서 교회를 건축하고 800여 명이 되기까지 교회가 부흥 했다고 합니다. 그런데 문제는 목사님이 그때까지 역술의 죄악을 통해 역사하는 귀신을 쫓아내기 위한 영적인 활동을 전혀 하지 않은 것입니다. 목사님은 그냥 목사가 되어 목회를 하면 자동으로 역술을 했던 모든 죄악이 사해지는 줄로 믿고 알고 있었다고 합니다.

그러므로 제가 평상시에 항상 강조하는 말은 세상을 살아가다가 어느 계기를 통하여 예수를 믿었으면 믿기 전의 영적인 문제를 해결하는 적극적인 영적조치를 해야 한다는 것입니다. 영적인 조치란 이런 것입니다. 먼저 자신에게 영적인 문제가 있다는 것을 인정해야 합니다. 이 영적인 문제는 성령 하나님만이 해결하실 수 있다는 것을 알고 믿는 것입니다. 그래서 본인이 마음을 열고 영적인 문제를 해결하려는 마음의 결단을 해야 합니다. 영적인 문제를 치유하려면 첫째, 본인의 의지를 발동시켜야 합니다. 의지란 본인이 영적인 문제를 해결하겠다는 마음입니다. 그리하여 본인이 의지를 발동하게 하여 성령세례를 받는 것이 제1의 원리입니다. 그 다음에 말씀과 성령으로 내적 치유하는 것이 제2의 원리요, 귀신을 축사하는 것이 제3의 원리입니다. 그리하여 생각이 바뀌고 마음이 감동되는 가운데 믿음이 생기고, 본인의 의지가 발동되어서, 몸이 움직여지고 행동으로 옮겨지는 과정을 거쳐야 합니다. 이 영적 원리는 모든 것에 적용됩니다.

그런데 이 영적인 면에 둔하였던 목사님이 영적인 치유를 받지 않고 계속 목회를 한 것입니다. 그러다가 50대 후반이 지나면서 서서히 악한 영의 역사가 일어나기 시작하더니 급기야는 강단에서 말씀을 전하다가 간질증상으로 쓰러진 것입니다. 그런 모습을 본 성도들이 모두 교회를 떠나 버렸습니다. 더는 목회를 할 수 없게 된 목사님은 교회를 매매하고 나서 신도시에 상가를 분양하여 목회를 다시 시작하려 했지만 이번에도 목사님의 영적인 문제로 인하여 성도가 모이지를 않게 되어 결국 목회를 포기하고 말았습니다. 대전과 서울에 있는 치유 장소를 각각 1년간 다녀보았지만 치유되지 않던 차에 국민일보 광고를 보고 저희 교회로 저를 찾아오신 것입니다. 그리하여 한 8개월 정도 영적인 말씀과 성령의 역사를 체험 한 후 드디어 치유가 된 것입니다.

그때 목사님이 오신 첫날부터 정말 성령의 역사에 의하여 귀신들이 소리를 지르면서 말도 못하게 많이 떠나갔습니다. 노인 목사님이 막 악을 쓰고 발작을 하고 토해내고 하면서 귀신들이 떠나갔습니다. 자신이 치유가 되는 것을 체험적으로 느낀 목사님은 사모님까지 모셔다가 치유를 받게 했습니다. 영적인 문제가 치유가 되고 마음에 평안이 찾아오자 목사님은 저에게 이렇게 간증하셨습니다. 저처럼 영적인 분야에 전문적인 지식이 있는 사역자를 좀 더 젊어서 만났더라면 정말 큰 목회를 했을 것이라고 말입니다.

그런데 문제는 목회에만 있는 것이 아니었습니다. 목사님에게 두 딸이 다 40이 넘도록 결혼 하지 못하고 있다는 것입니다. 딸들은 자꾸 결혼의 길이 막히자 이제는 아예 결혼을 포기한 상태라고 했습니다. 그런데 강력하게 대물림을 끊고 악한 영을 축사한 결과 막혔던 결혼의 길이 열리면서 곧바로 결혼하게 되었다고 합니다. 그리고 목사님도 다시 목회를 시작하였는데 교회가 부흥되고 있다는 것입니다.

그러므로 방심은 금물이라는 것입니다. 분명히 예수를 믿으면 모든 것이 해결 됩니다. 그런데 자동으로 해결되지는 않습니다. 앞에서도 설명한 것 같이 본인이 인정하고 말씀과 성령으로 찾아내어 회개하고 끊어내고 축사 한 후 지속적으로 성령 충만한 생활을 해야 과거에 본인이나 조상들이 범한 영적인 죄악들이 해결되는 것입니다. 왜냐하면 사람은 육이 있기 때문입니다. 예수를 믿으면 영은 살아나지만 육은 아직 거듭나지 못한 상태이기 때문입니다. 육이 거듭나지 못한 상태이기 때문에 그 육에서 옛 사람의 주인이던 마귀가 역사하는 것입니다. 지금도 교회에는 앞에 말씀드린 목사님과 같이 영적인 면에 무지하여 이유를 모르고 환란과 풍파를 당하는 성도들이 많이 있습니다. 빠른 시간 내에 자신의 문제의 원인을 찾아 치유하는 모두가 되시기를 바랍니다. 절대로 요행은 금물입니다.

다윗이 왕을 할 때에 이스라엘 나라에 3년 기근이 찾아왔습니다(삼하 21:1-6). 다윗이 하나님께 기도하니 사울과 기브온 사람들과의 앙금으로 기근의 문제가 발생했다고 알려주셨습니다. 그래서 다윗이 기브온 사람들을 찾아서 사울의 집안과 기브온 사람과의 앙금을 풀자, 비가 왔다는 것을 명심하시기 바랍니다(삼하21:9-14). 이는 그냥 예수 믿고 기도만 한다고 문제가 해결되지 않는다는 것을 직접적으로 보여 준 결과입니다. 이와 같이 적극적인 방법으로 속히 해결하여 하나님의 복을 받으시기를 바랍니다.

다른 목사님의 경우입니다. 이 목사님은 관심을 가져서 저주문제를 사전에 해결하셨습니다. 조상의 무당의 영으로 고생하다가 치유 받은 목사님의 이야기입니다. 이 목사님은 성령의 역사를 인정하는 ○○○ 교단에서 목사 안수를 십 년 전에 받으시고 교회를 개척하여 십년 째 목회하시는 목사님이십니다. 우리 교회에 치유받으러 오신 이유가 이렇습니다. 자신은 잘 모르는데 이상하게 사람들 앞에 서서 칠판에 글씨를 쓰려고 하면 오른 손이 떨려서 글씨를 쓸 수가 없다는 것입니다. 사람들이 없을 때는 조금 나은데 성도들 앞에만 서면 오른 손이 떨려서 글을 쓸 수가 없었다는 것입니다. 그래서 무슨 원인인가를 알고 치유를 받으려고 지난 10여 년 동안 이곳저곳 성령의 역사가 있고 치유하고 축사하는 곳이라면 안 가본 곳이 없을 정도로 다니셨다고 합니다.

그러다가 소문을 듣고 우리 교회에 오신 것입니다. 그래서 상담을 요청하여 저에게 사정을 이야기 하셨습니다. 그래서 제가 성령님에게 물었습니다. 대관절 이 목사님이 무슨 이유로 사람들 앞에서 서서 칠판에 글씨를 쓸 수가 없었습니까? 하고 질문하였더니 성령께서 감동을 주시기를 조상 중에 무당이 있었는가 물어보아라, 그래서 목사님 가정에 혹시 무당과 관련된 분이 있거나 목사님이 어렸을 때에 무당에게 간적이 없습니까? 하고 질문을 했습니다. 그랬더니 목사님이 한참 기도를 하시더니 이렇게 대답을 했습니다.

아주 어렸을 때에 외할머니가 무당이라 자신이 아프면 어머니가 데리고 가서 기도를 받고 어깨에도 손을 자주 얹어 기도를 받았다는 것입니다. 그래요, 내가 나사렛 예수 이름으로 명하노니 대물림되는 무당의 영은 정체를 밝힐지어다. 했더니, 오른 손을 마구 흔드는 것입니다. 마치 TV에 나오는 무당이 굿거리 하는 장면같이 손을 마구 흔들어 댔습니다. 그래서 이제 내가 예수 이름으로 명하노니 혈통을 타고 들어온 무당귀신의 대물림의 줄은 끊어질지어다. 이제 내가 예수 이름으로 명하노니 혈통을 타고 들어온 무당귀신은 묶음을 풀고 나올지어다. 했더니 이 목사님이 한참 괴성을 지르시더니만 입에서 맑은 물을 막 토하면서 귀신이 떠나가는 것이었습니다.

이렇게 하기를 이틀 동안 했습니다. 그리고 목사님에게 물어보았습니다. 지금도 사람들 앞에 서면 손이 떨립니까? 목사님이 웃으시면서 지금은 그렇지 않습니다. 정말 이 문제 때문에 제가 고생을 많이 했습니다. 목사님 감사합니다. 하고 치유 받고 가셨습니다. 여러분 방심은 금물입니다. 제가 사역할 때 장로, 안수집사, 권사 할 것 없이 대물림되는 무당의 영으로 고통을 당하다가 치유 받고 간 성도가 많은 수입니다. 나는 권사이기 때문에 나는 장로이기 때문에 해당이 없다. 귀신이 장로나 권사나 목사를 보면 무서워서 도망간다. 천만에 말씀입니다. 자아는 의를 이루지 못합니다. 말씀과 성령의 역사로 자신을 성찰하는 시간을 가지시기를 부탁합니다. 자신에게도 대물림되는 문제가 있을 수 있다고 인정하시고 성령으로 찾아내어 치유하시기를 바랍니다.

그런데 많은 그리스도인들은 영적인 것에 별로 관심을 두지 않고 있습니다. 교회에서 목사님이 시키는 일만 하면 되지 굳이 영적인 것에 관심을 가져 어려움을 자초할 필요가 없기 때문입니다. 주일에 교회에 출석하고 헌금하고 맡겨진 부서에서 봉사하면 그것으로 다 된 것이지 괜히 관심을 가져 봤자 고달픈 일만 생기고 부담만 늘어날 것이라고 생각합니다.

교회에 출석하는 것만으로도 많은 부분을 희생하는 데 게다가 영성에 관심을 가지면 기도도 해야 하고 은사를 받으면 귀찮은 일도 많아지고 무엇보다 훈련을 받아야 하는 데 그것이 겁이 나고 자신이 없기 때문에 그렇다면 아예 관심을 가지지 않는 것이 더 좋을 것이라고 생각합니다. 헌신하지 못할 바에야 눈 딱 감고 사는 것이 편하지요. 그리고 지금 살고 있는 현실만으로도 충분한데 굳이 사서 고생할 필요가 없다는 것입니다.

좋은 교회에 출석하고 다양한 프로그램을 즐기고 성도들과 즐겁게 교제하면서 주신 은혜를 누리고 살면 그만이기 때문에 영성에 관해 관심을 가지는 것은 또 다른 부담만 갖는 것으로 생각합니다. 전문 사역자가 될 것도 아닌데 굳이 어려운 영성에 관심을 가지는 것은 헌신도 하지 못하는 입장에서 괜히 부담만 지게 된다고 생각하고 있습니다.

지식적인 만족 즉 새로운 것을 알게 된, 지적 기쁨을 누리는 것만으로 만족하고 맙니다. 그 이상으로 나아가는 것은 두렵고 용기도 나지 않아 적당하게 거리를 두려고 합니다. 그런데 이것은 우리 개인의 생각이고 하나님의 생각은 우리와 다르다는 것을 알아야 합니다. 하나님은 하시고자 하는 일을 행하십니다. 하나님이 자신에게 영적 관심을 가지게 하심은 영적인 일에 쓰기 위해서 입니다. 영적으로 쓸모 있는 사람에게 하나님은 그 마음에 관심을 불어넣습니다. 관심은 행동을 만들어내고 행동은 전문가로 이끌게 합니다.

하나님이 자신에게 영적 관심을 가지게 하심은 자신을 영적인 일에 관여하게 하기 위함이지요. 영에 속한 사람이 영적인 일에 관심을 가지게 됩니다. 육에 속한 사람은 아무리 영적인 일에 관심을 가지게 하려 해도 되지 않습니다. 오직 육적인 것에만 관심이 있습니다. 설령 그가 신학을 하고 목회자가 되어도 여전히 육에 관한 것에만 관심을 가집니다.

겉모습은 목사이기 때문에 영적인 일을 하는 사람처럼 보이지만, 그 내용은 여전히 육적입니다. 세상 사람들이 추구하는 것을 그대로 추구하고 즐깁니다. 돈을 사랑하고 출세하기 위해서 갖은 노력을 다하고, 교회를 치장하는 일에 관심이 많으며, 화려한 가운을 입고, 외모를 꾸미는데 관심이 많습니다. 교회는 주로 행사 위주로 하고 각종 친목회에 가입해서 항상 분주합니다. 거룩한 일보다는 세속적인 일에 관심이 많습니다. 목회자들끼리 모여도 나누는 이야기는 세상에 관한 것들입니다. 골프에 관한 이야기, 맛있는 음식에 관한 이야기, 정치 이야기, 연예가 이야기 등등입니다. 교회는 외형적 성장에만 관심이 있고 헌금과 주일 성수에 대해서 매우 민감합니다. 항상 대우가 더 좋은 교회로 옮겨갈 생각만 합니다. 그래서 여러 가지 학위를 얻고 학위 수여식을 거창하게 하여 이웃 교회 목회자들에게 자신을 자랑합니다. 이렇게 육적인 일에만 관심을 가지고 세속적인 방법으로 교회를 운영하면서 영적인 일에는 별로 관심이 없습니다.

영적인 일에 쓰임을 받기 위해서 영적인 사람으로 거듭난 사람은 자신이 영적인 일에 관심을 가지지 않으려고 해도 뜻대로 되지 않습니다. 여러 가지 핑계를 대고 회피하려고 하면 할수록 어려운 일만 생깁니다. 이런 까닭은 하나님이 영적인 일에 관심을 가지고 하나님의 뜻을 발견하고 헌신하게 하려 하기 때문입니다. 계속 거부하면 하나님은 그 뜻을 다음 세대로 넘깁니다. 자신의 자녀에게 그 일을 넘기는 것이지요. 그리고 그 불순종에 대한 책임을 묻게 됩니다.

부모가 영적인 일을 거부함으로써 자녀가 그 일을 이어받게 됩니다. 그런 자녀는 보다 강력하게 압박을 받게 될 뿐만 아니라 부모의 불순종으로 인해서 온 징벌까지 넘겨받게 되는 것입니다. 그러므로 영적인 일을 하더라도 그 결과로 얻게 되는 보상이 별로 없습니다. 즉 어려운 일을 맡게 된다는 것입니다. 우리는 부모의 순종으로 그 자녀가 영적인 일을 아주 편하게 그리고 큰 규모로 하는 것을 주변에서 봅니다.

같은 목회를 하더라도 부모가 순종하였던 자녀는 목회가 순조롭고 부흥도 잘 됩니다. 그러나 그런 배경이 없는 목회자는 어려움을 많이 당하고 부흥도 쉽게 되지 않습니다. 그것은 부모의 불순종 때문입니다. 부모 형제가 하나님에게 헌신한 배경이 없는 사역자는 그 사역이 힘들고 거칩니다. 이것이 하나님의 법칙입니다. 그러므로 하나님에게 어떻게 헌신하고 순종했느냐에 따라서 자신의 자녀의 삶이 결정되는 것입니다. 자녀에게 하나님의 축복을 물려주려면 순종해야 합니다.

사람들은 자녀에게 좋은 교육을 시키고 남보다 더 출세하게 하려고 많은 투자를 아끼지 않습니다. 그런데 그 복을 주시는 분이 하나님이라는 사실을 별로 절실히 인식하지 못합니다. 하나님에게 자신이 순종하면 자녀가 복을 받게 되며, 불순종하면 자녀가 고통을 당한다는 것을 제대로 알지 못하고 있는 것입니다. 하나님의 복은 그냥 얻어지는 것이 아닙니다. 심는 데로 거두는 법칙이 적용됩니다. 영적인 일에 쓰여질 사람이 그 일에 헌신하지 않으면 복이 변하여 화가 됩니다. 영적인 일에 관심이 생기면 이는 자신이 영에 속한 사람이라고 생각하고 영적 지식을 갖추고 하나님의 뜻을 파악하려는 노력을 해야 합니다.

영적인 일은 다양합니다. 단순히 목회 하나로만 단정하지 마십시오. 목회는 수많은 영적 사역 가운데 한 가지일 뿐입니다. 비록 사업을 하더라도 영적인 생각을 가지고 하는 사람이 있고 세속적인 생각을 가지고 하는 사람이 있습니다. 세속적인 사람은 돈을 버는 일에만 관심이 있습니다. 사업하는 목적이 오로지 돈 버는 것만을 목적으로 합니다. 그러나 영적인 사업은 그 사업을 통해서 하나님의 뜻을 드러내는 것입니다. 그리고 돈을 버는 것도 하나님의 일을 하기 위해서 입니다.

전문직을 가지는 경우도 세속적인 사람은 출세와 돈을 버는 일에만 관심이 있지만, 영적인 사람은 그 일로 인해서 혜택을 받게 될 사람에 대해서 관심을 가집니다. 육에 속한 사람은 자리와 돈에 관심이 있지만 영에 속한 사람은 일과 사람에 관심이 있습니다. 영적인 일은 사람을 다루는 일입니다. 영적인 일은 하나님이 우리 가운데 어떻게 일하고 계시는지를 알기를 원합니다. 그러나 육에 속한 사람은 자신에 관해서만 관심을 가집니다.

영성에 관해서 관심을 가지지 않는 근본적인 이유는 이기심 때문입니다. 영성은 타인을 위해서 자신이 어떻게 봉사하고 헌신할 것인지를 배우는 것입니다. 자신의 출세를 위해서 다른 사람에게 봉사한다면 그것은 영성이 아닙니다. 의사가 돈을 벌려고 환자를 다룬다면 그것은 인술(仁術)이 아니고 단순한 의술이며, 직업인 것처럼 종교적인 일을 할지라도 출세에 관심이 있다면 그 일은 더 이상 영적인 일이 아닙니다. 하나님이 우리를 영적인 것에 관심을 가지게 하심은 봉사를 통해서 하나님의 축복의 길로 들어가게 하려 하심입니다. 이것은 자신뿐만 아니라 자녀를 위한 확실한 투자인 것입니다.

또 영성에 관심을 갖지 않는 이유는 보이지 않고 내세울 수 없기 때문입니다. 성경을 많이 알면 아는 것을 자랑할 수가 있습니다. 영적인 지식을 많이 알면 자랑을 할 수가 있습니다. 은사가 있으면 밖으로 보이기 때문에 다른 사람에게 인정을 받을 수가 있습니다. 그러나 영성은 보이지 않습니다. 자신의 내면에서 일어나는 일이니 보거나 알 수가 없는 것입니다. 그러니 자연히 밖으로 보이는 면에 관심을 많이 두게 되는 것입니다. 그러나 실제로는 영성이 중요합니다. 영성은 자신을 하나님에게 인도하는 축복의 통로이기 때문입니다. 그렇기 때문에 영이 깨어난 성도일수록 영성을 유지하는데 지대한 관심을 갖게 되는 것입니다. 자연스럽게 기도하게 됩니다.

교회에서 목회자가 영성의 중요성에 대하여 주기적으로 강조하여 성도들의 영을 깨우면 성도들이 기도하지 않을 수가 없을 것입니다. 그러나 실상은 교회의 지도자들이 성도들을 보이는 면에 치중하게 유도하므로 영성에 관심을 기우리지 않는 것입니다. 그래서 성도는 목회자를 잘 만나야 되는 것입니다. 성도가 영성이 잘못

되었다고 목회자에게 핑계를 댈 수가 없는 것입니다. 자신의 영은 자신이 지켜야 하기 때문입니다. 자신의 영의 축복을 위하여 영성에 지속적인 관심을 가져야 합니다.

관심도 중요하지만 문제를 해결하고 말겠다는 의식이 중요합니다. 필자가 가계의 저주로 고통을 당하는 분들을 상담하면서 치유를 하다가 보니까, 이런 문제들이 있었습니다. 자신의 문제를 해결하는 것에 관심을 갖지 않고 집중하지 않는다는 것입니다. 조금 은혜를 받으면 다된 것으로 생각하고 다른 곳에 관심을 둔다는 것입니다. 성령은 자신을 보도록 역사하십니다. 귀신들은 다른 사람을 보게 합니다. 무슨 이야기인가하면 하나님은 자신 먼저 가계의 문제를 해결하고 다른 사람들을 돌보면서 전도하기를 원하십니다. 하나님의 관심은 자신입니다. 자신이 먼저 되라는 것입니다. 자신이 되고 다른 곳에 관심을 두라는 것입니다. 하나님은 자신이 먼저 천국이 되고, 가정을 천국 만들기를 원하십니다. 가정이 천국이 된 다음에 유형교회에서 전도도 하고, 다른 이들을 돌보기를 원하십니다. 그리고 세상으로 나가서 자신이 예수님을 믿고 축복받은 사실을 자랑하면서 전도하기를 원하십니다. 영적으로 보면 바른 인도입니다.

절대로 가계의 저주에서 해방되게 해달라고 열심히 봉사하고, 전도하고, 헌금해도, 저주에서 해방되게 역사하시지 않습니다. 무엇을 하면 하나님께서 문제를 해결하여 주신다는 논리는 샤머니즘의 논리입니다. 하나님께서 원하시는 사람으로 변화되어야 합니다. 그리고 하나님께서 하라는 대로 순종할 때 문제가 해결이 되는 것입니다.

그런데 귀신들은 자신에게 관심과 집중을 하지 못하도록 역사합니다. 자신의 혈통의 문제도 해결되지 않은 성도가 다른 사람들에게 전도한다고 돌아다닌다는 것입니다. 돌아다니다가 보니까, 자신의 처지보다 다른 사람의 처지가 더 불쌍하게 보이니까, 자신의 문제해결은 뒷전으로 생각합니다.

그러니 10년이 되어도 자신의 가계의 문제가 해결이 되지를 못합니다. 필자의 말은 먼저 자신의 가계의 저주를 해결하는 것이 관심을 가지고 집중하라는 말입니다. 그래야 하루라도 빨리 가계의 저주에서 해방될 수가 있습니다. 관심과 집중이 가계의 저주를 해결하는 것입니다. 관심과 집중에 귀신들이 떠나간다는 것입니다. 관심과 집중이 영적으로 변화된다는 것입니다. 봉사한다고 돌아다니고 전도한다고 돌아다니다가 보니 자신을 보지 못하고 치유의 시기를 노치는 것입니다. 많은 가계의 저주로 고통당하는 성도들이 이렇게 믿음 생활을 합니다. 다른 사람을 전도하고 돕는 다고 가정생활을 팽개치고 다닙니다. 이런 이유는 귀신들이 그렇게 하도록 역사한다는 것입니다.

영적으로 되지도 않았는데 경찰서 유치장에 전도하려 다니고, 무당집에 전도하러 다니고 노방 전도하러 다닙니다. 그들이 불쌍하게 보이기 때문입니다. 가계에 역사하는 귀신이 그런 마음을 주는 것입니다. 절대로 성령의 인도가 아닙니다. 성령님은 자신을 먼저 하나님의 나라를 만들기를 소원하십니다. 자신이 성령으로 충만하지 않으니 많은 영적인 존재들이 자신에게 침입을 합니다. 필자는 경찰서 유치장에 전도하러 다니다가 우울증에 걸려서 사람노릇을 못하는 권사를 치유한 체험이 있습니다. 그리고 무당집에 방비 없이 전도하러 다니다가 남편의 사업이 부도가 나고, 사는 집이 경매에 두 번이나 당한 집사도 치유한 체험이 있습니다. 모두 선친들이 무당이나 재주나 우상을 숭배한 가계였습니다. 자신의 문제를 먼저 치유하는 것이 하나님의 뜻입니다. 자신의 가계에 흐르는 문제를 치유하는 일에 관심을 집중하라는 것입니다.

우리는 창세기에 나오는 아브라함과 야곱과 요셉, 그리고 출애굽기에 나오는 모세와 사무엘상에 나오는 다윗을 생각하면 쉬울 것입니다. 모두 광야에서 하나님만을 바라보게 하여 하나님께서 원하시는 영적인 수준으로 바꾸셨다는 것을 깨달아야 합니다. 하나님은 먼저 자신이 하나님의 소유가 되기를 원하십니다.

저는 이런 전화를 종종 받습니다. 목사님! 저희 어머니는 젊은 시절에 전도도 열심히 잘했고, 교회 봉사도 열심히 하셨는데 어느 날부터 이상한 행동을 하시다가 지금은 정신을 차리지 못하여 요양병원에 입원하여 생활한 것이 2년이 되었습니다. 그러면 필자가 질문을 합니다. 외할머니는 어떠했습니까? 외할머니도 정신 줄을 놓고 변과 오줌을 가리지 못하시다가 73세에 돌아가셨다고 들었습니다. 그러면 어머니 하고 똑 같은 증상으로 고생하셨다는 것이 내요. 예! 맞습니다. 이분 역시 자신의 문제를 해결하려고 관심을 갖지 않고 다른 사람들을 관심을 두다가 친정어머니하고 똑같은 삶을 사신 것입니다. 자신이 먼저 되기 위하여 관심을 가져야 합니다.

15장 적극적인 믿음생활로 전환하라.

(히 5:12-14)“때가 오래 되었으므로 너희가 마땅히 선생이 되었을 터인데 너희가 다시 하나님의 말씀의 초보에 대하여 누구에게서 가르침을 받아야 할 처지이니 단단한 음식은 못 먹고 젖이나 먹어야 할 자가 되었도다. 이는 젖을 먹는 자마다 어린 아이니 의의 말씀을 경험하지 못한 자요. 단단한 음식은 장성한 자의 것이니 그들은 지각을 사용함으로 연단을 받아 선악을 분별하는 자들이니라”

적극적인 믿음 생활을 하라는 말의 뜻을 잘 이해해야 합니다. 가계저주에서 해방되려고 노력하지 말고, 먼저 자신의 마음 안에 성전이 되는 일을 먼저 하라는 것입니다. 자신 안에 하나님께서 좌정하여 주인 되어 천국이 되면 가계저주에서 해방되는 것은 문제가 되지 않는다는 것입니다. 가계저주에서 영원히 해방되려면 예수님을 누리는 삶이 되어야 합니다. 그래서 하나님은 말씀과 성령으로 변화되기를 원하십니다. 적극적인 믿음 생활을 하라는 것입니다. 자신이 생명의 말씀과 성령으로 변화되어 성령의 지배를 받으면 가계의 저주는 자동으로 해결이 된다는 것입니다. 그런데 많은 분들이 자신이 변화되는 것은 뒤로하고 저주만을 끊으려고 합니다. 능력자들을 의지하여 가계의 저주를 끊으려고 한다는 것입니다. 그런데 자신이 하나님께서 원하시는 수준에 도달하지 않으면 가계의 저주에서 해방될 수가 없습니다.

첫째, 가계치유 집회 한 두 번 참석하면 된다. 목회자들이나 성도들의 의식이 가계치유 세미나에 참석해야 가계저주에서 해방되는 것으로 알고 있습니다. 바르게 알아야 할 것은 가계치유 세미나에 한두 번 참석하여 치유를 받았다고 가계저주에서 해방되는 것이 아닙니다. 단지 가계저주에서 해방되려면 이렇게 해야 한다고 영적인 원리를 알려주는 것입니다. 자신에게 가계문제 있다는 것을 체험적으로 알게 하는 것입니다. 그리고 원리만 알았다고 가계저주에서 해방되는 것이 아닙니다. 가계저주에서 영원히 해방되려면 성령으로 세례를 받고 성령의 임재가운데 근원을 찾아 적극적으로 해결해야 합니다.

우리 충만한 교회 성도들과 같이 집중적으로 집회에 참석하면서 영적으로 변해야 가계저주로부터 영원히 해방이 가능한 것입니다. 필자는 조상이 심한 우상을 숭배했다든지, 무당의 내력이 있다든지, 절에 스님이 있다든지, 남묘호랭객교나 천리교를 믿는 조상이 있다든지, 하는 분들은 성령이 역사가 있고, 영적인 전문성이 있는 목회자가 목회하는 교회에 등록하여 집중적인 치유를 받으라고 권면을 합니다. 그렇게 해야 가계저주에서 영원히 해방이 될 수가 있습니다. 쉽게 생각하면 영원히 해방을 받을 수가 없을 수도 있습니다. 가계 대대로 고통만 당하다가 생을 마감할 수도 있습니다. 자신 안에 주인이 하나님으로 완전하게 바뀌어야 합니다.

그리고 가문의 여러 가지 영육의 문제가 대물림되는 근본은 악한영의 영향입니다. 악한 영은 실제적인 존재입니다. 그러므로 이 마귀의 저주 대물림에서 해방을 받으려면 예수님의 보혈을 주장하고 초자연적으로 역사하는 성령의 실제 역사를 체험해야 합니다. 그래야 저주하는 마귀가 자신 보다 강한 성령의 역사에 의해 떠나가는 것입니다. 그리고 마귀의 저주가 강하게 일어나 도저히 자신의 능력으로 감당하지 못한다면 성령의 역사가 함께하는 목회자의 도움을 받아가며 권세를 주장하고 끊어내야 합니다.

가문에 이런 것이 성도들에게 있고서야 어떻게 하나님의 축복을 받을 수가 있겠습니까? 이것은 목회 사역을 하는 사람에게는 더욱 치명적입니다. 그러므로 이러한 것으로부터 완전히 자유를 얻어야 합니다. 특히 목회하는 사람들은 이런 세대적 죄악에 대해서 다른 사람들보다 더욱 온전해야 하는 것은 필수적입니다. 그것이 과거의 것이든 현재의 것이든 상관없이 하나님의 신성한 조명등 밑에 놓여 져야 합니다. 그리고 치유를 받으려고 노력해야 없어집니다. 방심은 금물입니다.

둘째, 축귀한다고 축귀했다고 해방되지 않았다. 축귀하고 은사 있으면 능력이 있고 다 된 사람이라고 자만합니다. 얼마 전에 전남지방에서 목회하시는 목회자로부터 전화를 받았습니다. 이분 뿐만이 아니고 이런 안타까운 사정을 가지고 목회하는 목회자가 의외로 많습니다. 모두 영적인 세계를 이해하지 못하고 체험하지 않아서 당하는 고통입니다. 자신의 자녀에게 문제가 있어서 필자의 조언을 구하려고 전화를 한 것입니다. 사정은 이렇습니다. 자신도 축귀를 하는데 자녀는 하지 못하겠다는 것입니다. 아들이 병원에서 조현병라고 하는데 몇 년 동안 치유를 해도 차도가 없고 오히려 점점 더 심해진다는 것입니다. 사모님이 소문을 들으니 귀신을 쫓아내면 아들이 치유가 된다고 했다는 것입니다. 그래서 사모님이 능력이 있다는 목사에게 데리고 가서 축사를 받았는데 오히려 더 심해져가지고 왔다는 것입니다. 그러면서 필자에게 어떻게 하면 아들을 치유할 수 있겠는가 조언을 구했습니다.

필자가 이렇게 대답을 했습니다. 조현병은 정신적인 문제와 영적인 문제와 상처와 스트레스의 문제, 뇌에서 정상적인 도파민과 세로토닌을 분비하지 못하여 일어나는 질병입니다. 이병은 혈통의 흐르는 문제로 일어나는 것이 보통입니다. 정상적인 가계에서 일어날 확률은 1%밖에 안 됩니다. 부계와 모계의 가계의 내력을 점검해보시면 이해가 가실 것입니다. 이병은 사람이 고칠 수가 없습니다. 상담으로도 심리치유로도 고칠 수가 없습니다. 귀신 축사로서도 고칠 수가 없습니다. 오로지 살아계신 하나님께서 환자와 가정을 장악해야 치유가 됩니다. 축사를 하면은 3일은 정상이 되기도 합니다. 그러나 다시 원 위치로 돌아옵니다. 병원에서 약물치유나 심리치유로는 근본을 해결할 수가 없습니다. 성령의 역사가 일어나서 환자의 마음 안에서 일어나 밖으로 나타나는 상태가 되도록 신앙지도를 해야 합니다. 목사님께서 대단한 줄로 아시는 귀신이나 좇아내는 수준을 가지고는 아들을 정상으로 회복시킬 수가 없습니다. 알아야 할 것은 귀신축사는 예수이름으로 명령만 할 줄 알면 귀신은 떠나가기도 합니다. 그러나 근본은 해결이 안 됩니다. 문제는 근본이 해결이 안 되는 것도 알 수가 없다는 것입니다. 왜냐하면 영적인 수준이 약하기 때문에 환자가 벌벌 떨고 소리 지르고 기침하면 귀신이 떠나가는 줄로 착각하는 어린 영적수준이기 때문입니다. 먼저 자신 안에 성전이 견고하게 지어져야 하고, 다른 사람들의 마음 성전을 지을 수 있는 영적인 수준이 되어야 합니다.

목사님께서도 축사를 하신다고 하시는데 귀신을 축사하는 정도의 수준으로는 아들을 치유할 수 없고, 목사님과 가정에 성령의 역사로 장악 되게하는 수준이 되어야 합니다. 목사님의 교회가 몇 년 전부터 어려워졌다고 하셨는데 이 문제 역시 성령이 역사가 일어나지 않기 때문입니다. 성령의 살아있는 역사가 목사님과 사모님과 아들이 장악이 되어야 아들의 문제도 교회의 문제도 해결이 됩니다. 목사님의 마음속의 교회가 견고하게 지어져서 성령의 역사가 밖으로 흘러나오도록 영성을 길러야 합니다. 하나님과 관계가 열려야 합니다. 귀신 쫓아낸다고 다 된 줄로 아시면 문제는 해결이 안 됩니다. 목사님 자신이 성령의 전으로 변화되도록 해야 합니다. 목사님의 마음 안에서 성령이 흘러나오는 수준이되어야 합니다. 왜냐하면 혈통의 문제가 흐르기 때문입니다. 아들과 같이 부모가 함께 치유를 받으면 더욱 빨리 정상이 될 수가 있습니다. 가정이 하나님의 나라가 되도록 하십시오. 말로 하나님의 나라가 아니고, 실제적인 성령님의 역사가 장악하고 일어나야 합니다. 성령님이 가정과 교회의 주인 되고, 지배하는 장소가 되도록 해야 합니다. 하나님은 고치지 못하는 질병이 없습니다.

우리가 알아야 할 것은 일부 분별력이 없는 성도들은 축귀를 하는 교회가 제일로 권능이 있는 교회라고 믿고 있습니다. 축귀를 하면 다되는 줄로 착각을 합니다. 축귀를 하고 은사가 나타나도 심령이 예수 심령으로 변화되지 않으면 헛 것입니다. 축귀 능력과 은사는 육에서 나오는 경우가 많기 때문입니다. 성령을 체험한 사람이면 모두 예수 이름으로 기도할 때 귀신이 쫓겨나갑니다. 축귀를 너무나 어렵게 생각하지 말기를 바랍니다. 성령의 인도를 받고 원리만 제대로 알면 정말로 쉬운 것이 축귀입니다. 그래서 반드시 축귀는 성령의 역사를 통하여 예수 이름으로 해야 합니다. 성령의 역사 없이 완력으로 축귀하는 교회의 성도들은 모두 은혜가 메마를 수가 있습니다. 말씀을 듣고 성령의 인도를 받으면서 축귀를 해야 합니다. 축귀만 하면 평생 축귀를 받아야 합니다. 반드시 심령에 말씀과 성령의 은혜를 채워야 떠나갔던 귀신이 다시 들어오지 못합니다.

그래서 성도들은 영적인 견문을 넓히고 자신이 자신의 영을 지킬 수 있는 권능을 길러야 합니다. 권능 있는 사역자만을 의지하면 절대로 안 됩니다. 축귀의 권능이나 은사는 성령의 열매가 있는 심령에서 나오는 것이라야 합니다. 일부 어린 성도들이 귀신을 쫓아내면 권능이 있는 사람이고 영적으로 깨어있는 사람으로 알고 추종하고 따릅니다. 그러나 우리는 열매를 볼 줄 알아야 합니다. 심령이 변하여 예수 인격이 나오고 옆에만 가도 은혜가 전이되는 심령이 되려고 해야 합니다.

셋째, 구시대적인 차원으로 가계치유를 하는 것. 시대 변화에 대비 못한다는 말입니다. 영에 속한 5차원의 사람이 되려면 영적으로 사고를 해야 합니다. 영적인 사고란 매사를 예수님의 눈과 마음으로 보는 것을 말합니다. 예를 든다면 이렇습니다. 6살 먹은 아이가 귀신이 보인다고 하면서 잘 놀란다는 것입니다. 저녁에 자다가 몇 번씩 깨어서 잠을 제대로 자지 못한다는 것입니다. 그러면서 저에게 이런 경우도 있느냐고 질문을 했습니다. 그래서 제가 이렇게 대답을 했습니다. 집안에 무당의 내력이 있든지, 절의 중이 있다든지, 통일교를 믿었다든지, 우상을 심하게 섬겼든지, '남묘호랭객교'를 믿은 적이 있으면 아이들이 귀신을 보는 경우가 있습니다. 그 가정은 어느 경우에 해당됩니까? 외가 쪽에 무당이 있다는 것입니다. 지금 조치를 어떻게 하고 있습니까? 자기네 목사님이 능력이 조금 있으셔서 저녁마다 아이를 붙잡고 축귀를 한다는 것입니다. 그런데 귀신이 '안 나간다. 못 나간다.'하면서 떠나지를 않는다는 것입니다. 아이만을 붙잡고 축귀를 한다고 귀신이 떠나갑니까? 설령 귀신이 떠나간다고 하더라도 바로 다시 들어옵니다. 어머니하고 함께 축귀를 해야 합니다. 아이가 무슨 죄가 있습니까? 부모의 죄 때문에 아이가 생고생하는 것입니다. 부모의 죄 때문에 잘못하면 아이가 정상적인 생활을 못할 수도 있습니다. 속히 조치를 해야 합니다. 이런 경우는 목사님의 사고가 영적으로 사려 깊지 못하다는 것입니다. 물론 목사 자신은 귀신을 쫓을 수 있는 능력이 조금 있다고 하는데, 제가 상황을 분석해보면 목사님이 실수를 하고 있는 것입니다.

6살의 유아는 부모와 같이 성령을 체험하게 하고 내적치유하며 축사를 해야 합니다. 아이만 잡고 축사를 하니 아이가 얼마나 놀라겠습니까? 이런 경우는 차라리 목사님이 아무런 능력이 없는 것이 오히려 좋습니다. 선무당이 사람을 잡는 것입니다. 아예 못한다고 하면 환자의 부모가 다른 사람을 찾아서 치유할 수가 있는 것입니다. 아이들이 영적인 문제가 있다든지, 질병이 있는 경우는 이렇게 해야 합니다. 제가 그동안 수많은 사람들을 치유하며 체험한 것을 정리하면 이렇습니다. 아이를 치유하려면 먼저 가계력을 살펴야 합니다. 어머니 쪽의 영향인가, 아버지 쪽의 영향인가를 찾아야 합니다. 그래서 아버지 쪽의 영향이라면 아버지하고 같이 치유를 해야 합니다. 반대로 어머니 쪽의 영향이라면 어머니하고 같이 치유를 해야 합니다. 이는 영육의 질병발생 기간이 얼마 되지 않은 경우입니다. 아이가 영육의 질병으로 고생한 기간이 오래되었으면 양쪽부모가 다함께 치유를 받아야 합니다. 그래야 빨리 치유가 될 수가 있습니다.

나이에 따라 치유하는 방법이 다릅니다. 만 6살 이하 일 때 영육의 질병이 발생했다고 한다면 모계의 영향으로 보아야 합니다. 6살이 넘어서 영육의 질병이 발생했다면 부계의 영향으로 보아야 합니다. 치유는 모계의 영향을 받는다면 어머니와 함께 성령세례를 받고, 내적치유를 하면서 치유를 해야 합니다. 반대로 부계의 영향을 받는다면 아버지와 함께 성령세례를 받고, 내적치유를 하면서 치유를 해야 합니다. 부모가 함께 치유를 받으면 금상첨화(錦上添花)입니다. 절대로 아이만 붙잡고 치유하면 백날을 해도 치유되지 않습니다. 어린이는 치유 후에 관리가 중요합니다. 아이들은 영적인 방어능력이 없기 때문에 부모나 목회자가 매일 관리를 해주어야 합니다. 축귀했다고 끝나는 것이 아니지요.

영적인 사역을 하려면 전문가가 되어야 합니다. 축귀를 하더라도 영적인 원리를 적용해야 합니다. 모든 영적인 사역에는 영적인 원리가 있습니다. 무조건 막무가내 식으로 '떠나가라. 떠나가라.' 하면서 귀신만 축사하다가 보면 피사역자가 불필요한 고난을 겪을 수가 있는 것입니다. 영적인 사고가 정말로 중요합니다. 그런데 그렇게 쉽게 영적인 사고로 바뀌지 않습니다. 그래서 성도는 교회를 잘 찾아가야 합니다. 주일날이라도 영적인 말씀을 들으면서 영을 깨워야 삶을 살아가면서 불필요한 고통을 당하지 않습니다. 우리 모두 영적인 사고를 하여 하나님이 예비하여 두신 축복을 모두 받으시기를 바랍니다.

공황장애가 있고, 불안장애가 있는 것은 어렸을 때나 살아오면서 큰 충격이 있었다는 것입니다. 충격을 받을 당시에는 그냥 놀라고 지나칠 수가 있습니다. 그러나 이미 악한 영은 침입 한 것입니다. 침입한 악한 영은 때가 되면 반드시 문제를 일으킵니다. 언제 문제를 일으키느냐 입니다. 학생은 가정에서 학교에서 상처를 많이 받고 스트레스를 많이 받게 되면 고개를 들고 일어납니다. 다행하게 학생 시절을 잘 넘겼다면 사회 생활할 때 슬슬 불안하게 합니다. 밤에 불안하여 잠을 자지 못합니다. 조그마한 일에도 혈기를 잘 냅니다. 잘 놀라게 합니다. 신경과민에 걸립니다. 우울해 합니다. 가슴이 답답하여 기도를 못합니다. 도저히 견딜 수가 없어서 정신 신경을 전문으로 하는 병원에 가서 진찰을 하면 분명하게 병명이 나옵니다. 공황장애나 불안장애나 우울증이나 조울증이라고 합니다. 그러면서 약을 줍니다. 약을 먹으면 약간 안정이 됩니다. 그러나 여전히 불안하여 정상적인 생활을 할 수 없게 됩니다. 정신 병원에 입원해서 치유를 받으면 약 3개월을 입원할 수도 있습니다.

그러나 우리가 알아야 할 것은 정신 신경과 약을 먹으면 치유제가 아니라는 것입니다. 그냥 세로토닌이나 도파민을 조절하여 주는 약입니다. 의사들이 무어라고 하느냐하면 세로토닌과 도파민이 정상 공급이 되지 않아 발생한 질병이라고 합니다. 그러므로 평생 약을 먹어야 합니다.

이를 영적으로 보면 답이 나옵니다. 충격적인 상처를 받고 놀랄 때 악한 영이 침입한 것입니다. 침입한 악한 영은 건강상태가 양호하고 정상일 때는 정체를 드러내지 않고 숨어있으면서 기회를 노리면서 자꾸 충격적인 상처를 받게 합니다. 침입한 당사자 주변에서 문제가 발생하도록 상황을 조성합니다. 생활에서 스트레스와 상처를 받도록 상황을 좋지 못하게 유도합니다. 가정에 불화도 일어나게 합니다. 학교에서 친구들에게 왕따도 당하게 합니다. 직장에서 상사에게 심한 질책을 당하게 하기도 합니다. 여성이면 성폭행도 당하게 합니다. 서서히 체력을 소진하게 하다가 결정적인 순간이 되면 정체를 폭로하는 것입니다. 그러므로 정체가 폭로된 다음에 치유하려면 늦습니다. 정체가 폭로되기 전에 영적인 치유를 하는 것입니다. 성령으로 세례를 받고 내적인 상처를 치유하면 해소가 됩니다.

그러나 공황장애나 불안장애, 우울증으로 정체가 폭로 되었다고 걱정할 필요가 없습니다. 될 수 있는 한 빨리 주변에 정신적인 문제나 영적인 문제를 전문으로 치유하는 사역자에게 가서 치유를 받으면 됩니다. 치유는 귀신만 쫓아내려고 하면 안 됩니다. 성령의 세례를 받게 한 후에 내면의 상처를 치유하고, 성령의 인도에 따라 축귀를 해야 합니다. 귀신만 쫓아내려고 하면 절대로 안 됩니다. 제가 이런 분들을 치유한 경험이 많이 있습니다. 성령의 깊은 임재를 이끌어내어 깊은 차원의 치유를 하면 치유가 되는 것이 보통입니다.

저희 교회에서 매주 토요일 하는 2시간 30분짜리 집중치유를 두세 번만 받으면 어느 정도 안정이 됩니다. 발생한 즉시 치유할 경우입니다. 그러나 이리 저리 다니면서 시간이 경과되면 치유하는데 그만큼 많은 시간이 소요가 됩니다. 초기에 치유를 빨리해야 정상으로 회복시킬 수가 있습니다. 반드시 성령으로 세례를 받게 하고 말씀과 성령으로 내적치유를 한 후에 본격적인 치유를 해야 합니다. 전문적인 치유 기법이 필요합니다. 사역자는 전문성을 길러야 합니다. 환자는 전문적인 치유사역자를 만나야 합니다.

또 다른 상황입니다. 요즈음 중학교 2학년에 다니는 아이들이 불안하다고 학교를 가지 않는 경우가 있습니다. 그러면 부모님들이 혼을 내기도 하고, 달래기도 합니다. 그러나 아이는 학교에 가지 않고 집에서 컴퓨터에 빠지는 경우가 보통입니다. 그래서 은둔

형 외톨이가 되기도 합니다. 이는 태아 때나 유아시절에 상황이 좋지 않아 상처를 많이 받은 경우이거나 집안의 내력이 영적으로 좋지 못한 가정에서 많이 발생을 합니다. 대물림이 되는 경우가 많다는 것입니다. 정상적인 아이가 이런 경우가 되는 경우는 200명 중에 1명 정도 발생합니다. 모두 내면 깊숙이 들어가면 원인이 있다는 것입니다. 고로 영적으로 사고를 하고 진단을 하면 사전에 예방할 수가 있습니다. 반드시 말씀과 성령으로 진단을 해야 정확한 원인을 알 수가 있습니다. 제가 아이들을 안수하고 치유하여 보니까, 초등학교 4학년 이하의 아이들이 치유가 잘 됩니다. 그러므로 이런 정신적인 문제가 조상으로부터 대물림되는 가정은 어린 시절에 치유를 받을 수 있는 교회를 선택하여 다니는 것이 좋습니다. 많은 사람들이 교회만 다니면 되는 줄 알고 믿다가 낭패를 당하는 경우를 많이 봅니다. 이런 문제는 반드시 강한 성령의 역사가 있어야 정신적인 문제를 일으키려고 대기하고 있던 더러운 영이 성령의 역사에 의하여 더 이상 숨어있지 못하고 정체를 폭로하게 됩니다. 이때 치유하면 해결되는 것입니다. 무엇보다도 영적인 사고를 하는 것이 중요합니다. 인생 제반사의 모든 문제는 영적인 사고를 함으로 사전에 해결될 수가 있습니다. 인간의 문제는 영적인 차원에서 발생하기 때문입니다. 성령의 깊은 임재가 있어야 사전에 치유가 될 수가 있습니다.

다른 사례는 부부 불화입니다. 예를 들어 부부불화가 심해서 세상 심리 상담하는 곳에 가서 상담을 받으면 분명한 답이 나옵니다. 성격차이라든지, 성장과정의 문제라든지 등등 분명한 이유가 있습니다. 그래서 그 문제를 해결하려고 노력을 해도 해소되지 않고 오히려 더 악화가 되기도 합니다. 왜 그럴까요? 영적인 문제가 결부되었기 때문입니다. 그래서 영적인 사고를 하여 영적으로 해결을 하려고 해야 원인을 알고 치유할 수가 있습니다. 저는 13년 이란 세월동안 부부문제를 치유하여 왔습니다. 모든 세상 방법을 다 동원하여 치유하려고 해도 해결되지 않다가 말씀과 성령으로 내적치유와 영적치유를 하니 이혼을 했던 부부도 재결합을 하더라는 것입니다. 인간의 문제는 영적인 차원에서 발생하기 때문에 영적인면을 고려하지 않은 치유는 될 수가 없습니다.

그래서 영적인 사고가 중요합니다. 영의 눈을 열어 문제를 예수님의 눈으로 보는 것입니다. 그러면 반드시 영적인 원인이 있다는 것을 알 수가 있습니다. 물론 영적인 방법으로 치유를 하면 시간이 많이 걸리기도 합니다. 어느 분들은 6개월이 걸리기도 합니다. 6개월이 걸리는 이유는 환자를 말씀과 성령으로 변화시키는 시간입니다. 하나님은 영육의 문제나 질병을 치유하실 때 하나님이 원하시는 영적인 수준에 도달될 때 치유하여 주시기 때문입니다. 영적으로 변하면 치유되지 않을 인간의 문제는 아무것도 없습니다. 이는 믿어야 합니다. 인간의 문제는 모두 그림자입니다. 그림자는 내가 변해야 바뀌는 것입니다. 내가 영적으로 바뀌면 문제는 치유되는 것입니다.

가난의 문제도 마찬가지입니다. 하나님의 뜻은 예수를 믿는 성도가 아브라함의 복을 받으면서 하나님의 일을 하는 것입니다. 그러므로 물질이 자꾸 새나간다든지, 사업을 할 때 결정적인 순간에 일이 틀어져 버린다든지, 직장을 자주 옮긴다든지, 돈을 벌기는 벌어도 자꾸 새어 나가서 매달 마이너스 생활을 한다든지, 일을 하기가 싫어서 무의도식을 한다든지 등등의 모든 문제 뒤에는 원인이 있다는 것입니다. 그렇기 때문에 세상 사람들이 이 방법 저 방법 다 동원해도 해결이 되지 않으니 무당을 찾아가는 것입니다. 그러므로 원인은 반드시 영적인 차원에서 진단을 해야 명확한 이유를 찾을 수가 있는 것입니다.

우리가 바르게 알아야 할 것은 예수를 믿는 것은 현세에서도 축복을 받으며 심령천국을 이루기 위함입니다. 한번 생각해보세요. 물질문제로 매일 고통을 당하는데 무슨 심령천국이 되겠습니까? 예수님은 물질문제로 고통을 당하면서 살아가는 것을 좋아하시지 않습니다. 말씀과 성령으로 원인을 찾아 해결하여 물질축복을 받으며 하나님의 나라 확장에 큰일을 감당하기를 원하십니다. 물질문제로 고통을 당하는 분들은 한시라도 빨리 영적인 사고를 하여 원인을 찾아 해결하시기를 바랍니다. 예수님은 우리가 축복을 받으면서 살아갈 때 기뻐하시는 것입니다.

넷째, 금식시키고 금식하는 것. 영적인 문제가 있어도 금식시키고, 정신적인 문제가 있어도 금식입니다. 능력을 받으려고 해도 금식입니다. 교회가 성장이 되지 않아도 금식입니다. 금식이 처방입니다. 어디에서 발원한 근거인지 몰라도 금식만하면 다되는 줄 안다는 것입니다. 만사가 기도하면 된다는 처방처럼 금식을 하고 시키는 것입니다. 제가 체험하고 알고 보니 만사가 기도해서 되지 않고, 금식해서 문제가 해결되지 않았습니다. 먼저 말씀을 드리면 금식은 육성이 강하여 성령의 역사가 반감할 때 하는 것입니다. 금식은 밥만 굶는 것이 아니고 세상을 끊는 것입니다. 영적인 문제가 있어서 능력 있다는 사람을 찾아 가면 금식하라고 한다는 것입니다. 아니 귀신이 금식한다고 떠나갑니까? 절대로 떠나가지 않습니다. 성령으로 세례를 받게 하고 뜨겁게 기도를 해야 합니다. 성령으로 충만한 가운데 성령님에게 질문하여 원인을 찾아서 해결해야 귀신이 떠나갈 조건이 되는 것입니다.

정신적인 문제가 있는 사람들을 금식시키면 타는 불에 기름을 끼얹는 결과가 됩니다. 정말로 주의하지 않으면 안 됩니다. 정확하게 진단하여 조치를 취해야 한다는 것입니다. 어느 여 목사(58세)는 35년간 목회했는데 자신의 마음대로 했답니다. 나이가 들으니 이곳저곳 문제가 생겨서 고통을 당하다가 어느 능력 있고 신령하다는 사람을 찾아갔답니다. 상담을 한 결과 20일간 금식을 하라고 했다는 것입니다. 금식하면서 회개하면 육체의 질병, 물질의 문제, 자녀문제 문제도 해결되고 능력도 나타날 것이라고 했다는 것입니다. 그래서 금식을 하기 시작을 했다는 것입니다. 10일이 지나자 목에서 피가 넘어오고 온 몸이 아파서 도저히 견딜 수가 없었다는 것입니다. 그래도 20일 금식을 하겠다고 하다가 13일째 되는 날 혼절을 했답니다.

병원에 입원하여 검사를 해보니 위궤양이 너무나 심하여 수술을 해야 할 정도라고 하더랍니다. 그래도 믿음으로 기도하여 낫겠다고 저희 교회 소문을 듣고 찾아와서 3개월간 밥 먹으면서 성령으로 세례 받고 치유 받아 건강하게 되었습니다. 물론 안수할 때 능력도 나타납니다. 제가 이분에게 나이가 58세가 되었는데 금식하면 뼈 속에 진액이 다 빠져서 수명대로 살지도 못합니다. 금식해가지고 문제해결하고 능력 받으려는 생각은 애당초 하지도 말라고 했습니다. 그렇다고 금식하지 말라는 것이 아닙니다. 무조건 금식하지 말라는 것입니다. 성령님이 하라고 하면 해야 합니다. 금식이 끝나면 다시 성령체험하면서 성령으로 치유해야 귀신이 떠나갑니다. 그러므로 금식하려고 생각하지 말고 금식하는 것과 같이 하나님에게 집중하며 치유를 받으면 훨씬 빨리 귀신이 떠나갈 것입니다.

다섯째, 사람의 기교로 치유하려는 것. 가계의 저주를 끊는 사역이나 귀신을 축귀하는 것은 성령께서 하시는 것입니다. 많은 축귀 사역자들이 축귀를 자신의 힘으로 하고 있습니다. 인터넷에 올라온 축귀 사역의 동영상을 보면 참으로 가관입니다. 한 사람은 머리와 배를 누르고, 옆에서 다른 사람은 방언기도를 해댑니다. 멀쩡하게 생긴 여성을 이런 식으로 축귀를 합니다. 그렇게 하다가 사람을 죽일 수도 있습니다. 축귀는 그렇게 하는 것이 아닙니다. 정상적인 축귀 사역은 환자가 스스로 찬양하고 말씀을 듣고 기도하도록 사역을 이끌어야 합니다. 그리하여 환자가 성령으로 장악이 되도록 진행해야 합니다. 성령으로 장악된 만큼씩 축귀를 하는 것입니다. 성령이 장악을 하도록 여유를 가지고 기다려야 합니다. 배를 누르고 머리를 압박하면서 예수 피, 예수 피하면서 소리를 지르고, 방언기도를 해댄다고 귀신이 절대로 떠나가지 않습니다. 어디에서 누구에게 그렇게 하라고 축귀사역에 대한 지도를 받았는지 참으로 한심하고 가관입니다.

귀신역사가 심한 환자는 최대한 본인이 의지를 발동하도록 해야 합니다. 그래서 안수를 하여 성령님이 장악을 하도록 해야 합니다. 사역자에게 역사하는 성령을 환자에게 전이시켜야 합니다. 환자에게서 성령의 역사가 일어나게 해야 합니다. 저는 환자에게 호흡을 들이쉬고 내쉬면서 배에서 나오는 소리로 주여! 주여! 를 계속하게 합니다. 주여! 주여! 를 못할 정도가 되는 환자는 축귀가 되지 않을 뿐만 아니라, 축귀가 되어도 귀신이 다시 들어갑니다. 어찌하든지 축귀 사역자는 환자가 성령으로 장악이 되도록 인도를 해야 합니다. 그리고 성령이 역사할 때까지 기다려야 합니다. 그래서 많이 해보아야 하고 전문가가 되어야 합니다.

저의 경우 아무리 강하게 귀신에게 묶인 환자라도 1시간 정도 성령의 임재가 되도록 안수하고 환자에게 호흡을 들이쉬고 내쉬면서 기도하게 하니 모두 장악이 되고 축귀가 되었습니다. 축귀만 되면 다되는 것이 아닙니다. 환자가 찬양하고 말씀 듣고 기도하여 영이 자라도록 해야 합니다. 스스로 자신의 영을 지킬 수 있도록 지도해야 합니다. 환자가 스스로 성령으로 기도하도록 지도해야 합니다. 환자를 하나님의 군사가 되도록 지도해야 합니다. 시간이 걸립니다. 가계저주를 끊는 사역과 축귀하는 사역자들이여! 무식한 사역하여 사람들에게 혐오감이나 거부감을 주지 마시기를 부탁합니다. 능력 있는 척도 하지마세요. 성령님이 능력이 있지 어찌 자기가 능력이 있습니까? 자신이 없으면 사역하지 마세요. 선무당이 사람을 잡습니다.

4부 가계를 정리하는 적극적인활동

16장 가계저주는 자신의 관심으로 해방된다.

(출34:7)“인자를 천대까지 베풀며 악과 과실과 죄를 용서하리라 그러나 벌을 면제하지는 아니하고 아버지의 악행을 자손 삼사 대까지 보응하리라”

영적인 일은 관심이 중요합니다. 관심이 있어야 보이지 않은 영적인 면이 열리기 때문입니다. 질병으로 고통을 당해보아야 건강에 관심을 가지고 관리를 합니다. 이와 마찬가지로 영육으로 고통을 당해보아야 영적인 문제에 관심을 가지고 예방하려고 하는 것입니다. 필자는 예방 신앙을 많이 강조합니다. 문제가 발생하기 전에 예방하자는 것입니다. 무엇이든지 관심을 가지고 미리 예방하면 행복한 생활을 할 수 있습니다. 가계저주 문제역시 사전에 예방을 하면 당하지 않는 다는 것입니다. 일부 목회자와 성도들이 예수만 믿으면 새사람이 되는 것으로 알고 살아가다가 어느날 부모님과 똑같은 문제가 발생하면 그때서야 이리 뛰고 저리 뜁니다. 이런 고통을 당하지 않으려니 가계저주 문제에 관심을 가지는 것입니다. 가계저주도 관심을 가지면 예방이 가능하다는 것입니다. 관심을 두지 않으니 예수를 믿으면서도 육체에 역사하는 세상 신의 영향으로 혈통의 저주를 당하면서 사는 것입니다.

가계저주에서 영원히 해방을 받으려면 관심이 참으로 중요합니다. 가계에 저주가 흐를 수 있다고 관심을 가지니까, 가계의 저주에 대하여 눈을 뜨게 됩니다. 책도 사서 읽게 되고 집회도 참석하게 됩니다. 가계저주에서 해방을 받으려면 종교적인 믿음생활로는 안 된다는 것을 깨닫게 됩니다. 성령의 인도를 받는 믿음 생활을 해야겠다고 생각합니다. 성령의 인도를 받으려면 먼저 성령으로 세례를 받아야 한다고 깨닫게 됩니다. 성령으로 세례를 받으려고 관심을 가지다가 보니까, 성령세례도 받게 됩니다. 성령으로 세례를 받으니 영적인 눈이 열리기 시작하는 것입니다. 영적인 눈이 열리니 자신을 저주하는 세력은 가상적인 존재가 아니고 실제적인 존재라는 것을 알게 됩니다. 가계에 역사하면서 저주하는 실제적인 존재를 몰아내려면 자신이 성령의 지배를 받아야 귀신의 저주에서 완전하게 해방될 수가 있다고 믿게 됩니다. 성령의 지배를 받고 동행하는 믿음으로 발전이 되는 것입니다. 점점 전인격이 성령님의 지배를 받게 됩니다. 그러면서 하나님께서 원하시는 영적인 수준으로 발전이 되는 것입니다. 자연스럽게 가계저주에서 영원히 해방되게 되는 것입니다. 그래서 무엇보다도 관심이 중요한 것입니다.

교회에 다니는 사람들을 보면 이해지 못할 삶을 사시는 분들이 있습니다. 예들 든다면 형제가 다섯인데 모두 예수를 믿지 않고 자신이 혼자 예수를 믿는 사람이 있습니다. 그런데 문제는 예수를 믿는 자신이 환경이 제일 좋지 않다는 것입니다. 그러면서 저는 예수를 믿으면서도 왜 이렇게 사느냐고 하소연하는 분들이 있습니다. 이는 이렇습니다. 첫째는 예수를 믿는 자신이 열심히 해야 하나님의 복을 받는 다는 신앙생활을 하는 경우와, 많이 알면 성령 충만하고 믿음이 있다는 것으로 알고 신앙생활을 하는 종교인이기 때문입니다. 쉽게 설명하면 인간적인 면에 치중하는 종교생활을 하기 때문입니다. 둘째는 율법적인 믿음 생활을 하기 때문입니다. 마치 유대인과 같은 종교인입니다. 율법적인 믿음 생활은 아무리 오래해도 살아계신 하나님께서 자신을 장악하지 못합니다. 셋째로 신에게 잘 보이고 잘 섬겨서 복을 받는 다는 샤머니즘의 믿음생활을 하기 때문입니다. 열심히 봉사하고 철야하면 하나님께서 감동하셔서 잘되게 하신다는 신앙입니다. 이런 샤머니즘의 신앙의 잔재가 지금 교회에 많이 있습니다. 이 모두 성령의 역사와 거리가 먼 신앙생활입니다.

그럼 어떡해야 지금 천국과 아브라함이 복을 받으면서 하나님의 군사로 쓰임을 받습니까? 성령의 인도를 받아 살아계신 하나님이 자신의 심령에 주인으로 계셔야 합니다. 쉽게 설명한다면 자신안에 성전이 견고하게 지어져야 한다는 말입니다. 하나님께서 주인이 되셔야 합니다. 성령으로 세례를 받고 성령의 인도를 받으면서 성령이 지배를 받아야 합니다. 그래서 천국이 되어야 합니다. 그래야 다른 형제간보다 잘 되지 못하게 방해하는 세력이 물러갑니다. 이렇게 깨닫고 성령으로 지배받는 믿음 생활로 전환하여 3년만 싸우면서 마음안의 성전을 견고하게 건축하고, 가정이 천국이 되면 다른 형제들보다 월등하게 축복받는 생활을 하게 됩니다.

보이는 성전이 아니고 마음 안에 성전입니다. 알아야 될 것은 가계 치유 한답시고 저주 끊는 기도나 하고, 귀신이나 쫓아내는 믿음 생활로는 절대로 반전되지 않습니다. 아마 죽을 때까지 저주 끊고 귀신 쫓아내다가 인생 끝날 수도 있습니다. 자신 안에 하나님의 나라가 견고하게 지어지지 않으면 헛것입니다. 바르게 알고 믿음 생활하여 지금 천국과 아브라함의 복을 받으면서 군사로 쓰임을 받아가 주님이 오라고 부르시면 영원한 천국으로 들어가는 것입니다. 이것이 우리 예수를 믿는 자들을 행한 하나님의 뜻입니다.

첫째, 가계저주의 원인을 바르게 깨달으라. 가계에 대물림된 저주의 원인은 죄입니다. 죄는 타락이며, 하나님의 말씀에서 벗어나는 것입니다. 즉 죄란 하나님의 말씀에 불순종하는 것입니다. 하나님의 말씀을 믿지 않고 마귀나 사람의 말을 믿은 것이 죄악입니다. 하나님은 “내 양은 내 음성을 들으며 나는 그들을 알며 그들은 나를 따르느니라(요10:27)” 하시며 분명하게 말씀하셨습니다. 그리고 “문지기는 그를 위하여 문을 열고 양은 그의 음성을 듣나니 그가 자기 양의 이름을 각각 불러 인도하여 내느니라(요10:3)” 하셨습니다. 그리고 “나의 계명을 지키는 자라야 나를 사랑하는 자니 나를 사랑하는 자는 내 아버지께 사랑을 받을 것이요, 나도 그를 사랑하여 그에게 나를 나타내리라(요14:21)” 하나님의 말씀을 지키는 자라야 하나님을 사랑하는 자라고 했습니다. 그런데 아담 이후 모든 인간은 이런 하나님의 말씀에 순종하지 않고 아담과 같은 불순종이 습관이 되어있습니다. 즉 죄악에 익숙해 있는 것입니다. 그래서 불순종과 죄악을 해결하려면 고통스럽더라도 회개하고 불순종의 습관을 깨뜨려야 진정 하나님의 은혜 속에 들어가게 되는 것입니다.

조상의 불순종으로, 그래서 하나님의 진노 아래에 살면서도 스스로는 은혜 속에 있는 줄로 아는 것이야말로, 오늘날의 크리스천들에게 있어서 가장 비참한 착각입니다. 말씀과 성령으로 충만하여 영의 눈을 떠야 합니다. 그리고 이 불순종의 죄 성을 찾아서 성령의 임재가운데 찾아서 회개하여 변화시켜야 합니다. 우리 속에 있는 불순종을 성령의 능력으로 깨뜨리지 않고서는 하나님의 은혜 안으로 깊이 들어갈 수가 없습니다. 예수 믿고 교회에 들어와서 꼭 한번은 이 조상들의 불순종을 타고 들어와 자신을 괴롭히는 마귀의 저주 문제를 성령의 능력으로 해결해야 합니다. 성령의 임재가운데 무의식과 잠재의식에 형성된 가계저주의 근본을 찾아서 회개도 하고 용서도 해야 합니다. 분명하게 불순종의 죄악을 회개하고 마귀의 저주를 끊고 악한 귀신을 대적해야합니다. 그리고 하나님의 성령을 가득히 채워야 합니다.

둘째, 살아있는 성령의 역사가 있어야 한다. 가계저주의 근본은 무의식과 잠재의식에 숨어있습니다. 무의식과 잠재의식에 숨어있는 가계저주의 근본원인은 하나님의 말씀대로 살지 못한 죄 때문에 생긴 것입니다. 죄는 영의차원에 문제가 생기게 하는 것입니다. 이를 해결하려면 반드시 영의 차원에서 해결이 되는 것입니다. 그래서 성령의 역사가 일어나야 영의차원의 문제를 해결할 수가 있다는 것입니다. 영의차원은 사람의 무의식과 잠재의식이라고 생각하면 쉽습니다. 사람이 아무리 능력이 있고 대단해도 무의식 잠재의식의 문제는 해결할 수가 없는 것입니다. 그래서 가계저주에서 영원히 해방이 되려면 성령을 세례를 받아야 합니다. 성령으로 세례를 받아 성령님이 자신의 영-혼-육체의 전인격을 장악해야 무의식에서 숨어서 역사하는 가계저주의 근본이 정체를 드러내기 시작을 하는 것입니다. 일반적으로 하는 가계저주를 끊는 기도문이나 외우고 감정을 건드려서 물병이나 두드리는 차원을 넘어서, 성령의 임재가운데 영의차원에서 문제를 해결해야 근본이 없어지는 것입니다. 가계저주를 끊는 기도문을 외우는 것은 지극히 순간적이고 임시방편에 불과한 것입니다. 마음에 안심을 가지게 하는 소극적인 행동에 불과한 것입니다. 가계저주는 자신이 생명의 말씀과 성령으로 바뀌어야 해결이 되는 것입니다.

다시 말해서 성령으로 충만한 영의차원에서 원인을 찾아 해결해야 근본적인 가계저주가 해결이 되는 것입니다. 예수를 믿었으니 가계저주와 상관이 없다. 이것은 정말로 큰 문제를 야기하는 것입니다. 자범죄에 역사하면서 저주하기 때문에 반드시 자신이 찾아서 해결해야 합니다. 우리 성도들은 담임목사의 말을 하나님의 말씀이라고 믿어버리기 때문입니다. 예수를 믿었으니 새사람이다. 가계저주는 없다. 예수 이름이 있으므로 가계에 저주하는 귀신이 얼씬도 못한다. 이런 말은 한마디로 영적인 세계를 모르는 무지에서 비롯된 것입니다. 반드시 성령으로 세례를 받아 성령께서 전인격을 장악하는 영적인 생활을 해야 합니다.

셋째, 사람의 말에 현옥되지 말라. 분명하게 가계저주에서 해방을 받으려면 종교적인 신앙생활에서 탈피해야 합니다. 종교적인 신앙생활이란 말씀을 지식적으로 알고 습관적인 행위로 예배를 드리고, 자신의 생각으로 기도하는 것을 말합니다. 자기만 인정하고 자기만 알아주는 믿음의 행위로 자기만족을 누리는 생활입니다. 이런 종교적인 신앙생활로는 절대로 가계저주에서 해방이 될 수가 없습니다. 가계저주를 일으키는 존재는 보이지는 않으나 살아있는 실제적인 존재입니다. 가계저주를 일으키는 살아있는 존재는 사람의 힘으로는 어찌할 수 없는 강한자입니다. 이 존재들보다 강한 자가 자신을 점령해야 물러가기 시작을 하는 것입니다. 그러므로 가계저주에서 해방이 되려면 하나님께서 자신의 전인격(영-혼-육)을 장악해야 합니다. 예수를 믿어 자신 안에 들어오신 성령님이 자신의 영-혼-육의 전인격을 지배해야 가계에 저주를 일으키는 살아있는 존재가 물러가기 시작을 하는 것입니다.

좀 더 쉽게 설명한다면 자신이 생명의 말씀과 성령으로 바뀌어야 한다는 것입니다. 많은 목회자들이 예수를 믿고 교회에 나와서 예배에 빠지지 않고 열심히 드리고, 새벽기도 잘하고, 봉사 잘하고, 십일조 잘 드리고, 신구약 성경을 많이 알면 가계저주에서 해방이 된다고 합니다. 필자는 이렇게 설교하시면서 목회하신 분들이 은퇴하고 불면증으로 잠을 자지 못한다고 하소연을 하시는 분들을 많이 봅니다. 자신이 목회할 때 교회에는 예수님의 이름이 있기 때문에 귀신이 없다. 교회에 무슨 귀신이 있느냐? 교회에서 귀신을 거론하는 것은 무속신앙이다. 하면서 목회를 했는데 은퇴를 하고 3년째 불면증에 시달리면서 깨달은 것은 귀신이 있다는 것입니다. 귀신이 자신을 잠을 자지 못하게 한다는 것입니다. 그러면서 한방에 귀신을 쫓아낼 수가 없느냐고 질문을 합니다.

필자는 이렇게 대답을 합니다. 저도 40대에 목사님과 같은 경우를 당했습니다. 3년이 넘는 기간을 잠을 제대로 자지 못하면서, 성령으로 기도하면서, 귀신과 싸워서 해방이 되었습니다. 목사님은 연세가 있으셔서 더 많은 시간이 필요합니다. 한방에 귀신을 쫓아내지 못합니다. 물론 한방에 될 수도 있습니다. 그러나 무의식 잠재의식에 숨어있는 가계저주의 근본은 해결이 안 되는 것입니다. 가계에 저주하는 것들은 보이지는 않으나 살아있는 실체입니다. 이들은 사람보다 강한 존재들입니다. 반드시 살아있는 성령의 역사가 있어야 정체를 폭로하고 떠나가기 시작을 합니다.

넷째, 자신이 하늘의 사람으로 바뀌려고 하라. 요즈음 성도들이 자신의 육적이나 정신적으로 편안하게 이성적으로 은혜 받으면서 믿음생활을 하려고 합니다. 가계저주로 고통을 당하는 분들도 쉽게 편안하게 가계저주를 해결하려고 합니다. 다시 말해서 다른 능력자의 힘을 빌려서 가계저주를 끊으려고 합니다. 자칭 능력이 있다는 분들이 자신이 기도하면 가계저주가 끊어진다고 감언이설로 속입니다. 순진한 성도들과 목회자들이 이런 사람의 말에 현혹이 되어서 자신의 가계에 역사하는 저주를 다른 사람의 힘을 빌려서 해결하려고 합니다. 그리고 가계저주를 끊는 기도문을 줄줄 외우면 가계저주가 끊어지는 줄로 착각하고, 주문을 외우는 것과 같이 기도문을 외웁니다. 죄송합니다만 이렇게 기도문을 외운다고 가계에 저주하는 귀신이 물러가지 않습니다. 이렇게 세상에서 삶을 마감하고 죽을 때까지 떠나가라. 떠나가라. 해도 가계저주에서 해방이 안 됩니다. 인간적인 차원에서는 가계에 저주하는 살아있는 존재들이 꿈적하지도 물러가지도 않기 때문입니다. 가계저주를 일으키는 존재들은 살아있는 존재이면서 무의식과 잠재의식에 숨어서 역사합니다. 이들은 사람보다 강한존재들입니다. 기도문을 외운다고 자신보다 강한 존재가 꿈적이나 하겠습니까? 오히려 더 악랄하게 역사할 지도 모릅니다. 보이지 않기 때문에 더 강하게 역사해도 알아낼 도리가 없는 것입니다. 자꾸 보이는 면만 가지고 문제를 해결하려고 합니다.

다른 사람을 이용해서 가계저주를 끊은 것도 마찬가지입니다. 자기 안에서 성령의 권능이 나오지 않기 때문에 설령 떠나갔다고 하더라도 다시 들어옵니다. 자신이 하나님의 나라가 되지 않아 여전하게 땅의 사람이기 때문입니다. 그럼 어찌해야 할까요? 자신이 성령으로 세례를 받고 마음 안에 계신 하나님께서 자신의 영-혼-육을 지배하게 해야 합니다. 자신의 마음 안에 계신 하나님을 주인으로 인정해야 합니다. 관심을 가지고 자신 안에 성령님께서 전인격을 지배 받기 위하여 노력을 해야 합니다. 특별한 사람에게 의지하여 가계저주를 끊으려고 하지 말고 자신이 특별한 사람, 성령의 지배를 받는 사람이 되려고 해야 합니다.

예수를 믿은 성도는 모두 특별한 사람들입니다. 자신 안에 하나님이 임재 하여 계시기 때문입니다. 자신의 마음이 하나님께서 계시는 성전이기 때문입니다. 자신 안에 계신 하나님께서 혼과 육체를 점령하여 밖으로 나오시기 해야 합니다. 일반적으로 성도들에게 임재하신 성령님께서 주무시는 경우가 많습니다. 자신 안에 임재하신 성령님이 주무시기 때문에 종교인이 되는 것입니다. 자신 안에 계신 성령님께 관심을 가지고 부르짖고 찾아서 성령님이 잠에서 깨어나시게 해야 합니다. 마치 예수님이 거라사인의 지방에 군대 귀신들린 자를 구원하시려고 갈릴리 호수를 지날 때에 제자들이 예수님께 관심을 두지 아니하고 자기들끼리 세상이야기를 할 때 주님이 주무신 것과 같은 이치입니다.

성경은 이렇게 말하고 있습니다. “그 날 저물 때에 제자들에게 이르시되 우리가 저편으로 건너가자 하시니, 그들이 무리를 떠나 예수를 배에 계신 그대로 모시고 가매 다른 배들도 함께 하더니, 큰 광풍이 일어나며 물결이 배에 부딪쳐 들어와 배에 가득하게 되었더라. 예수께서는 고물에서 베개를 베고 주무시더니 제자들이 깨우며 이르되 선생님이여 우리가 죽게 된 것을 돌보지 아니하시나이까 하니, 예수께서 깨어 바람을 꾸짖으시며 바다더러 이르시되 잠잠하라! 고요하라! 하시니 바람이 그치고 아주 잔잔하여지더라. 이에 제자들에게 이르시되 어찌하여 이렇게 무서워하느냐 너희가 어찌 믿음이 없느냐 하시니, 그들이 심히 두려워하여 서로 말하되 그가 누구이기에 바람과 바다도 순종하는가 하였더라(막

4:35-41)" 성도들도 마찬가지입니다. 예수님이 자신 안에 주인으로 임재하여 계셔도 찾지 아니하고 관심을 두지 아니하면 자신의 삶에 일진광풍이 일어날 수도 있는 것입니다. 그렇기 때문에 자신 안에 예수님이 주무시지 못하도록 관심을 가지고 찾아야 합니다. 자신 안에 계신 주님과 관계를 열어야 합니다. 자신 안에 계신 예수님을 찾고 찾아야 합니다.

많은 성도들이 영의통로를 열겠다고 능력자에게 안수를 받습니다. 사람을 의지하여 영의통로를 열겠다는 것입니다. 그러나 하나님은 자신과 직접적인 관계를 열기를 소원하십니다. 다른 사람을 이용해서 어느 정도까지는 될 수가 있습니다. 분명하게 다른 사람을 의지해서 하나님께서 원하시는 수준에 도달할 수가 없습니다. 하나님은 직접 관계를 열리기를 원하십니다. 그래서 하나님과 대면할 수 있는 영적인 사람으로 변화되기를 원하십니다. 그렇기 때문에 자신이 생명의 말씀과 성령으로 변화를 받아 성령의 지배와 인도와 동행하는 사람이 되어야 가계저주에서 영원히 해방이 될 수가 있습니다. 일부 성도들의 의식이 하루에 10분 기도하고, 쉽게 성령체험 한번하고 영적인 사람이 되려고 합니다. 그러나 하나님은 온전히 지배를 받기를 원하십니다.

필자는 TV에서 나오는 달인을 아주 좋아합니다. 이분들은 자신이 추구하는 분야에 10년 이상을 집중하고 몰입하여 눈을 감고도 할 수 있는 수준에 이른 것입니다. 밤잠을 설 처가면서 오로지 한 분야에 집중한 결과 달인이 된 것입니다. 하나님께서도 이렇게 하기를 원하십니다. 이렇게 되어야 가계저주에서 해방이 될 수가 있는 것입니다. 그래서 아브라함은 25년, 야곱은 20년, 요셉은 13년, 모세는 40년, 다윗은 13년이 걸린 것입니다. 우리가 생각하는 것과 같이 쉽게 하나님의 사람으로 변화되지 못합니다. 온몸과 마음과 정신과 영이 하나님 화 되려고 관심을 가져야 합니다. 어렵다고 생각하면 어려운 것이고, 쉽다고 생각하면 쉬운 것입니다. 달인을 생각하고 자신이 온전하게 하나님의 형상으로 변화되는 것을 목적으로 가계저주에서 해방되려고 하시기를 바랍니다.

성경에 보면 이런 말씀이 있습니다. 하나님께서는 "오직 내 종 갈렙은 그 마음이 그들과 달라서 나를 온전히 좇았은즉 그의 갔던 땅으로 내가 그를 인도하여 들이리니 그 자손이 그 땅을 차지하리라(민14:24)"고 말씀하셨습니다. 하나님은 갈렙의 마음이 멸망했던 다른 사람과 완전히 달랐다고 말씀하신 것입니다. 온전하게 하나님을 좇았다는 것입니다. 온전하다는 것은 인간적인 것이 전혀 섞이지 않고, 하나님의 수족 같이 하나님을 좇는 성도는 가계저주에서 영원히 해방이 되는 것은 물론이고, 인생살이의 만사가 형통하다는 것입니다. 하나님은 온전하게 변화되기를 원하십니다. 가계저주만 끊으려고 노력하지 말고 자신의 전인격이 하나님의 형상으로 변화되려고 노력하시기를 바랍니다.

다섯째, 교회와 목회자를 잘 만나라. 목회자가 혈통의 문제로 고통을 당하다가 영적인 것을 깨닫고 해방을 받은 체험이 중요합니다. 담임 목회자가 혈통의 문제를 인정해야 합니다. 목회자의 마음속에 교회가 견고하게 지어지고, 가정이 성전된 목회자라야 혈통의 문제가 어떤 것인지 알고 성도들을 바르게 인도할 수가 있습니다. 목회자 자신이 실제적으로 체험이 없으니 가계저주를 무시하거나 등한히 하는 것입니다. 그래서목회자의 관심이 중요합니다. 목회자가 종교적이면 성도들도 종교적이 되기 쉽습니다. 종교적이라는 것은 행위와 열심과 말씀을 인간적인 수준에서 해석하는 것입니다. 말씀은 분명하게 성령의 임재가운데 성령으로 해석을 해야 합니다. 그래야 정확합니다. 영적인 믿음 생활은 성령의 인도와 지배를 받으면서 하나님의 자녀로서 동행하는 믿음 생활을 말합니다. 목회자가 성령의 인도를 받으면서 하나님의 자녀로서 살아있는 믿음 생활을 하면 성도들도 성령의 인도를 받으면서 살아있는 크리스천이 되는 것입니다. 필자는 항상 이렇게 생각을 하고 실천하려고 노력을 하고 있습니다. 담임목사는 한 성도를 살릴 수도 있고 죽일 수도 있다는 것입니다. 성도들은 담임목회자의 영성을 넘어설 수가 없다는 것입니다. 담임목사의 성령 충만이 성도들의 성령의 충만의 수준이 동일하게 되는 것입니다.

담임목사가 믿음 생활하는 수준대로 설교하기 기도하기 때문입니다. 더 이상 발전할 수가 없는 것입니다. 쉽게 설명한다면 70점짜리 선생님에게 만 배우면 70점을 넘어설 수가 없다는 것입니다. 그래서 학생들이 전문학원에 다니는 것입니다. 영적인 것도 마찬가지입니다. 담임목사의 영성을 능가하기가 쉽지 않다는 것입니다. 필자는 영적인 사역을 오랫동안 했습니다. 그동안 나름대로 체험한 바로는 담임목사의 영적인 깊이만큼 성도들이 되어 진다는 것입니다. 그래서 일부성도들이 영적인 깊이가 있는 목사가 집회하는 곳에 가서 영을 깨우고 성령충만을 받으려고 하는 것입니다. 이와 같이 담임목사가 중요합니다. 담임목사가 예수만 믿으면 새사람이니까, 가계저주는 해방되는 것이다. 하면 성도들이 그대로 믿는 것입니다. 가계저주를 끊는 사역은 잘 못된 것이라고 하면 가계의 문제에 관심을 두지 않습니다. 관심을 두지 않으니 고통을 당하는 것입니다. 그러면서 이유를 모르는 것입니다.

가계저주 때문에 고통을 당해본 담임목사는 혈통에 문제에 관심을 갖도록 성도들을 인도할 것입니다. 그렇기 때문에 하나님께서 세상에 교회들과 목회자들을 많이 세우신 것입니다. 자신이 추구하고 자신의 문제를 해결하면서 하나님께서 원하시는 수준에 도달하라는 것입니다. 세상의 모든 교회는 하나님의 교회입니다. 그렇기 때문에 성도들은 각각 자신의 처지에 맞는 교회를 선택하여 믿음 생활을 하면 되는 것입니다.

일부 담임목회자와 직분 자들이 교회를 옮기면 저주를 받는 다고 합니다. 그런데 하나님은 교회를 옮겼다고 저주하시지 않습니다. 이 교회를 옮기면 저주 받는 다고 하는 교회는 성도들의 마음 안에 있는 성전입니,다. 자신의 마음속의 성전을 견고하게 세우기 위하여 유형교회를 옮길 수가 있는 것입니다. 하나님께서는 이런 적극적인 행위를 권장하십니다. 왜냐하면 성도들의 마음 안에 성전이 되기를 원하시기 때문입니다.

그럼 저주를 받는 것은 무엇이냐! 예수님을 주인으로 모시다가 다른 신을 섬기는 것입니다. 쉽게 설명한다면 예수를 믿고 교회를 다니다가 마음이 돌변하여 절에 간다든지, 신천지를 간다든지, 통일교에 들어간다든지, 여호와증인이 된다든지, 구원파에 들어간다든지, 정명석(JMS)에 속한다든지, 천리교로 간다든지 등, 이럴 때 저주를 받는 것입니다. 즉, 하나님 외에 다른 신을 섬기기 위하여 교회를 떠날 때 저주를 받는 것입니다. 성경은 이렇게 경고하고 있습니다. "한 번 빛을 받고 하늘의 은사를 맛보고 성령에 참여한바 되고, 하나님의 선한 말씀과 내세의 능력을 맛보고도 타락한 자들은 다시 새롭게 하여 회개하게 할 수 없나니 이는 그들이 하나님의 아들을 다시 십자가에 못 박아 드러내 놓고 욕되게 함이라(히6:4-6)"

그렇기 때문에 자신의 심령교회를 견고하게 구축하여 영혼의 만족을 누리기 위하여 교회를 옮기는 것은 절대로 죄가 되지 못합니다. 심령교회를 견고하게 세우기 위하여 유형교회를 옮겼다고 저주하시는 하나님이 아닙니다. 이는 전적으로 사람의 이론입니다. 사람들이 자신의 교회를 떠나지 못하게 하려고 만들어낸 사람의 이론입니다. 한번 잘 생각해 보시기를 바랍니다. 자신의 마음 안의 교회를 견고하게 건축하기 위하여 필요한 교회로 옮겼는데 하나님이 저주하시겠습니까? 그런 하나님이라면 저는 믿지 않겠습니다.

그래서 가계저주에서 영원히 해방을 받으려면 목회자와 교회를 잘 만나야 합니다. 관심이 있어야 교회도 목회자도 잘 만날 수가 있습니다. 담임목회자가 가계저주로 고통을 당하다가 해방 받은 목사라면 금상첨화일 것입니다. 자신이 고통을 당해보았기 때문에 성도들에게 경각심을 주어서 당하지 않도록 예방하게 할 것입니다.

17장 지옥 같은 삶의 원인을 찾아라.

(고전 2:10-13)"오직 하나님이 성령으로 이것을 우리에게 보이셨으니 성령은 모든 것 곧 하나님의 깊은 것까지도 통달하시느니라. 사람의 일을 사람의 속에 있는 영외에 누가 알리요 이와 같이 하나님의 일도 하나님의 영외에는 아무도 알지 못하느니라. 우리가 세상의 영을 받지 아니하고 오직 하나님으로부터 온 영을 받았으니 이는 우리로 하여금 하나님께서 우리에게 은혜로 주신 것들을 알게 하려 하심이라. 우리가 이것을 말하거니와 사람의 지혜가 가르친 말로 아니하고 오직 성령께서 가르치신 것으로 하니 영적인 일은 영적인 것으로 분별하느니라."

하나님은 성도들의 가계에 역사하며 지옥 같은 삶을 살게 하는 근본 원인을 성령으로 찾아서 해결하기를 소원하십니다. 왜 가계의 흐르는 저주의 원인을 찾아서 끊어야 되는지 바르게 알아야 합니다. 보수적인 목회자들과 신학자들이 예수를 믿었으면 새사람인데 혈통의 문제를 들추어내서 시간을 허비할 필요가 없다는 것입니다. 물론 이론적으로 보면 맞는 말입니다. 그러나 체험적으로 보면 다르다는 것을 알 수가 있습니다. 영의 세계는 육적인 눈으로 볼 수가 없고, 영의 눈으로만 볼 수 있는 세계입니다. 보이지는 않지만 빼앗고 빼앗기는 실제적인 역사가 일어나는 세계입니다.

물론 혈통의 문제가 아무런 문제를 일으키지 않는다면 들추어내서 해결하려고 할 필요가 없습니다. 무엇 때문에 아무런 문제를 일으키지 않는데 무의식과 잠재의식을 터치하면서 해결하려고 하겠습니까? 그런데 분명하게 문제를 일으키고 영적인 성장을 하지 못하도록 방해하기 때문에 사역을 하는 것입니다.

우리가 마땅히 '세대적 악령'에게 관심을 가져야 하는 이유는 그 악령으로 인해서 사람들이 당하는 고통이 너무도 크기 때문입니다. 세대적 악령이 일으키는 많은 문제들은 겉으로 보아서 우리의 기질과 연관이 있거나 부모로부터 유전된 것처럼 보이기 때문에 영의 문제를 소홀히 하고, 오로지 의학적으로 또는 심리학적으로 접근하고 다루는 실수를 할 위험이 많기 때문입니다. 영의세계를 보이는 방법으로 해결하려고 합니다. 실제로 영의 일에 관심이나 지식이 전혀 없는 세상 사람들은 물론이고, 대부분의 그리스도인조차도 세대적인 악령에 대해서 그 이름조차 들어보지 못하고 신앙생활을 하는 것이 일반입니다. 그러니 어려움을 겪으면서도 적절한 대응을 하지 못할 뿐만 아니라 예방을 위해서 악령을 추방하는 일은 더욱 하지 않습니다.

우리에게 이미 잘 알려진 무병(巫病)에 대해서는 이해하고 있지만, 그 밖의 현상들에 대해서는 별로 아는 바가 없을 것입니다. 질환은 크게 육체적인 것과 심리적인 것이 있으며, 이 두 가지가 복합적으로 나타나는 것이 있습니다. 병의 증상이야 어떠하든지 그 근원에 악령이 개입해 있다면 악령의 문제를 다루어야 할 것입니다. 우리가 흔히 말하는 '난치병'이나 '유전병'은 의학적으로는 유전자 이상에 의해서 발생하는 것으로 알려져 있습니다. 특정한 유전자가 이상을 보이는데 그 원인을 알 수 없는 것입니다. 다만 혈통적으로 그 부분이 취약하거나 부모로부터 유전되어 온 것으로만 알고 있을 정도입니다. 유전공학이 최근에야 각광을 받으면서 연구가 활발해져서 난치병을 치유하기 위한 연구가 많이 이루어지고 있고, 줄기세포 또는 배아세포를 이용하여 난치병을 치유하려고 시도하고 있으며, 손상된 유전인자를 송두리째 제거하고 새로운 유전인자로 대치하려는 연구도 활발합니다.

악령이 병을 일으키는 능력은 우리의 신체구조 뿐만 아니라 유전인자에도 영향을 줄 수 있다고 보아야 할 것입니다. 악령이 우리의 죄를 틈타서 들어온 후에 우리를 괴롭게 할 권리를 확보한 후에 우리의 신체의 어떤 부분을 공격하면 질병이 생기며, 정신에 지속적으로 영향을 주면 생각이 바뀌게 되고 죄의 충동을 받아서 그 행동을 하게 되는 것입니다. 세대적인 악령은 한 번 침투하면 영적치유를 할 때까지 대를 이어서 계속 그 사람을 괴롭게 하게 됩니다. 부모 가운데 한 사람이 무당이 되면 그 자녀는 끊임없는 악령의 괴롭힘을 받아서 결국에는 무당이 되고 말듯이 악령이 계속 충동함으로써 그 유혹이나 충동을 이기지 못하고 행동에 옮겨 마침내 불행한 결과를 만들어냅니다.

세대적인 악령이 저지르게 하는 비행은 '간음' '폭행' '이혼' '낙태' '사기' '절도' '불륜' '성추행' '집착' '게으름' '가난' 등과 같이 많은 종류의 비행과 연관이 있습니다. 이런 죄얼들은 세대를 이어서 계속 이어지기 때문에 유전적인 것으로 오해하기 쉽습니다. 죄얼이란 남에게 해를 끼치는 행위 가운데 법적인 책임을 물을 수 없는 정도의 경미한 것을 우리는 죄얼(iniquity) 이라고 부릅니다. 사회적으로는 경범죄에 해당하는 것을 말합니다. 이런 죄얼들은 세대를 이어서 계속 이어지기 때문에 유전적인 것으로 오해하기 쉽습니다. 기질적인 유전으로 이해하거나 자라면서 본 것을 행동한다고 주장하는 '학습이론'이 있습니다. 긍정적이든지 부정적이든지 우리는 자라면서 줄곧 보게 되면 뇌에 영향을 주어 무의식의 기억중추에 저장되며 성인이 되어 그 행동을 할 수 있는 환경이나 자극에 노출되면 어린 시절 학습한 것을 행동에 옮기게 된다는 심리학의 이론입니다.

부모 세대에 반복적으로 비행을 저지른 가계(family)에서 다음 세대에 자녀 가운데 어느 한 사람에게 그와 같은 증상이 나타나게 되는데 함께 보면서 자란 다른 형제들에게는 전혀 나타나지 않는 행동이 한 자녀에게만 똑 같은 행동으로 나타나는 것을 충분히 설명하지 못하는 단점을 지니고 있습니다. 기질적 유전의 대표적인 질병인 당뇨병이나 고혈압의 경우에 여러 형제들이 있지만 모두 그 병에 걸리는 것이 아니라, 어떤 한 명에게서 나타나는 경우가 많습니다. 이와 같이 선별적으로 나타나는 유전병의 경우에 기질적인 유전으로만 설명하기에는 부족한 부분이 있습니다. 세대적인 악령은 자녀 가운데 어느 한 사람을 선택해서 집중적으로 공격하여 질병이나 비행을 일으키게 하는 것입니다. 이것을 저는 세대적인 악령이 숙주(무당의 영을 전이시키기 알맞은 대상자)를 선택하였기 때문에 질병과 비행이 발생한다고 보아 '선택이론'이라고 이름을 붙여봅니다.

귀신은 두루 다니면서 삼킬 자를 찾고 있기 때문에 그렇습니다.

세대적인 악령은 그 가족 가운데에서 어느 한 사람을 선택해서 집중적으로 공격하고 마침내는 파멸로 몰아가는 것입니다. 그 선택은 오로지 악령의 뜻에 달렸다고 볼 수 있을 것입니다. 이에 대한 연구는 더 많이 진전되어야 할 것입니다. 우리는 부모 세대에 어떤 죄얼을 저질렀고 그 죄를 철저하게 회개하지 않았다면 그 죄를 틈타서 들어온 세대적인 악령으로부터 자녀가 공격을 받을 수 있는 개연성이 있다고 보아야 할 것입니다. 그러므로 부모 세대가 그 죄를 회개하지 않고 세상을 떠난 경우, 자녀들은 부모를 대신해서 죄를 회개해야 하며, 그리고 악령을 추방하는 절차를 반드시 거쳐야 합니다.

부모 세대가 예수를 믿지 않았기 때문에 죄에 대한 어떤 회개도 이루어지지 않은 채로 자녀들이 성장했고, 어른이 된 다음에 신앙생활을 시작했다면 그 죄로 인해서 이미 피해를 입고 있을 것입니다. 죄의 영향은 3대에까지 미치므로 가계의 저주를 푸는 일은 믿는 사람들에게는 필수입니다. 특히 죄얼에 관련된 세대적인 악령의 경우 우리는 그 죄얼을 대수롭게 여기지 않기 때문에 자신에게 나타나는 불행한 일에 대해서 제대로 이해하지 못합니다. 까닭 없이 거듭되는 불행한 일의 배경에는 마귀의 저주가 있을 것이며, 세대적인 악령의 괴롭힘이 있을 것입니다. 고통스런 일을 당하면 우리는 부모나 사회를 원망하게 되며, 마음이 강퍅하게 되어 사랑이 사라집니다. 이기적으로 변하고 모든 것을 도전적으로 받아들이게 되는 것이지요. 이것이 악령이 원하는 바의 목적입니다.

불행이 계속되면 마음이 굳어지고 세상을 비관적으로 보게 되지요. 그러면 모든 것이 귀찮아지고 남이 잘 되는 것이 자신에게는 고통이 됩니다. 사촌이 땅을 사도 배가 아픈 격이 되어 감사하거나 기뻐할 일이 없어집니다. 비록 신앙생활을 한다고 해도 그 마음에는 평안이나 즐거움이 없고, 늘 문제에만 매달려 자신을 비관하게 되는 것입니다. 신앙생활은 많은 갈등을 만들어내기 때문에 모든 것이 비판적이고 이중적인 태도를 보입니다. 항상 죄의식에 쌓여 살아가게 됩니다. 물리칠 수 없는 죄의 유혹에 시달리면서 살다보면 죄에 대해서 무감각해지게 됩니다. 예를 들어 바람을 피우는 사람의 경우 처음에는 자신도 모르게 유혹에 휘말려 죄얼을 짓고 말았습니다. 그 죄얼로 인해서 갈등하게 되고 자책하기도 합니다. 그러나 계속 이어지는 죄의 유혹에서 벗어나지 못하고 무기력하게 죄를 범하게 되면서 양심이 무디어지고 더욱 교활하게 위장하게 됩니다. 그래서 위선적인 사람이 되는 것입니다.

악령이 지속적으로 유혹하는 그 힘을 견뎌낼 수 없습니다. 세대적 악령의 대표주자인 점치는 영은 신체에 질병을 일으켜 사람을 괴롭힙니다. 그 괴롭힘이 너무도 심해서 결국에는 항복하고 무당이 되듯이 죄의 끈질긴 유혹을 이겨낼 사람이 결코 많지 않을 것입니다. 정말로 피를 흘리는 영적 싸움이 없이는 악령의 유혹을 끊을 수 없는 것입니다. 그러나 이 보다 더 애석한 일은 세대적인 비행을 범하면서도 아무런 조치를 취하지 않고 있다는 점입니다. 남편의 바람기를 개인의 문제로만 생각하면서 가슴앓이를 하는 부인들이 얼마나 많으며, 남편의 폭행을 개인의 성격문제로만 취급하고 법적으로 대응하여 이혼을 결심하는 경우가 얼마나 많습니까?

부모가 반건달로 지내면서 가정을 제대로 돌보지 않은 가정에서 자란 아들이 역시 부모처럼 일하기 싫어하면서 지냅니다. 이 역시 세대적인 악령의 영향입니다.

세상의 모든 질병은 치유시기가 있듯이 세대적인 악령으로부터 영향을 받아 비행에 빠진 사람의 경우에도 그 죄얼로부터 회복되기 위해서는 적절한 치료시기를 놓쳐서는 안 됩니다. 적어도 그런 증상이 나타나기 전에 가족 내 병력(病歷)이나 비행력을 살펴보고 부모 세대에 그런 비행이 있었다면 자녀에게 유전되지 않도록 철저히 차단하는 조치를 취해야 합니다. 어려서(초등학교 시절) 해결해야 합니다. 이미 자녀에게 그와 같은 증상이 나타났다면 2~3회 반복해서 습관이 되기 전에 치유해야 합니다. 반복적으로 비행을 저지르면 양심이 무디어지고, 몸에 베여서 악습을 떨쳐내는 일이 쉽지 않습니다. 마약 상습범들이 재범하는 이유는 의지가 약하고 몸에 깊이 습관이 젖어 있기 때문입니다. 우리 몸은 같은 행위를 반복하면 뇌의 지시가 없어도 그 일을 스스로 행하는 구조를 지니고 있습니다. 이에 대한 유명한 일화가 김유신 장군의 말 이야기가 있지 않습니까? 날마다 저녁이면 으레 술집으로 갔던 버릇이 있어서 말에게 지시하지 않아도 말이 스스로 알아서 술집으로 그를 데리고 갔습니다. 이 이야기처럼 우리의 몸은 길들여진 대로 행동하게 되어있고, 이를 고치려면 많은 세월이 필요합니다.

부모에게 어떤 악습이 있다면 그것은 기질적으로 취약해서 세대적인 악령의 공격을 잘 받을 수 있고, 그렇게 되면 그 행동을 언젠가는 아주 자연스럽게 하게 되어 불행이 시작되는 것입니다. 육신적인 질병만 예방할 것이 아니라 죄에 기인한 세대적인 악령의 유혹을 제거하고 추방하는 일도 해야 합니다. 이것은 너무도 중요한 일이기 때문에 철저한 죄의 회개와 악령의 유혹을 이기는 끈질긴 노력이 필요합니다. 성령 충만을 받아서 죄를 이기고 마귀의 유혹과 세대적인 악령의 역사를 끊어냅시다. 이를 위해서 성령 충만하고 능력이 많은 전문 사역자의 도움을 받을 필요가 있으며, 질병은 전문의와 상담해서 적절한 약물치료를 받아야 합니다. 영으로 육으로 전문가의 도움을 받아서 죄로 말미암아 들어온 악령의 세력을 무력화하고 그 때문에 육신이 손상된 부분은 약물의 도움을 받아서 건강을 회복해야 합니다.

오늘날 우리 사회는 이혼이 급증합니다. 그 배경에는 이와 같은 세대적인 악령의 작용으로 인해서 갈등이 빚어지게 되고 그것을 극복하거나 적절한 치유를 받지 못해서 결국에는 불행으로 끝나는 경우가 얼마나 많은지 모릅니다. 세대적인 악령이 일으키는 수많은 불행한 사건들을 우리는 단순히 육신적 또는 정신적 결함 정도로만 알고 당사자를 탓해온 것이 지금까지의 대응이었습니다. 비행을 저지르는 당사자도 엄격히 말하면 피해자이지요. 부모 세대에 일어난 죄얼로 인해서 그 자녀에게 영향이 미쳤고 이것을 적절히 다루지 못했기 때문에 불행은 대를 이어서 나타나는 것입니다. 이 죄를 극복하고 세대적인 악령을 추방합시다. "하나님의 아들이 나타남은 마귀의 일을 멸하려 함이라(요일 3:8)"고 성경은 지적하고 있습니다. 죄를 짓는 자는 마귀에게 속하였다고 성경은 말합니다. 죄를 짓는 순간 그는 영적으로 마귀의 소유물이 되는 것입니다. 자기에게 속한 모든 권리를 마귀에게 넘겨주는 일을 한 것입니다. 그러므로 마귀에게 당하는 것은 당연한 결과입니다. 예수 그리스도는 이 일을 회복시키려고 오신 것이지요. 우리는 예수의 이름으로 죄를 회개하고 악령과 단절해야 합니다. 그렇지 않고서는 대를 이어 오는 불행을 막을 길이 없습니다.

첫째, 가계의 저주를 일으키는 존재는 잠재의식에 있다. 가계에 저주를 일으키는 영육의 문제의 근원은 잠재의식에 있습니다. 사람의 문제는 보이는 차원이 아닌 잠재의식, 영의 차원에 있습니다. 그러므로 잠재의식보다 깊은 차원의 역사가 있어야 해결이 되는 것입니다. 또한 해결 방법도 깊은 영의 차원에서 알아낼 수가 있는 것입니다. 우리는 바르게 알아야 합니다. 세상에서 하는 심리치유이니, 찬양치유이니, 그림치유이니 하는 것은 겉만 치유하는 것으로 근본치유가 불가능한 것입니다. 사람의 영육의 문제는 모두 잠재의식, 무의식에 자리 잡고 있습니다.

그렇기 때문에 근본적인 치유는 영적인 치유(하나님의 치유와 해결)밖에 없습니다. 다시 말해서 성령치유 외에 다른 치유의 방법이 없다는 것입니다. 성령으로 깊은 역사가 일어나야 무의식 잠재의식의 문제가 치유되는 것입니다. 문제의 원인도 깊은 차원에서 성령으로 알아낼 수가 있는 것입니다. 문제의 해결방법 또한 영이신 하나님과 같은 영적인 상태에서 하나님으로부터 알아낼 수가 있는 것입니다. 그래서 성령치유 목회자는 무의식, 잠재의식의 내면세계에 대하여 알고, 바르게 인식해야 합니다. 그래야 성령치유 사역을 할 수가 있는 것입니다, 성령치유 목회자는 환자의 무의식, 잠재의식에 들어있는 영육의 문제의 근원을 현실로 끌어내어 밖으로 배출되게 해야 근본치유가 된다는 것을 알고 사역에 임해야 합니다. 하나님의 치유의 근본이 무의식, 잠재의식을 치유하여 성령이 역사하는 영적인 사람을 만드는 것입니다. 그래서 치유는 육적인 사람을 영적인 사람으로 바꾸는 사역입니다. 그렇기 때문에 생명의 말씀과 강한 성령의 역사가 없이는 근본 치유는 불가능한 것입니다.

성령치유 목회자는 환자의 무의식, 잠재의식에 들어있는 문제의 근원을 드러내어 치유할 수 있는 능력을 길러야 합니다. 그래야 하나님의 원하시는 치유 사역을 할 수가 있습니다. 그냥 능력이나 은사가 있다고 성령치유 사역을 하는 것이 아닙니다. 부단하게 자기를 개발하고, 자신이 먼저 성령의 인도를 따르는 영의 사람으로 바뀌어야 성령치유 사역을 할 수 있을 것입니다.

성령의 깊은 임재에 들어가도록 해야 합니다. 문제의 원인을 알아내는 것도, 문제를 해결하는 방법도, 문제를 해결하는 것도 성령의 깊은 임재에 들어가야 가능한 것입니다. 현실 문제의 해결이나 치유는 성령의 깊은 임재가 있어야 해결이 되는 것입니다. 현실 문제가 해결되려면 성령의 깊은 임재에 들어갈 수 있는 영육의 상태가 되어야 합니다. 성령의 임재 없이는 잠재의식에 숨어있는 영육의 문제가 해결되지 않기 때문입니다. 가계의 문제의 해결의 관건은 성령의 깊은 임재에 들어가는 것입니다.

둘째, 영적인 상태에서 하나님께 질문해야 한다. 기브온 족속과의 계약을 어긴 사울 때문에 다윗 때에 전 민족이 3년 동안 기근을 당하였습니다. 사무엘하 21장 1-10절에 보면 다윗의 시대에 해를 거듭하여 3년 기근이 있으므로 다윗이 여호와 앞에 간구합니다. 그러니까 여호와께서 이르시되 "이는 사울과 피를 흘린 그의 집으로 말미암음이니, 그가 기브온 사람을 죽였음이니라."라고 말씀하십니다. 그래서 다윗이 기브온 사람을 불러 그들에게 물어봅니다. "내가 너희를 위하여 어떻게 하랴 내가 어떻게 속죄하여야 너희가 여호와의 기업을 위하여 복을 빌겠느냐?"라고 합니다. 그러니까 기브온 사람들이 다윗 왕께 아룁니다.

"우리를 학살하였고 또 우리를 멸하여 이스라엘 영토 내에 머물지 못하게 하려고 모해한 사람의 자손 일곱 사람을 우리에게 내어 달라고 합니다. 그러면 여호와께서 택하신 사울의 고을 기브아에서 우리가 그들을 목매어 달겠나이다."라고 합니다. 그러니까 다윗 왕이 그렇게 하겠다고 합니다.

그래서 사울의 후손 일곱을 기브온 사람의 손에 넘기니 기브온 사람이 그들을 산 위에서 여호와 앞에 목을 매어 달았습니다. 그들 일곱 사람이 동시에 죽으니까 하늘에서 비가 내리기 시작했다고 기록되어 있습니다. 그러므로 성도가 다른 사람의 마음에 상처를 주어도 기근을 당할 수가 있습니다. 그러므로 모든 사람들과 함께 거룩함과 화평함을 좇아 살아야 합니다.

하나님께 질문하여 근원을 찾아야 합니다. 열왕기하 2장 19절로 22절에 나온 말씀입니다. "그 성 사람들이 엘리사에게 고하되 우리 주께서 보시는 바와 같이 이 성읍의 터는 아름다우나 물이 좋지 못하므로 토산이 익지 못하고 떨어지나이다. 엘리사가 가로되 새 그릇에 소금을 담아 내게로 가져오라 하매 곧 가져온지라. 엘리사가 물 근원으로 나아가서 소금을 그 가운데 던지며 가로되 여호와의 말씀이 내가 이 물을 고쳤으니 이로 좇아 다시는 죽음이나 토산이 익지 못하고 떨어짐이 없을지니라. 하셨느니라, 하니 그 물이 엘리사의 말과 같이 고쳐져서 오늘날에 이르렀더라"

여리고 성의 사람들은 문제를 해결하려고 나름대로 많은 노력을 했을 것입니다. 그러나 인간의 힘으로 인간의 문제를 해결할 수가 없습니다. 인간은 육입니다. 육은 미완성입니다. 육은 마귀의 종이였습니다. 모든 문제에는 아담의 죄악으로 마귀의 저주와 결부가 되어있기 때문에 하나님이 오셔야 해결이 됩니다. 이 인간의 문제를 해결하려고 예수 그리스도가 육신의 몸을 입고 이 땅에 오신 것입니다.

하나님에게 문제를 가지고 빨리 나와야 합니다. 자신 안에 계신 하나님께 질문해야 합니다. 수준이 안 된다면 성령의 인도로 하나님이 함께하는 사람을 만나야 합니다. 이 여리고 성의 사람들은 하나님이 고치 실 수 있다는 믿음을 가지고 하나님의 사람 엘리사에게 나온 것입니다. 그래서 엘리사에게 사정을 소상하게 아뢰니다. 여리고 성은 참으로 좋은 땅인데 물 근원이 나빠서 이 물이 흐르는 곳마다 열매를 맺지 못하고 다 떨어집니다. 짐승들도 이 물을 마시면 낙태를 해 버리고 심지어는 부녀들까지도 이 물을 마시면 어린 아이를 낙태합니다. 하고 엘리사 에게 사정을 정확히 고하며 말합니다.

이 여리고 사람들은 물에 문제가 있다는 것을 알았습니다. 그래서 하나님의 사람 엘리사에게 문제를 내놓아 치유를 받은 것입니다. 이와 같이 문제를 알았으면 하나님의 사람의 전문적인 지도를 받아 치유하는 것이 좋습니다. 자신이 해결한다고 밤낮기도하고, 철야기도하고, 교회에서 살다시피 하고, 또 산에 가서 산기도하고, 100일 천일 작정 철야기도하고, 서원기도도 해보고, 능력 있다는 목사에게 안수 기도도 받고, 예언기도도 받아보고, 금식기도도 하고, 각종예물도 드리고, 별별 인간적인 처방을 해도 절대로 문제는 풀리지 않습니다.

정확한 영적인 원리를 가지고 문제와 원인에 성령으로 권위를 주장하는 영적인 치유를 해야 문제가 풀립니다. 문제를 풀려면 먼저 공인된 하나님의 사람에게 오셔서 정확한 진단을 받아야 하고, 진단에 따라 전문적인 치유를 받아야 합니다. 절대 안수 한번 받았다고 해결되지 않습니다. 예언 기도 받는 다고 해결되지 않습니다. 속아서 시간만 오래되어 더 묶이지 마시고 정확한 치유를 해야 합니다.

원인을 찾으려면 반드시 성령의 임재가운데 들어가야 합니다. 영의 상태에 들어가서 성령님께 하문을 해야 합니다. 성령님 제가 왜 이렇게 지옥과 같은 생을 살아가고 있습니까? 지속적으로 성령님을 찾으면서 질문을 해야 합니다. 필자의 체험으로는 지속적으로 질문을 하니까, 영상으로 보여주시면서 설명하여 주셨습니다. 그래서 알려주신 대로 순종하니 점점 문제가 풀리고 천국을 이루게 되었습니다. 성령님께 물어보세요.

그래서 기도가 중요합니다. 기도를 성령으로 하여 영적인 상태에 들어가야 가계저주를 일으키는 근본원인을 알아낼 수가 있습니다. 알아낸 근본원인도 성령의 임재가운데 영의 상태가 되어야 해결이 되는 것입니다. 죄를 지었든지, 상처를 받았는지, 모두 영의차원에서 문제가 발생했기 때문입니다. 영의차원에서 해결되지 않으면 문제는 해결되지 않습니다. 사람의 무의식을 현실로 끌어내는 수단은 영의차원에서 역사하시는 성령님밖에 없습니다.

목회자나 성도들이나 할 것 없이 영적인 면에 박식해야 합니다. 특별하게 살아있는 영의세계에 대하여 바르게 알아야 합니다. 대한민국의 교계가 말씀을 해석하여 전하는 것은 발전이 잘 되어 있습니다. 반면에 보이지 않는 영의세계에 대해서는 뒤 떨어져 있습니다. 영의세계는 보이지 않기 때문입니다. 누가 앞서서 발전시키려고 하지 않기 때문입니다. 잘못하면 시비가 걸리고 난처해 질 수 있기 때문입니다. 필자가 영적인 세계에 대하여 잘 서술하여 발간한 책이 많습니다. 많이 읽어보시어 영적인 세계의 전문성을 개발하시기를 바랍니다. 영적인 세계는 본인이 체험하고 성경으로 해석하여 설명할 수가 있어야 합니다.

충만한 교회에서는 매주 목요일 밤 19:30-21:30 성령 ,은사, 내적치유집회를 정기적으로 진행하고 있습니다. 성령체험을 원하시는 많은 분들이 찾아오셔서 성령세례를 받고, 성령은사를 받으며, 질병과 마음의 상처를 치유 받고, 귀신들을 떠나보내고 있습니다. 담임목사가 일일이 1시간 이상 안수하여 성령으로 기도하며 성령의 강력한 역사가 일어나서 오시는 분들이 많은 은혜를 받고 있습니다.

18장 영의차원에서 근본을 풀어라.

(고전2:10)"오직 하나님이 성령으로 이것을 우리에게 보이셨으니 성령은 모든 것 곧 하나님의 깊은 것까지도 통달하시느니라."

하나님은 영이십니다. 고로 영적인 차원이 되어야 하나님의 역사가 일어납니다. 인간의 문제는 영의 치원에서 일어난 비정상적인 활동에 의하여 발생하는 것입니다. 그러므로 반드시 영의 차원에서 발생한 문제를 해결해야 합니다. 영의 차원에서 발생한 문제를 해결하기 위하여 성령의 깊은 임재에 들어가도록 해야 합니다. 가계의 저주의 원인을 알아내는 것도, 문제를 해결하는 방법도, 문제를 해결하는 것도 성령의 깊은 임재에 들어가야 가능한 것입니다. 가계에 흐르는 현실 문제의 해결이나 치유는 성령의 깊은 임재가 있어야 해결이 되는 것입니다. 가계에 흐르는 현실 문제가 해결되려면 성령의 깊은 임재에 들어갈 수 있는 영육의 상태가 되어야 합니다. 성령의 임재 없이는 잠재의식에 숨어있는 영육의 문제가 해결되지 않기 때문입니다. 현실문제의 해결의 관건은 성령의 깊은 임재에 들어가는 것입니다. 성령의 깊은 임재에 들어가려면 이렇게 해야 합니다.

첫째로, 죄를 용서받고 치유를 받으려면 예수를 영접하여야 합니다. 예수를 영접하므로 성령의 역사로 치유가 이루어지기 시작합니다. 모든 치유는 성령의 능력으로 됩니다. 자신에 내재하는 인간의 영의 선한 힘(영력)이라 하고, 예수를 믿어 내면으로 들어오신 하나님의 영은 인간의 능력을 초월하여 나타나는 영적 능력으로 역사합니다. 성령의 능력이 이때부터 나타납니다. 그래서 사람은 할 수 없으나 할 수 있는 하나님의 영력(형상)이 나타나서 성령이 충만하게 됩니다. 영력은 나타나는 상태와 조건을 만들어야 나타납니다.

둘째로, 성령의 역사가 나타나는 말씀을 듣고 성령의 세례를 받아야합니다. 그 조건과 상태는 여러 가지이지만 첫째 의지를 발동시켜야 합니다. 의지를 발동하게 하여 성령세례를 받는 것이 제1의 원리요, 그 다음은 말씀과 성령으로 내적 치유하는 것이 제2의 원리요, 귀신 추방이 제3의 원리입니다. 그리하여 생각이 바뀌고, 마음이 감동되어, 믿음이 생겨서, 본인의 의지가 발동되어, 몸이 움직여지고, 행동으로 옮겨지는 과정을 거쳐야 합니다. 이 영적 원리는 모든 것에 적용됩니다.

성령의 세례는 이론이 아니고 실제로 체험하는 역사입니다. 자신이 직접 몸으로 감각으로 느껴야 합니다. 성령의 세례를 받게 되면 다음으로 성령의 불세례가 나타나기 시작합니다. 성령께서 불로 역사하면서 자신의 상처를 치유하고 자아를 부수십니다. 성령께서 심령에서 역사하시면서 혈통에 역사는 귀신을 축사합니다. 자신의 마음 안에서 역사하는 성령의 권능으로 세상 신이 떠나가기 시작을 합니다. 세상 신이 떠나가니 영이 깨어나 영안이 열리기 시작합니다. 영안이 열리니 자신이 이렇게 고통을 당하는 것은 악한 영의 역사라고 알게 됩니다. 악한 영의 역사가 떠나가야 현실의 문제가 해결이 된다는 것을 인정하면서 스스로 기도하기 시작을 하는 것입니다. 스스로 기도하니 문제가 해결이 되기 시작을 하는 것입니다. 모든 현실의 문제의 해결은 성령의 권세로 되는 것입니다. 현실의 문제 배후에 영적인 세력이 결부되어 있기 때문입니다. 그래서 성령으로 세례를 받고 권능을 받아서 사용해야 비로소 현실의 문제를 하나님께 기도하여 하나님의 방법으로 해결할 수 있는 것입니다.

셋째로, 성령의 인도로 말씀을 잘 알아들을 수 있어야합니다. 성경에서는 내 뜻과 정성과 힘을 다하여 하나님을 섬기라 했고(신28장), 크게 사모하는 자에게 제일 좋은 길을 보여 준다고 했습니다(고전12:31). 네가 낫기를 원하느냐고 예수님은 말씀했습니다(요5:6), 영과 진리로 예배하는 자에게 찾아온다고 했습니다(요4:23). 모든 영적인 일에 진심으로 구하고 구하면 얻을 것이요, 찾고 찾으면 찾을 것이고 두드리면 열립니다. 강한 순종과 믿음과 승리의 의지를 발동시키고 행동으로 옮기십시오. 행동으로 옮기지 못하게 하는 장애요인(죄)이 자신에게 있습니다. 이것을 깨닫고 제거하십시오. 귀신의 병과 정신병의 구분을 잘 해야 합니다.

넷째로, 성령의 깊은 임재에 들어가야 합니다. 호흡 기도를 통하여 성령의 깊은 임재에 들어가야 합니다. 목회자에게 역사하는 성령의 역사를 환자에게 전이시키는 작업을 해야 합니다. 목회자는 환자의 머리와 등에 손을 얹고 안수를 합니다. 환자에게 호흡을 들이쉬고 내쉬라고 합니다. 호흡을 깊게 하게 하는 이유는 환자가 마음을 열게 하기 위함이고, 성령의 역사가 잘 일어나도록 하기 위함입니다. 한 3분정도 이렇게 안수하면 대부분의 환자에게 목회자에게 역사하는 성령이 전이되게 됩니다. 환자가 능동적으로 성령의 역사를 환영하고 받아 들여야 합니다. 그래야 빨리 성령께서 장악을 하십니다. 성령께서 장악을 하여야 치유가 되기 시작을 합니다. 목회자는 절대로 서두르지 말고 성령의 역사가 환자를 완전하게 장악할 때까지 기다려야 합니다. 치유는 전적으로 성령님의 사역입니다. 목회자가 치유하는 것이 아닙니다. 성령께서 장악하지 못하면 치유되지 않습니다. 그러므로 목회자는 불필요한 에너지를 소비하지 말고 성령께서 역사하실 때가지 기다려야 합니다. 성령께서 장악하시면 목회자에게 감동을 주십니다. 목회자는 성령께서 감동하시는 대로 순종하면 치유가 되는 것입니다.

다섯째로, 앞의 과정을 거친 다음에 문제의 원인을 성령께 질문해야합니다. 영적인 그림을 그리라는 말입니다. 전체의 그림을 보면서 자신의 문제의 원인이 어디에 있는지를 찾아야합니다. 시간이 많이 걸릴 수가 있습니다. 왜냐하면 성령께서 완전하게 장악을 한 다음 원인을 알 수 있고 치유도 되기 때문에 하나님의 시간표를 따라 기다려야 합니다. 급하다고 되는 일이 아닙니다.

여섯째로, 성령께서 알려주는 문제의 원인에 따라 조치를 해야 합니다. 죄를 지었다면 회개를 해야 합니다. 회개의 기도를 할 때 주의사항이 있습니다. 가문의 치유를 위한 회개의 기도나 환란과 고통의 단절의 기도나 악한 영을 축사하는 기도나 할 것 없이 주문 외우듯이 기도문을 외우며 소리만 하며 기도 한다고 가문의 대물림이 단절되거나 치유되는 것이 아닙니다. 성령의 깊은 임재 하에 그 때 그 상황을 영상을 마음으로 보면서 영으로 기도해야 합니다. 최소한 마음으로 기도해야 합니다. 기도 소리는 크지 않아도 상관이 없습니다. 성령의 임재 하에 하는 기도가 권세가 있어서 악한 영이 물러가는 것입니다. 성령의 임재가 중요합니다. 문제는 밖에 있는 것이 아니고 내안에 있기 때문입니다. 꼭 명심하시고 알아두시기를 바랍니다.

회개는 가문의 대물림 치유의 꽃입니다. 회개는 믿음의 본질입니다. "예수님을 믿습니다!"라고 하는 것은 회개로서 나타나는 것입니다. 왜 그렇습니까? 회개는 예수님 십자가의 죽으심이 나의 죄 때문이라는 것을 믿는 사람에게서만 있는 증거입니다. 성령의 임재 가운데 깊은 회개가 이루어져야 합니다. 영의 차원에서 문제가 발생했기 때문입니다. 그러므로 인간적인 차원에서 머리로 생각으로 하는 회개는 효과가 나타나지 않는 다는 것을 알아야 합니다.

○ 예수 그리스도의 피로 구속받은 하나님의 자녀인 나는 마귀의 저주를 초래하게 한 나와 나의 조상이 지은 3.4대까지의 모든 죄를 미워하고 회개합니다.

○ 모든 종류의 우상 숭배, 미신, 잡신을 섬긴 것, 굿, 타종교를 믿은 것, 마술, 주술, 사술, 점과 점성술에 참여한 것, 악령의 의한 마법, 사주팔자, 관상, 점, 제사, 간음, 호색, 타인을 학대한 것, 살인, 기만,

거짓말 등의 죄를 회개하며, 주 예수 그리스도를 통한 하나님의 용서와 죄 씻음을 구합니다. 하나님이 정하여 준 배우자와의 혼인관계 외에 일어난 모든 성적관계를 회개합니다. 하나님 외에 다른 신으로부터 힘과 유익과 권리를 구하였고 얻은 것을 회개합니다.

폭력, 배척, 마약, 알콜 중독, 흡연, 자살, 남창, 콜걸, 잘못된 남아사상으로 계획적인 유산, 도벽, 교만, 반항, 환각, 본드흡입, 거역, 분노, 두려움, 호색 및 성도착, 문신, 이혼, 환각, 이별, 미움, 이혼, 이간질, 불화, 성중독, 인터넷 중독, 호모섹스, 약물중독, 프리섹스, T.V중독, 쇼핑병, 학대와 동물과의 성관계, 음란한 성기구사용, 인터넷섹스 ,피어링, 음란한 잡지 탐익, 등을 회개하오니 용서해 주옵소서.

○ 하나님 아버지! 예수님의 이름으로 나와 조상의 모든 죄를 용서해 주심을 믿고 감사드립니다. 예수님의 이름으로 기도합니다. 아멘

일곱째로, 조상들의 잘못된 행위를 용서하라는 것입니다. 회개와 용서는 가계의 저주를 해결하는 열쇄가 됩니다. 하나님 아버지! 저희는 아버지의 자녀로 아버지 앞에 왔습니다. 크신 도우심을 간곡하게 청하러 왔습니다. 육체적 질병과 정서적 불안과 선조의 죄악과 불의와 인간관계에 얽힌 어려움에서 저희를 도와주소서. 저희가 지니고 있는 문제들은 주로 저희 자신의 실수와 태만과 죄악 때문임을 인정하고 고백하며 겸손하게 용서를 구합니다. 주님! 또한 저희 조상들의 지은 죄도 용서를 구합니다.

조상들의 잘못이 저희들에게 나쁜 영향을 끼쳐 육체적, 정신적, 영성적으로 못된 성향이 나와 형제들에게 흠집을 남겼사오니, 주님! 이 모든 혼란에서 저희를 치유하소서. 아버지의 도우심으로 저희는 모든 이들을 진심으로 용서합니다.

저희 자신과 저희가 사랑하는 사람들에게 어떤 식으로든 해악을 주고 있는 가계의 모든 사람들, 산 사람이든, 죽은 사람이든, 모두 용서합니다. 또한 저희들이 현재 당하고 있는 고통과 혼란의 원인이 된 조상들의 과오를 용서합니다.

예수 그리스도의 십자가 보혈을 통하여, 또 성령의 힘에 의지하여 아버지께 구하오니, 악의 영향으로부터 저희와 저희 가계의 모든 사람을 죄에서 구원하여 주소서. 저의 가계의 모든 사람들, 산 사람이든, 죽은 사람이든, 입양된 사람이든 누구든, 넓은 의미로 저희와 가족 관계에 있는 모든 사람을 죄악과 억압의 속박에서 해방시켜 주옵소서.

저희를 아끼시는 하나님 아버지의 사랑과 예수 그리스도께서 흘리신 보혈에 의지하여 간구하오니, 저희와 저희들의 일가친척들, 산 사람과 죽은 사람, 모두에게 하나님의 크나큰 축복을 베푸소서. 지난 과거 세대에서 펼쳐진 악습에서 저희를 치유하시고, 오는 미래 세대의 자손들을 보호하시고 축복하소서.

저희 가족 한 사람 한 사람의 머리 위에 상징적으로 예수님의 보혈을 뿌리오니, 예수님의 보혈로 저희 가계의 혈통을 깨끗하게 씻어 주옵소서. 예수님! 또한 수호천사들이 우리를 둘러싸게 하시고,

치유의 수호자인 라파엘 천사가 우리의 모든 질병과 유전병까지도 치유하도록 역사하여 주옵소서. 우리 가문에 대물림되는 불치의 질병들을 치유하여 주옵소서.

저희 가계의 모든 속박을 사랑의 성스러운 결속으로 대체하여 주옵소서. 주님, 또한 예수 그리스도와의 깊고 깊은 결속이, 성령의 도우심으로, 지금 여기 우리와 함께 머물게 하옵소서. 성부와 성자와 성령께서 저희 가족들 안에 머무르시어, 부드럽고 따뜻한 사랑의 임재를 저희가 느끼게 하시고, 저희 가족 모두와 삼위 하나님 사이의 사랑을 저희 자신들의 상호 관계 속에서 인식하고 실천하게 하소서. 이밖에도 저희가 미처 깨닫지 못한 많은 허물을 모두 주님께 드리오니, 저희의 기도를 들어 허락하시어 저희와 저희 가계의 모두를 치유해 주소서. 우리 주 예수 그리스도를 통하여 간절히 기도하나이다. 아멘.

여덟째로, 가계의 저주의 줄을 예수 이름으로 끊어내라는 것입니다. 혈통으로 연결된 저주의 줄을 성령의 임재가운데 예수 이름으로 끊는 것입니다.

○ 저주를 끊으면 악령들이 작용할 수 있는 법적 권리를 박탈해 버리게 됩니다.

○ 법적인 근거들을 멸한 뒤에 주 예수의 이름으로 명령해야 저주하던 마귀 귀신들이 쫓겨나갑니다.

○ 마귀의 저주를 끊으면 상황에 따라서 끊음과 함께 바로 회복, 치유, 변화를 경험하는 경우가 있으며, 또 시간이 점차 지나면서 저

주를 끊은 효력이 나타납니다.

○ 마귀의 저주를 끊는 것은 지금까지 자신, 가족에게 역사한 악한 마귀들이 활동할 수 있는 법적 근거와 세력을 차단하는 것입니다. 공산당이 1950년 6.25를 일으킨 후 계속 남쪽으로 공격해 오다가 U/N. 군의 인천 상륙 작전으로 인해 보급로가 차단된 것과 같습니다. 인천 상륙 작전이 전쟁의 승리 자체는 아니나 승리를 가져오게 하는 결정적인 역할을 했습니다. 회개와 저주를 끊는 일은 악한 영들의 보급로를 끊는 것입니다. 이 시점에서 마귀와의 영적 전쟁이 시작됩니다.

○ 우리는 단호하게 마귀를 향하여 꾸짖어야 하며 그 권세가 우리에게 있습니다. 마귀는 우리의 힘으로 어찌할 수 없는 영적 존재입니다. 그러나 사망 권세를 이기신 예수 그리스도의 이름 앞에서는 무력한 존재이며, 그 이름을 힘입어 믿음으로 사탄의 저주를 끊고 꾸짖고 명할 때 마귀는 물러갑니다.

○ 나는 나의 가족 위에 내린 가난, 궁핍, 부채, 파멸, 방랑벽, 질병의 저주는 예수 이름으로 끊어질지어다.

○ 나의 부부생활, 가족, 자녀, 대인 관계의 모든 저주를 예수 이름으로 끊노라. 배척, 자만심, 반항심, 음란, 두려움, 정신적 타격, 혼란의 저주는 예수 이름으로 끊어질지어다.

○ 나는 유전병, 간질, 피부병, 정신이상, 암, 당뇨병, 간염, 심장병, 정신병, 디스크, 에이즈, 성병. 고혈압, 저혈압, 오장육부에 질병의 저주는 예수 이름으로 끊어질지어다.

19장 마음 안에서 성령의 역사를 일으키라.

(출 34:7)"인자를 천대까지 베풀며 악과 과실과 죄를 용서하리라 그러나 벌을 면제하지는 아니하고 아버지의 악행을 자손 삼사 대까지 보응하리라"

하나님은 저주하는 하나님이 아니고 복을 주시는 사랑의 하나님이십니다. 그러므로 우리 가문에 대대로 흐르는 영육의 문제는 하나님이 하신 것이 아닙니다. 하나님과 사람 사이에 틈이 생길 때 마귀가 들어와 저주한 것입니다. 절대로 하나님이 저주 하신 것이 아닙니다. 그래서 이 마귀의 저주문제를 성령의 능력으로 적극적으로 다루어서 해방 받고 하나님이 예비하신 복을 받고자 '가계저주에서 영원히 해방되는 길'라는 용어를 사용하는 것입니다.

가문에 대물림된 마귀의 역사 곧 죄성이 있다고 판단될 때 그래서 현재 나에게 문제가 있다고 판단될 때, 구체적으로 그것을 차단하고, 하나님의 말씀에서 약속하시는 하나님의 자녀의 권세를 회복하고, 복을 누리는 가운데 하나님의 소원인 복의 통로로서 삶을 살아야 하나님 나라를 확장할 수가 있지 않겠습니까? 우리 모두 방심하지 마시고 성령의 임재 하에 대물림을 찾아서 끊어내고 저주하던 귀신들을 축귀하여 하나님의 영광의 도구가 되시기를 바랍니다. 하나님에게 쓰임을 받으시기를 바랍니다.

필자가 이런 체험을 한 일이 있었습니다. 성령 체험을 함과 동시에 성령치유 사역을 한창 하던 때에 낮에 사모와 함께 기도하고 있는데 갑자기 성령께서 "혈통으로 대물림 되어서 너의 목회를 방해하고 가난하게 하는 귀신을 몰아내라!" 라고 하시는 것입니다. 그래서 저는 "예수 이름으로 명하노니 나의 목회를 방해하고 가난하게 하는 더러운 귀신은 예수 이름으로 명하노니 물러갈지어다" 하고 세 번을 명령 하였습니다. 그랬더니 막 하품이 나오기를 한 20여 차례 나오면서 더러운 귀신들이 떠나가는 것이었습니다. 그러기를 한참 하더니 곧이어 아랫배가 뒤틀리고 아프면서 귀신들이 떠나갔습니다.

그 전까지만 해도 필자의 교회에서 강력한 성령의 불의 역사가 일어나는 가운데 성도들을 붙잡고 기도하며 내적치유를 하고 귀신들을 축사하고 병을 고쳐도 저를 괴롭히고 목회를 방해하며 가난하게 하던 귀신들은 떠나가지 않았던 것입니다. 이일이 있은 후부터 교회재정이 풀리고 사택도 교회 밖으로 나가는 역사가 일어났습니다. 하나님은 현실 문제를 하나님의 방법으로 해결하게 하시면서 영적으로 바꾸시고 믿음을 키우십니다. 그리고 근본문제가 풀리면서 전인적인 복을 받는 것이 눈으로 보이는 체험을 할 수가 있습니다.

하나님은 분명하게 불러서 훈련하는 사람을 축복하시는 분입니다. "그러므로 믿음으로 말미암은 자는 믿음이 있는 아브라함과 함께 복을 받느니라(갈 3:9)" 예수를 믿는 성도가 질병에 시달리고, 사업이 안 되고, 가난으로 고통을 당하고 가정에 불화가 있는 것은 다 이유가 있습니다. 성경에 이유 없는 저주는 없다고 했습니다. "까닭 없는 저주는 참새가 떠도는 것과 제비가 날아가는 것 같이 이루어지지 아니하느니라(잠 26:2)" 목회자가 목회가 안 되고, 질병에 걸려 고생하고, 사모가 우울증에 걸리는 것은 다 이유가 있습니다. 마귀 역사에 의한 저주를 찾아 말씀과 성령의 역사로 마귀 역사를 끊고, 귀신을 축사하고, 이 땅에서도 심령 천국을 이루면서 사시기를 바랍니다.

첫째, 성령의 임재가운데 악한 영들을 구체적으로 몰아내야 한다. 바르게 알아야 할 것은 가계에 역사하면서 저주하는 세력은 사람보다 강한 초인적인 영적인 존재입니다. 보이지는 않지만 살아 역사하는 존재입니다. 반드시 성령의 역사가 자신 안에서 일어나야 성령의 역사로 저주의 영들이 밀려서 쫓겨나가는 것입니다. 그러므로 말로 기도문을 외운다고, 물병을 두드리면서 감정을 푼다고 귀신들이 떠나가지를 않습니다. 반드시 성령의 역사가 자신 안에서 강력하게 일어나야 가계에 살아서 역사하면서 저주하던 귀신들이 물러가는 것입니다.

그래서 기도는 성령으로 내면의 기도를 해야 합니다. 목으로 생각하여 머리써서 하는 기도는 성령의 역사가 일어나지 않습니다. 배꼽 아래에 의식을 두고 호흡을 들이쉬고 내쉬면서 마음으로 예수님을 찾으면서 기도하는 것입니다. 성령의 임재가 자신을 장악하면 떠오르는 생각들을 통하여 대적하며 기도하는 것입니다.

아래에 다수의 내용들을 빠뜨리지 않게 하기 위하여 가능성이 있는 것을 모두 망라하여 기록합니다. 자만하시지 말고 반드시 한두 번은 점검해 보아야 합니다. 자신에게 해당하는 것들을 찾아서 대물림된 악한 영들을 성령의 권능으로 축사하시기를 바랍니다. 원인이 없는 문제는 없습니다. 꼭 문제가 있으면 말씀과 성령으로 찾고 분별하여 원인을 제거하시기를 바랍니다. 성령으로 기도하는 가운데 영의상태에서 마음으로 명령을 하시기를 바랍니다. 소리만 지른다고 귀신이 떠나가는 것이 절대로 아닙니다. 성령의 임재가운데 마음으로 명령하는 기도에 귀신들이 물러가는 것입니다. 성령의 임재가 가장 중요합니다. 육적이거나 혼적인 상태에서는 가계에 역사하는 귀신들이 떠나가지 않습니다.

자신의 가계에 직접적으로 영향을 미치는 영들에게 성령으로 충만한 가운데 영으로 명령하는 것입니다. 소리는 크지 않아도 됩니다. 성령의 임재가운데 마음으로 명령하면 됩니다. 의지를 가지고 지속해야 합니다. 영의 상태에서 귀신들이 떠나감으로 예수님의 이름으로 지속하는 것이 중요합니다.

○ "나의 가문을 통해 침입한 악한 영들과 그들의 모든 활동을 예수 이름으로 대적하노라."

○ "나는 현재와 과거에 우리 집안 식구들이 특히 미신, 잡신, 우상숭배를 통해 맹세하고 서약한 모든 것을 예수의 이름으로 파기하노라. 절과 무당과 이방신과 맺은 모든 계약관계는 예수 이름으로 파기될지어다."

○ "우리 가문이 다른 가문들을 지배하거나 망하게 하려고 걸어 놓았던 모든 마법, 저주, 주문, 마술을 주 예수 그리스도의 이름으로 차단하고 무효임을 선포하노라."

○ "다른 가문이 우리 가문을 지배하거나 망하게 하려고 걸어

놓은 모든 마법, 저주, 주문, 마술을 주 예수 그리스도의 이름으로 차단하고 무효임을 선포하고 축복으로 바꾸노라."

○ "이제, 아버지의 혈통을 통해 들어온 대물림의 악한 영들과 어머니의 혈통을 통해 들어온 대물림의 악한 영들은 내가 예수 이름으로 명하노니 예수 그리스도가 예비한 장소로 떠나갈지어다."

○ "아버지와 어머니의 혈통을 통해 침입한 악한 영들은 내가 예수 이름으로 명하노니 성령의 줄로 묶여서 예수 그리스도가 예비한 장소로 떠나갈지어다."

○ "폭음, 폭력, 배척, 교만, 반항, 거역, 분노, 분리, 두려움, 호색 및 성도착, 마술, 가난, 궁핍, 부채, 파산, 이혼, 이별, 이간질, 불화, 우울증, 비관, 고독, 방랑벽, 한 및 슬픔, 학대와 중독의 영들을 예수 그리스도의 이름으로 명하노니 떠나갈지어다."

○ "유전병, 정신 이상, 광기, 암, 당뇨병, 고혈압 등 질병을 가져온 모든 영들을 예수 그리스도의 이름으로 명하노니 떠나갈지어다."

○ "이미 나간 영들, 우리 가문을 공격하기 위해 지정된 모든 영들은 우리 가정에 들어오지 말지어다. 가문에 역사하던 악한 귀신들은 예수 이름으로 명하노니 떠나갈지어다."

○ "조상과 내가 예수를 믿지 않을 때 산에서 고사 지낼 때 들어온 귀신, 바다에서 고사 지낼 때 들어온 귀신, 기우제 지낼 때 들어온 귀신 등 주님 이외의 우상을 숭배한 죄를 통해 들어온 귀신은 예수 이름으로 명하노니 떠나갈지어다."

○ "미신 행위를 한 죄를 통해 들어온 대물림의 귀신은 예수 이

름으로 명하노니 떠나갈지어다."

○ "권세를 위하여 동족이나 혈족을 살해한 죄를 통해 들어온 대물림의 귀신은 예수 이름으로 명하노니 떠나갈지어다."

○ "많은 처첩을 거느림으로 쌓은 음욕의 죄를 통해 들어온 귀신은 예수 이름으로 명하노니 떠나갈지어다."

○ "권력을 이용하여 남의 것을 착취하고 억울하게 한 죄를 통해 들어온 귀신은 예수 이름으로 명하노니 떠나갈지어다."

○ "자살한 조상들의 죄를 통해 들어온 자살 귀신은 예수 이름으로 명하노니 떠나갈지어다."

○ "이기심으로 부모나 동기간을 외면한 죄를 통해 들어온 귀신은 예수 이름으로 명하노니 떠나갈지어다."

○ "남을 억울하게 죽게 한 죄를 통해 들어온 귀신은 예수 이름으로 명하노니 떠나갈지어다."

○ "서류를 위조하여 남의 토지를 빼앗은 죄를 통해 들어온 귀신은 예수 이름으로 명하노니 떠나갈지어다."

○ "과음과 주벽의 습관이 있었던 조상의 죄를 통해 들어온 귀신은 예수 이름으로 명하노니 떠나갈지어다."

○ "도박으로 인하여 가산을 탕진한 죄를 통해 들어온 귀신은 예수 이름으로 명하노니 떠나갈지어다."

○ "폭력으로 남을 괴롭힌 조상의 죄를 통해 들어온 귀신은 예수 이름으로 명하노니 떠나갈지어다."

○ "폭언으로 다른 사람의 마음을 아프게 한 죄를 통해 들어온 귀신은 예수 이름으로 명하노니 떠나갈지어다."

○ "게으름으로 남에게 물질적, 시간적으로 해를 끼친 조상의 죄를 통해 들어온 귀신은 예수 이름으로 명하노니 떠나갈지어다."

○ "습관적 거짓말을 한 죄를 통해 들어온 귀신은 예수 이름으로 명하노니 떠나갈지어다."

○ "낭비벽과 사치와 허영으로 인한 죄를 통해 들어온 귀신은 예수 이름으로 명하노니 떠나갈지어다."

○ "고부간의 갈등으로 불화한 죄를 통해 들어온 귀신은 예수 이름으로 명하노니 떠나갈지어다."

○ "남을 모함하고 이간질 한 죄를 통해 들어온 귀신은 예수 이름으로 명하노니 떠나갈지어다."

○ "남편이나 아내를 버리고 자식을 버린 죄를 통해 들어온 귀신은 예수 이름으로 명하노니 떠나갈지어다."

○ "재물, 학식, 미모, 권력을 통하여 교만을 쌓은 죄를 통해 들어온 귀신은 예수 이름으로 명하노니 떠나갈지어다."

○ "열등감으로 자포자기했거나 실망한 죄를 통해 들어온 귀신은 예수 이름으로 명하노니 떠나갈지어다."

○ "남을 업신여기고 천대한 죄를 통해 들어온 귀신은 예수 이름으로 명하노니 떠나갈지어다."

○ "탐욕과 인색의 죄를 통해 들어온 귀신은 예수 이름으로 명하노니 떠나갈지어다."

○ "옹고집속에 살아온 죄를 통해 들어온 귀신은 예수 이름으로 명하노니 떠나갈지어다."

○ "유흥에 빠졌던 죄를 통해 들어온 귀신은 예수 이름으로 명

하노니 떠나갈지어다."

○ "음담패설을 즐긴 죄를 통해 들어온 귀신은 예수 이름으로 명하노니 떠나갈지어다."

○ "낙태한 죄를 통해 들어온 귀신은 예수 이름으로 명하노니 떠나갈지어다."

○ "지나친 농담으로 말이 진실하지 않았던 죄를 통해 들어온 귀신은 예수 이름으로 명하노니 떠나갈지어다."

○ "무위도식하며 살아온 조상의 죄를 통해 들어온 귀신은 예수 이름으로 명하노니 떠나갈지어다."

둘째, 저주하던 악한 영들이 떠나간 곳을 말씀과 성령으로 채워야한다. 악한 영들을 떠나보내기 위한 기도만 할 것이 아닙니다. 이제 떠나보내고 말씀과 성령으로 채워야 합니다. 성령으로 기도해야 합니다. 영과 진리로 예배를 드려야 합니다. 자신은 걸어 다니는 성전이라는 의식을 가지고 자신 안에 임재하신 하나님께 기도해야 합니다. 반드시 마태복음 12장 43-45절 말씀을 바르게 이해하고 자신의 심령관리를 해야 합니다.

"더러운 귀신이 사람에게서 나갔을 때에 물 없는 곳으로 다니며 쉬기를 구하되 쉴 곳을 얻지 못하고 이에 이르되 내가 나온 내 집으로 돌아가리라 하고 와 보니 그 집이 비고 청소되고 수리되었거늘 이에 가서 저보다 더 악한 귀신 일곱을 데리고 들어가서 거하니 그 사람의 나중 형편이 전보다 더욱 심하게 되느니라. 이악한 세대가 또한 이렇게 되리라"(마 12:43-45). 말로만이 아니고 실제적인 살아계시는 성령의 권능을 마음 안에 채워야 합니다. 교회 생활이 중요함으로 가계의 저주로 고통을 당하는 성도는 성령의 역사가 강한 영적인 교회에 다니는 것도 좋습니다.

○ "나는 믿음을 실천하며 또 입으로 시인하여 구원에 이름을 알고 있다. 그러므로 나는 아브라함의 복이 나의 것임을 시인한다. 나는 저주 아래 있지 않고 복을 받았다(창 12:2)."

○ "나는 들어와도 복을 받고 나가도 복을 받는다. 또 하나님께서 앞으로 더욱 복 주실 것이다(신 28:6)."

○ "하나님 아버지, 제 인생에 작용했던 모든 저주에서 저와 가족을 자유하게 해 주심을 믿고 감사드립니다."

○ "예수의 이름으로 나에게 물질의 영(순종의 영, 존귀의 영, 축복의 영, 회복의 영)이 역사할지어다. 이제 우리 가정과 교회와 사업장에 재정적 기적이 일어날지어다. 재정적으로 복 주심을 감사드리며 하나님께 영광 돌립니다."

○ "예수 이름으로 (나)에게 생명력 있는 믿음이 있음을 선포한다. 나에게 생명력 있는 믿음이 생겨날지어다."

○ "예수 이름으로 우리 집은 믿음 있는 가정으로 주의 사랑, 평안, 기쁨, 복이 넘치며 생명과 건강과 명예를 보장받는 가정이 될지어다."

○ "예수 이름으로 나의 자녀들은 믿음이 충만하여 하나님의 영광을 위해 살며, 자녀들의 소원이 주님의 소원되어 앞길이 계속 열릴지어다."

○ "예수 이름으로 (나의) 영안이 열려 복의 통로가 보일 지어다."

○ "예수 이름으로 내가 만나는 사람마다 물질을 얻을 수 있는 능력이 생산될지어다. 복의 통로가 될지어다."

○ "주님, 내 입술에, 내 손에, 내 얼굴에, 내 생각 속에 성령의 기름을 부으소서!"

○ "주님! 모든 이들이 나의 얼굴을 볼 때 주님 형상이 보이게 하옵소서. 하나님의 말씀을 선포할 때 하나님의 음성처럼 들리게 하옵소서."

○ "예수 이름으로 나의 혈관에 순환하는 썩은 피는 예수님의 생명의 피로 수혈될지어다."

○ "예수 이름으로 나의 기억, 생각, 마음, 의식, 무의식, 감정, 의지, 습관, 오장육부 속에 있는 더럽고 세상적인 것은 다 제거되고 예수님의 것으로 채워질지어다. 내 마음에 파수꾼이 세워질지어다. 이 모든 말씀 예수님의 이름으로 기도합니다. 아멘!"

다른 상세한 가계의 저주를 끊는 방법으로서 상처의 대물림을 끊고 축복받는 비결, 성질의 고통을 끊고 축복받는 비결, 습관의 고통을 끊고 축복받는 비결, 환란풍파 고통을 끊고 축복받는 비결, 가난궁핍 고통을 끊고 축복받는 비결, 질병(우환) 고통을 끊고 축복받는 비결, 단명(악상) 고통을 끊고 축복받는 비결, 영적 음란 고통을 끊고 축복받는 비결, 우상숭배 고통을 끊고 축복받는 비결, 정신문제 고통을 끊고 축복받는 비결, 부부문제 고통을 끊고 축복받는 비결, 자녀문제 고통을 끊고 축복받는 비결은 "가계의 고통을 끊고 축복받는 비결" 과 "가계가 축복받는 선포기도문" 책을 활용하시기를 바랍니다.

20장 영의차원에서 성령의 인도를 따르라.

(출34:7)"인자를 천대까지 베풀며 악과 과실과 죄를 용서하리라 그러나 벌을 면제하지는 아니하고 아버지의 악행을 자손 삼사대까지 보응하리라"

하나님은 자신과 직접적인 관계가 열리기를 원하십니다. 자신 안에 임재하신 하나님과 직접적인 관계를 열어야 합니다. 많은 성도들이 하나님과의 관계는 뒷전으로 하고 문제만 해결 받으려고 합니다. 그렇기 때문에 7년이 되어도 가계의 저주가 해결되지를 않는 것입니다. 세상에서 인생의 문제로 고통을 당하면서 이 방법 저 방법을 다 동원합니다. 그렇게 해도 해결이 되지를 않는 것은 영적인 문제가 결부되어있기 때문입니다. 영적인 문제가 해결이 되어야 인생의 문제가 해결이 되는 것입니다.

그렇기 때문에 하나님과 관계를 먼저 열어야 한다는 것입니다. 그런데 그렇게 하지를 않습니다. 영적인 원리를 잘 모르고 교회에서 지도자가 무조건 기도하고 열심히 하면 문제가 해결된다고 했기 때문입니다. 그래서 세상에서 고통을 당하다가 예수를 믿으면 해결이 된다고 하여 예수를 믿고 교회에 다닙니다. 교회에 들어와서 열심히 예배를 드리면서 봉사도 합니다. 철야도 하면서 하나님께 문제를 해결하여 달라고 합니다. 오로지 하나님께서 문제를 해결하여 주기를 바라는 애절한 기도를 합니다. 그러나 하나님은 문제를 해결하실 수가 없습니다. 왜냐하면 육적인 상태에서 하는 기도는 영이신 하나님이 알아들으실 수가 없기 때문입니다. 이렇게 소극적인 방법으로 믿음 생활을 하니 7년이 되어도 가계의 저주에서 해방되지 못하는 것입니다.

가계의 저주를 해결하려면 이렇게 해야 합니다. 예수를 믿고 교회에 들어왔으면 영과 진리로 예배를 드리는 것입니다. 예배를 드리면서 기도하여 성령세례를 받아야 합니다. 성령으로 세례를 받음과 동시에 무의식과 잠재의식의 상처를 치유합니다. 상처가 치유되면서 자아가 부수어집니다. 점점 자신이 없어지는 것입니다. 영적인 사람이 되어간다는 날입니다. 그러면서 육체에 역사하던 세상 신들이 떠나가면서 하나님과 관계가 열리는 것입니다. 주인이 바뀌는 것입니다. 이 원리를 예수님은 이렇게 말씀하셨습니다. 누가복음 11장 20-22절에서 "그러나 내가 만일 하나님의 손을 힘입어 귀신을 쫓아낸다면 하나님의 나라가 이미 너희에게 임하였느니라. 강한 자가 무장을 하고 자기 집을 지킬 때에는 그 소유가 안전하되, 더 강한 자가 와서 그를 굴복시킬 때에는 그가 믿던 무장을 빼앗고 그의 재물을 나누느니라." 초자연적인 성령께서 주인으로 좌정하시니 지금까지 주인노릇을 하던 세상신이 물러가는 것입니다. 이제 하나님과 관계가 열리기 시작하는 것입니다.

이제 하나님께 기도하면서 가계의 저주로 고통당하는 원인을 알아내는 것입니다. 영적인 상태가 되면 하나님께서 반드시 알려주십니다. 하나님께서 자신을 통하여 일을 해야 하기 때문입니다. 한 가지 한 가지씩 하나님께 하문하여 가계의 저주를 풀어가는 것입니다. 그러므로 성도들이 우선해야 하는 것은 하나님과 관계를 여는 것입니다. 그래서 성령 세례가 중요한 것입니다. 성령으로 영적인 상태가 되어야 자신 안에 계신 하나님과 관계가 열리기 때문입니다.

그래서 우리가 다른 사람의 도움을 받아 문제를 해결 받고, 치유받는 것은 어느 시점까지만 가능한 것입니다. 종국에서 자신에게 와있는 성령의 권능을 가지고 스스로 끊어내야 합니다. 저는 우리 교회에서 성령치유 집회를 할 때 오신 분들이 스스로 영적 자립을 하도록 훈련을 하고 있습니다. 자신의 가계에 혈통으로 역사하는 고통의 대물림을 이렇게 끊으시기를 바랍니다.

하나님은 저주하는 하나님이 아니고 축복하시는 사랑의 하나님입니다. 그러므로 우리 가문에 대대로 흐르는 영육의 문제는 하나님이 하신 것이 아닙니다. 하나님과 사람의 사이에 틈이 생길 때 마귀가 들어와 저주한 것입니다. 절대로 하나님이 저주 한 것이 아닙니다. 그래서 이 마귀의 저주문제를 성령의 능력으로 적극적으로 다루어서 해방 받고 하나님이 예비한 축복을 받고자 이렇게 스스로 치유하는 비결을 알려드리는 것입니다.

가문에 대물림되는 마귀의 저주가 있다고 판단될 때, 그래서 현재 나에게 문제가 있다고 판단될 때, 구체적으로 어떻게 하여야 그것을 차단하고, 하나님의 말씀에서 약속하시는 하나님의 자녀에 권세를 회복하고, 복을 누리고 하나님의 소원인 축복의 통로로서 살아야 하나님 나라를 확장할 수가 있지 않겠습니까? 방심하지 마시고 성령의 임재 하에 찾아서 대물림을 끊어내고 하나님의 영광의 도구가 되시기를 바랍니다. 지금 이 시간 말씀드리는 것은 가계 문제를 스스로 치유할 수 있도록 알려드리는 것입니다. 이장에서 제시하는 원리와 순서를 숙지하여 치유할 때 적용하시기를 바랍니다.

첫째, 스스로 인정하라. 자신에게 일어나는 현상이 혈통에 대물림되는 귀신의 역사로 일어나는 것이라는 것을 인정하라는 말입니다. 절대로 본인이 인정하지 않으면 귀신은 떠나가지를 않습니다. 본인이 인정하고 성령의 임재 하에 명령을 하면 시간이 오래 걸려서 문제지 다 떠나갑니다. 그래서 자신에게 일어나는 비정상적인 일들의 배후에 악한 영이 있다는 것을 알고 인정하는 것이 중요합니다. 나의 그동안 사역경험으로 보아 본인이 인정하고 성령의 임재 하에 본인이 명령할 때 모두 귀신이 떠나갔습니다. 분명하게 선조들의 죄악을 통해서 역사하는 귀신이 있습니다. 인정합시다. 인정하는 것이 빨리 귀신의 역사로부터 해방되기 시작하는 수단입니다.

둘째, 영안을 열어 영적인 사고를 하라. 제가 그렇게 혈통에 대물림되던 귀신의 역사로 고통을 당하다가 서서히 해결을 받은 것은 영적인 눈을 뜬 후부터입니다. 영적인 원리들을 알고 적용하면 적용할수록 환경에 보이도록 변화가 나타났습니다. 영적인 원리들을 알고 성령의 권세를 주장하니 물질이 서서히 풀렸습니다. 교회가 부흥을 했습니다. 재력이 있는 성도들이 교회에 등록을 했습니다. 성령의 역사가 일어나니 성령께서 하나님의 사람들을 보낸 것입니다. 천사들입니다. 저는 항상 이렇게 생각을 합니다.

성도가 성령의 세례를 받으면 성령의 인도로 영의 눈이 떠집니다. 영의 눈이 떠지니 영적인 세계가 보이게 됩니다. 모든 문제의 배후에는 귀신이 역사한다는 것을 알게 됩니다. 귀신을 쫓아내려고 하니 성령의 권능을 받는 것입니다. 그래서 영적인 원리들을 아는 만큼씩 저주하던 귀신이 떠나가는 것입니다. 영적인 지식을 얻기 위하여 노력을 해야 합니다. 말씀의 비밀을 깨닫기 위하여 성령 충만을 받아야 합니다. 성령의 인도로 말씀 속에 있는 영적인 원리들을 찾아서 적요하면 혈통에 역사하며 저주하던 귀신들이 떠나갑니다.

셋째, 성령의 세례와 권능을 받아라. 혈통에 역사하며 저주하던 귀신은 우리보다 강합니다. 반드시 성령의 역사로 장악이 되어야 떠나가는 것입니다. 그러므로 성령의 권능을 받아야 합니다. 성령의 권능을 받으려면 먼저 성령으로 세례를 받아야 합니다. 성령으로 세례를 받으려면 성령의 역사가 일어나는 장소에 가야 합니다. 성령의 역사가 일어나는 장소에 가서 뜨겁게 기도할 때 성령의 세례를 체험하게 됩니다. 성령의 세례는 이론이 아니고 실제로 체험하는 역사입니다. 자신이 직접 몸으로 감각으로 느껴야 합니다. 성령의 세례를 받게 되면 다음으로 성령의 불세례가 나타나기 시작을 합니다. 성령께서 불로 역사하면서 자신의 상처를 치유하고 자아를 부수십니다. 혈통에 역사는 귀신을 축사합니다. 귀신이 떠나가니 영안이 열리기 시작을 합니다. 성령의 권세로 귀신이 떠나가는 것입니다.

넷째, 성령의 깊은 임재 안에 들어가라. 치유를 받거나 사역을 하려면 먼저 성령의 임재가 되어야 합니다. 성령의 임재가 장악한 평안한 상태가 되어야 합니다. 성령의 깊은 임재가 중요합니다. 이를 위하여 평소에 내가 성령의 임재가 깊으면 어떠한 현상이 나타나는지 체험하고 숙지해야 합니다. 이를 위해 평소 성령의 임재 훈련을 많이 하여야 합니다. 그리고 성령의 임재를 체험해 보아야 합니다. 성령의 깊은 임재 안에서 가문에 대물림되는 문제들을 찾아내고 회개하고 끊어내고 몰아내야 깊은 치유가 일어납니다.

머리로 외워서 입으로 하는 기도를 효과가 적습니다. 육적인 상태에서는 우리를 저주하는 마귀가 떠나가지 않습니다. 영적인 상태, 성령의 임재 하에서 예수 이름으로 명령한 때 저주의 영들이 물러갑니다. 성령의 임재 하에 죄를 짓는 장면을 눈으로 직접 그리면서 깊은 차원의 기도가 성령의 역사로 마귀의 저주가 끊어집니다. 우리 가계에 대물림하면서 저주하는 마귀를 우리보다 강한 영적인 존재입니다. 고로 성령의 깊은 임재 하에 예수 이름으로 회개도 하고 용서도해야 저주하던 마귀, 귀신이 성령의 권세로 떠나가는 것입니다.

다섯째, 현재 알게 모르게 일어나는 마귀저주를 찾아라. 나와 우리 가문에 대물림의 문제가 무엇인가를 진단하여야 합니다. 그것은 하나님의 말씀으로 하는 것입니다. 말씀은 가문에 대물림되는 영육의 문제를 찾아내는 잣대입니다. 하나님의 말씀과 성령의 역사로 자신의 가문을 진단하는 것입니다. 오늘 이 말씀들을 잘 읽는 것도 하나님의 말씀입니다. 그것으로 나와 내 가정을 점검하여 진단하는 것입니다.

1)무엇이 문제입니까?

①대대로 영적인 질병으로 고통을 당하고 있습니까? ②가문에 대대로 흐르며 대물림되는 질병이 있습니까? ③이유모를 불순한 일들이 가문 대대로 전수되고 있습니까? ④가문 대대로 자녀들이 이유모를 질병으로 사망하고 있습니까? ⑤가문 대대로 홀아비나

홀어미가 많아 가정이 분열되고 있습니까? ⑥대대로 이혼하는 가정이 있습니까? ⑦대대로 가문이 가난하게 살고 있습니까? ⑧대대로 채무로 고통을 당하고 있습니까? ⑨가문에 대대로 정신지체아가 태어나고 있습니까? ⑩이것 때문에 도무지 하나님께로 나아가지 못하고 예수님을 내 영혼의 깊숙한 그곳까지 모셔 들이지 못하는 다른 것이 있습니까?

2)육체적인 질병과 환경의 문제도 여기에 해당됩니다.

①가족력으로 나타나는 불치병이 있지는 않습니까? ②원인 모를 정신 질환이 있지는 않습니까? ③우울증과 조울증에 시달리고 있지는 않습니까? ④죽고 싶은 충동이 자주 일어나지 않습니까? ⑤대인관계가 잘되지 않아 친구가 없습니까? ⑥아니면 아무리 노력하여도 사업에서 실패합니까? ⑦가정이 무너져 내리고 있습니까? 자녀가 문제를, 남편이 바람을, 부인이 바람을 피워서 가정에 불화가 있습니까? ⑧부모의 안 좋은 모습이 나에게서 강하게 나타나 자학하고 있지는 않습니까? ⑨기타 추가로 무엇이 문제입니까?

성령의 임재가운데 자신에 대하여, 사랑하는 부모님에 대하여, 가문에 대하여, 진지하게 말씀으로 진단하여 보시기 바랍니다. 그리고 그것을 하나님께 아뢰시기 바랍니다. 하나님 아버지에게, 예수님에게, 특히 성령님에게 아뢰시기 바랍니다. 구체적으로 아뢰시기 바랍니다. 우리가 때로는 자신의 문제조차도 모르는 경우가 의외로 많습니다.

나도 모르고 당하는 경우도 많습니다. 무엇이 문제인지 모르는 경우입니다. 그럴 때 성령님 가르쳐 주세요! 성령님 알려주세요! 성령님 생각나게 하세요! 이렇게 도움을 구하십시오! 병원에도 가면 자기가 아픈데도 어디가 아픈지를 설명 못하는 분들이 있을 수가 있습니다. 그럴 때는 어떻게 합니까? 저를 진단하여 주세요! 그렇게 말합니다. 그러면 의사가 그 사람의 형편을 알고, 여러 가지 첨단 장비를 활용하여 세밀하게 진단하여 줍니다. 성령님께 세밀하게 진단해 달라고 요청하시기를 바랍니다.

여섯째, 가계에 마귀저주의 근본 원인을 성령으로 찾아라. 성령의 임재 하에 선조들의 특정한 죄악을 찾아내야합니다. 우상숭배, 그와 관련된 직업, 부정행위, 직업적인 죄, 성적인 죄, 금전적인 죄, 학대한 죄, 미움, 원수맺음과 같은 죄가 있었는지 찾아내십시오. 절이나 무당에게 내 이름을 올린 것이라도 찾아내어 대신 회개하고 계약을 예수 이름으로 파기해야 합니다. 그렇게 함으로 이로 말미암은 마귀의 저주를 끊어내야 합니다. 그리고 그때 들어온 귀신을 축사해야 합니다. 친가, 외가의 가족들에게서 사단의 저주를 찾으세요. 부부관계, 재산관계, 건강상태, 자녀와의 관계, 형제 친지와의 관계, 죽음상태 등을 조사하여 사단의 저주가 있었는지를 찾으시기 바랍니다.

일곱째, 가계의 저주의 근원을 찾기 위해 문제의 뿌리를 찾아라. 가족 계보를 작성하고 그 관계성을 살펴라. 임신과 출산 과정을 살펴보라. 병력을 살펴라. 건강, 질병, 입원, 치료, 투약실태 등. 어렸을 때의 정서적 보살핌에 대하여 살피라. 성장기의 친구들과의 관계를 조명하라. 신앙생활 상태로서 예수님의 누림, 영적성장, 성령세례의 체험, 방황 등. 교회 관계로 권위자에 대한 태도, 교우들과의 관계. 성적인 문제로 불임, 불감증 등. 결혼, 자녀, 부부 문제를 조명하라. 상처가 어떤 종류가 있었으며, 충격이나 사고를 당한 경험을 없는지 살피라. 신비술의 관여 정도, 거짓 맹세, 무속의 참여 등. 다른 종교와의 관련성을 찾아라(잡신이나 이단참여).

여덟째, 원인에 대한 영적조치를 하라. 자신에게 일어나고 있는 문제의 원인에 따라 회개하고 용서하라는 말입니다. 성령의 깊은 임재 안에서 자신에게 일어나고 있는 영육의 문제들을 찾아내고 회개하고 끊어내고 귀신을 몰아내야 합니다. 머리로 외워서 입으로 하는 기도를 효과가 적습니다. 육적인 상태에서는 혈통에 역사하는 귀신이 떠나가지 않습니다. 영적인 상태, 성령의 임재 하에서 예수 이름으로 명령한 때 저주의 영들이 물러갑니다. 성령의 임재 하에 선조나 자신이 죄를 짓는 장면을 눈으로 직접 그리면서 깊은 차원의 기도를 해야 합니다. 깊은 차원의 기도를 하면서 회개할 것은 회개하고, 용서할 것은 용서해야 성령의 역사로 귀신이 떠나갈 수 있는 조건이 됩니다. 우리에게 역사하는 마귀는 우리보다 강한 영적인 존재입니다. 고로 성령의 깊은 임재 하에 예수 이름으로 회개도 하고 용서도해야 역사하던 마귀, 귀신이 성령의 권세로 떠나가는 것입니다. 성령이 자신을 완전하게 장악을 해야 혈통에 역사하던 귀신이 떠나가는 것입니다.

아홉째, 마귀의 저주를 예수 이름으로 끊어내라. 저주의 줄을 끊으면 악령들이 작용할 수 있는 법적 권리를 박탈해 버리게 됩니다. 법적인 근거들을 멸한 뒤에 주 예수의 이름으로 명령해야 저주하던 마귀 귀신들이 쫓겨나갑니다. 법적인 근거는 죄입니다. 마귀의 저주를 끊으면 상황에 따라서 끊음과 함께 바로 회복, 치유, 변화를 경험하는 경우가 있으며, 또 시간이 점차 지나면서 저주를 끊은 효력이 나타납니다.

열 번째, 혈통을 타고 역사하는 저주의 영들을 축귀하라. 말씀과 성령으로 찾아서 반드시 축귀해야 합니다. 하나님은 마귀에게는 직설화법을 사용하시고 믿는 자에게는 비유를 사용하십니다. 그러므로 직설화법을 사용하여 명령하라는 것입니다. 반드시 성령의 임재 하에 이렇게 명령하세요. 나사렛 예수 이름으로 명하노니 대물림되는 질병의 귀신은 물러갈지어다. 대물림되는 더러운 귀신아 물러가라. 대물림되는 악한 귀신아 물러가라. 대물림되는 거짓된 귀신아 물러가라. 대물림되는 점치는 귀신아 물러가라. 대물림되는 가난의 귀신아 물러가라. 대물림되는 불신의 귀신아 물러가라. 예수의 이름으로 명하노니 대물림되는 원수 귀신아 물러갈지어다. 이때 중요한 것은 직접 나에게 대물림의 고통을 주는 귀신의 이름을 부르면서 명령해야 합니다. 귀신은 직접 자신의 이름을 부르며 명령을 해야 떠나갑니다. 막연하게 예수 이름으로 명하노니 귀신아 떠나가라. 하면 어는 귀신이 떠나가야 하는 것인지 귀신이 알지 못하여 떠나가지 않습니다. 그러므로 영분별이나 성령께서 주시는 레마를 가지고 직접 명령을 해야 합니다. 우리가 성령의 임재 하에 예수 이름으로 우리의 권세를 사용할 수 있는 것입니다.

열한 번째, 끝장 보는 믿음생활을 하라. 필자가 지금 뒤를 돌아보면 혈통에 역사하는 귀신의 저주를 끊어내기 위하여 3년이 걸렸다는 것입니다. 3년이란 세월동안 집중적으로 혈통에 역사하는 귀신을 몰아내기 위하여 시간을 투자한 것입니다. 이것은 귀신만 쫓아낸 것이 아니고, 성령으로 세례를 받고 성령의 이끌림을 받으면서 전인격을 치유했습니다. 이렇게 성령으로 충만한 삶을 살면서 영적으로 변하니 혈통에 역사하던 귀신의 역사가 서서히 약해졌다는 것입니다. 귀신의 역사가 약해지니 눈에 보이게 환경이 열렸다는 것입니다. 하루 이틀 영적인 전쟁을 한 것이 아니고 3년을 했다는 것입니다.

혈통에 역사하던 귀신을 축귀하기 시작을 했다면 귀신이 완전하게 떠나 강건하게 될 때까지 싸우라는 것입니다. 절대로 중간에 포기하지 말아야 합니다. 내가 지금까지 성령치유사역을 하다가 보니까, 의지가 약하여 중도에 포기하는 사람이 있다는 것입니다. 이런 사람들은 문제를 완벽하게 해결 받지 못합니다. 그러나 끝장을 보겠다는 의지를 가지고 귀신과 싸우는 목회자나 성도들은 모두 승리하였습니다. 혈통에 대물림되는 귀신을 쫓아내려면 끝장 보는 기도를 해야 합니다.

열두 번째, 저주의 영들이 떠나간 곳에 반대 영으로 축복하라. 떠나가게 기도만 할 것이 아닙니다. 이제 떠나보내고 성령으로 채워야합니다.

열세 번째, 대물림하던 귀신을 몰아낸 후 관리를 잘하라. 쫓겨난 귀신은 자신이 나온 집에 대하여 강한 집착과 미련을 가집니다. 마귀는 영적 존재이나, 제한적인 존재이기에 자신이 거했던 사람의 성품과 습관에 익숙하여 자신의 일을 행하기에 매우 쉽고 효과적으로 죄를 짓게 만들 수 있으며, 마귀는 자신의 거할 장소를 찾아야 하기에 다시 거했던 그곳을 찾아옵니다.

단순히 축귀만 한 상태는 병원에서 수술을 받은 것과 같은 상태입니다. 계속 투약과 건강관리를 하지 않으면 병이 재발하는 것처럼 축사후의 삶이 매우 중요합니다. 영적치유도 중요하지만, 치유후의 관리도 매우 중요합니다. 성령으로 충만한 믿음생활을 해야 다시 귀신이 침입하지 않습니다.

필자는 지금 혈통에 대물림되던 마귀의 저주가 완전하게 끊어졌다고 생각하며 방심하지 않습니다. 지금도 혈통에 대물림하던 귀신이 떠나가고 있다고 생각을 하고 있습니다. 내가 조금이라도 교만하거나 방심하면 가차 없이 귀신이 침입할 것이기 때문에 항상 경각심을 가지고 있습니다. 저의 대에서 선조들의 우상숭배로 와 있는 마귀의 저주를 완전하게 끊으려고 합니다. 그래서 자녀들은 저와 같은 쓸데없는 고통을 대물림하지 않겠다고 다짐하며 실천하고 있습니다. 항상 성령으로 충만 하려고 의지적인 노력을 합니다. 세속에 빠지지 않으려고 나를 쳐서 복종을 시키고 있습니다. 될 수 있으면 세상에 마음을 빼앗기지 않으려고 합니다. 내 영은 내가 지켜야 되기 때문에 깊은 기도를 하면서 성령의 음성에 귀를 기우리고 있습니다. 성령으로 기도하면서 내 안에 계신 하나님을 주인으로 모시고 살아가고 있습니다.

5부 천국사람 다운 삶을 살아라.

21장 천국언어로 언행심사를 하라.

(요11:43-44)"이 말씀을 하시고 큰 소리로 나사로야 나오라 부르시니, 죽은 자가 수족을 베로 동인 채로 나오는데 그 얼굴은 수건에 싸였더라. 예수께서 이르시되 풀어 놓아 다니게 하라 하시니라"

가계저주에서 영원히 해방을 받는 삶을 살아가려면 말이 바뀌어야 합니다. 천국의 언어로 긍정적인 언어로 바뀌어야 합니다. 하나님은 크리스천들이 입술로 시인한 대로 역사십니다. 가계의 저주에서 영원히 해방을 받으려면 입으로 시인하는 말이 바뀌어야 합니다. 말을 하는 대로 이루어지기 때문입니다. 말은 마음에서 나오기 때문입니다. 얼마 전에 토요일 날 집중치유를 마치고 나니, 어느 여 집사가 이렇게 말하는 것입니다. "목사님! 저 안 되겠지요? 우리 목사님이 하나님께서 저에게서 손을 뗀 것 같다고 하시는데 그렇지요?" 참으로 아이러니할 질문입니다. 순간 필자의 마음에서 "그러면 무엇 때문에 대전에서 서울까지 집중치유를 받으러 왔느냐? 그냥 살다가 죽든지 하지" 이 여 집사는 항상 부정적으로 말을 해왔기 때문에 질문도 부정적으로 하는 것입니다. 이 여 집사는 말부터 바꾸어야 가계의 저주에서 해방을 받을 수가 있습니다. 입술의 시인을 잘해야 합니다. 필자가 여 집사에게 말을 바꾸도록 조언을 했습니다. 그렇게 부정적인 되니까, 가계의 문제와 우울증과 불면증이 떠나가지 않는 것입니다. 제가 보니 집사님! 희망이 있습니다. 하나님께서 온전하게 회복시켜 주신답니다. 하나님은 절대로 집사님을 버리지 않습니다. 아니 모세는 40년을 붙잡고 계시면서 하나님께서 원하는 사람으로 만들어서 사용하셨습니다. 요사이 젊은이들에게서 쉽게 들을 수 있는 말이 있습니다. "금 수저를 물고 태어났다, 흙 수저를 물고 태어났다"는 말입니다. 자신은 흙 수저를 물고 태어났기 때문에 희망이 없다는 것입니다. 아주 입으로 시인을 하는 것입니다. 예수님을 믿는 하나님의 자녀의 입술에서는 "나는 예수 안에서 금 수저를 물고 태어났다"고 담대하게 말해야 합니다. 하나님의 자녀로 아브라함의 복을 가지고 태어났기 때문입니다. 그래야 하나님께서 들으시고 은수저라도 되도록 축복하시는 것입니다. 입술의 시인을 긍정적으로 해야 가계의 저주에서 영원히 해방을 받을 수가 있습니다. 가계의 저주에서 영원히 해방을 받으려면 말을 이렇게 바꾸어 하시기를 바랍니다.

첫째, 내가 담대하게 말한 대로 예수님이 하신다는 믿음이 있어야 한다. 말에는 힘이 있습니다. 말은 사람을 살리기도 하고 죽이기도 합니다. 본문에 죽고 사는 것이 혀의 권세에 달렸다고 했습니다. 잠언13:3에 "입을 지키는 자는 그 생명을 보전하나 입술을 크게 벌리는 자에게는 멸망이 오느니라"라고 했고, 예레미야9:8에는 "그들의 혀는 죽이는 살이라 거짓을 말하며 입으로는 그 이웃에게 평화를 말하나 중심에는 해를 도모하는 도다"고 했습니다. 또 말은 사람을 치료하기도 하고 병들게 하기도 합니다.

이와 같은 말씀들은 말의 중요성을 깨닫게 하는 말씀입니다. 말을 어떻게 하느냐가 굉장히 중요하다는 것입니다. 자신이 성령으로 충만한 가운데 명령하면 이루어진다는 것을 믿어야 합니다. 하나님은 내가 말한 대로 이루신다는 믿음을 가지고 불가능한 것을 향하여 기도하고 명령하는 사람이 되기를 바랍니다. 반드시 성령의 임재하에 "예수님의 이름으로 명하노니 더러운 귀신은 물러갈지어다." "간에 있는 질병은 치유될지어다." "우리 가정의 물질의 고통은 물러갈지어다." "우리 집의 환란과 풍파는 물러갈지어다." 명령하기를 바랍니다. "물질아 오라." 명령하기를 바랍니다. "건강아 올지어다." 하고 명령하기를 바랍니다. 그리고 부정적인 것, 불필요한 요소들은 버리기를 바랍니다. 예수께서는 마가복음 11장 23절에서 "이 산더러 들리어 바다에 던져지라 하며 그 말하는 것이 이루어질 줄 믿고 마음에 의심하지 아니하면 그대로 되리라." 했습니다.

예수께서 "산을 번쩍 들어서 산을 옮겨지도록 명령하라." 하셨습니다. 여기서 산이라고 하는 것은 질병의 산, 문제와 고통의 산을 말합니다. 비정상적인 산들을 말합니다. 우리의 마음속에 두려움과 공포가 있으면 "두려움과 공포와 절망의 산아 예수 이름으로 명하노니 옮겨질지어다!" 하고 명령하기를 바랍니다.

두려운 마음이 생기고 공포심과 근심이 생기게 하는 것은 마귀가 주는 것입니다. 두려움과 공포와 근심 염려가 오거든 칼로 두부를 베듯이 예수 이름의 권세로 명령하시기를 바랍니다. 가만히 있어서는 안 됩니다. 우리에게 주신 권세를 잊어버리면 안 됩니다. 마귀는 자꾸 두려움과 근심을 줘서 거기에 집착하게 만듭니다. 마귀는 우리를 실패하게 하는 법칙이 있습니다.

첫째로 생각을 주장합니다. 두려운 생각, 공포 같은 것을 집어넣습니다. "아, 불안하고 우울하다." 하는 생각을 넣습니다. 그래서 결국 그 생각에 집착하다가 내가 왜 우울하지, 왜 마음이 불안하지 하다가 결국 잠을 설칩니다. 이 생각을 성령의 임재 하에 몰아내지 않고 시간이 흐르면 "불면증이나 우울증에 걸립니다." 생각을 한 대로 되는 것입니다. 생각은 영의 입구입니다. 말은 영의 출구입니다. 조심해야 합니다.

잠언12:18에 "혹은 칼로 찌름같이 함부로 말하거니와 지혜로운 자의 혀는 양약 같으니라" 고 했고, 시편140:3에는 "같이 그 혀를 날카롭게 하니 그 입술 아래는 독사의 독이 있나이다" 고 했습니다. 또 말은 사람을 치료하지만 어떤 말은 병들게 합니다. 말은 사람을 흥하게도 하고 망하게도 합니다. 잠언11:11에 "성읍은 정직한 자의 축원을 인하여 진흥하고 악한 자의 입을 인하여 무너지느니라."고 했고, 잠언11:9에 "사특한 자는 입으로 그 이웃을 망하게 하여도 의인은 그 지식으로 말미암아 구원을 얻느니라"라고 했습니다.

그리고 말은 행복하게도 하고 불행하게도 합니다. 잠언12:25에 "근심이 사람의 마음에 있으면 그것으로 번뇌케 하나 선한 말은 그것을 즐겁게 하느니라"라고 했고, 잠언16:28에 "패려한 자는 다툼을 일으키고 말쟁이는 친한 벗을 이간하느니라"라고 했습니다.

말은 다른 사람을 살리기도 하고 죽이기도 하며, 치료하기도 하고 병들게 하기도 하며, 흥하게도 하고 망하게도 하며, 행복하게도 하고 불행하게도 합니다. 그와 같이 다른 사람에게 절대적인 영향을 미치기도 하지만 더욱 중요한 사실은 자신에게도 그와 같은 영향을 미친다는 것입니다. 잠언18:6-7에 "미련한 자의 입술은 다툼을 일으키고 그 입은 매를 자청하느니라. 미련한 자의 입은 그의 멸망이 되고 그 입술은 그의 영혼의 그물이 되느니라"고 했습니다.

말은 다른 사람에게 뿐 아니라 자기에게 치명적 영향을 미칩니다. 자기 영혼을 소성케 하기도 하고 침체하게 하기도 하며, 자기 마음을 기쁘게 하기도 하고 슬프게 하기도 하며, 자기 몸을 치료하기도 하고 병들게도 하며, 자기 생애를 행복하게도 하고 불행하게도 합니다. 그것은 생각과 말의 관계 때문입니다. 사람은 생각한 대로 말하게 되고 말한 것은 속의 생각을 굳어지게 합니다. 곧 말한 대로 되어지는 것입니다. 그래서 현재의 상태는 과거에 한 말에 대한 결과이고, 현재의 하는 말은 미래를 결정짓습니다.

그러므로 어떤 말을 하면서 사느냐가 중요합니다. 야고보서 3:3-6에 "우리가 말을 순종케 하려고 그 입에 재갈 먹여 온 몸을 어거하며 또 배를 보라 그렇게 크고 광풍에 밀려가는 것들을 지극히 작은 키로 사공의 뜻대로 운전하나니 이와 같이 혀도 작은 지체로되 큰 것을 자랑하도다 보라 어떻게 작은 불이 어떻게 많은 나무를 태우는가 혀는 곧 불이요 불의의 세계라 혀는 우리 지체 중에서 온 몸을 더럽히고 생의 바퀴를 불사르나니 그 사르는 것이 지옥 불에서 나느니라"라고 했습니다. 말(馬)의 재갈, 배의 키, 자동차의 핸들, 비행기의 조종간은 작은 도구이지만 그 큰 등치의 방향을 결정합니다.

사람의 혀 곧 입에서 하는 말은 인생의 향방을 결정합니다. 인생의 핸들은 말입니다. 어떤 말을 하느냐가 인생의 행복을 결정합니다. 긍정적인 말을 하면 긍정적인 인생이 되고 부정적인 말을 하면 부정적인 인생이 됩니다. 선한 말을 하면 선한 인생이 되고 악한 말을 하면 악한 인생이 됩니다. 치료하는 말을 하면 자신이 치료되고 병들게 하는 말을 하면 자신의 마음이 병듭니다. 미래에 좋은 날을 보기를 원한다면 긍정적이고 진취적이고 선한 말을 하기 바랍니다.

둘째, 믿음을 말을 하나님이 듣고 행하신다. 인간생각으로 합리를 가지고 판단 말고 의심을 버리라는 것입니다. 예수께서 우리 안에 계시고 예수 이름이 계시니 예수 이름의 권세를 의지해서 명령을 하는 것입니다. 우리는 의심하지 말아야 합니다. 그리고 우리 마음속에 있는 의심이나 비웃음들을 다 내버려야 합니다. 우리 속에 있는 의심과 부정적인 요소와 생각은 자신에게 심각한 해를 입힙니다. 예수 믿으면서도 왜 성령의 역사가 일어나지 않습니까? 의심하기 때문입니다. 예수 믿으면서도 왜 믿음이 생기지 않습니까? 그 마음속에 있는 부정적인 생각이 떠나지 않기 때문입니다. 우리 속에 아직까지 부정적인 요소가 있다면 다 내보내야 합니다. 그럴 때 하나님의 성령이 역사 하는 것입니다.

그러므로 우리 마음속의 쓰레기를 모두 치워야 합니다. 우리 마음속에 부정적인 것과 의심이 있으면 귀신을 몰아내도 다시 계속해서 들어오게 됩니다. 그러므로 합리를 추구하고 인간적이고 부정적인 생각과 요소 즉 상식적으로 "이것은 안 된다, 나는 안 된다." 하는 것들을 완전하게 우리의 생각 속에서 예수 이름으로 명령해 몰아내야 합니다.

예레미야 6장 19절에 "땅이여 들으라. 내가 이 백성에게 재앙을 내리리니 이것이 그들의 생각의 결과라 그들이 내 말을 듣지 아니하며 내 율법을 거절하였음이니라" 했습니다. 엉뚱한 생각, 인간적인 생각, 상식적인 생각, 자아와 부정적인 생각 때문에 재앙을 받는다는 것입니다. 이 성경 말씀이 하나님의 말씀인 것을 믿기 바랍니다. 재앙이 왜 왔다고 했습니까? 생각의 결과에 의해서입니다. "아이고! 나는 이 병으로 아무리 생각해도 죽을 것 같아~ 나는 평생 이 병을 가지고 있으려나 봐!" 하고 말을 하는 사람도 있고, "나는 원래부터 알러지 체질이기 때문에 봄에 꽃가루만 날리면 두드러기가 생기고 그래. 나는 또 겨울만 되면 독감을 대 여섯 번씩은 앓아야 돼." 하는 사람도 있습니다. 그래서 겨울에 독감이 걸리지 않으면 괜히 이상하게 생각하고 그것을 가지고 근심스러워 하는 사람도 있습니다. "나는 독감을 대여섯 번은 앓아야 겨울을 난다."는 부정적인 생각을 가지고 있는 사람이 있으면 오늘 다 털어놓아야 합니다. 어떤 사람이 "나는 독감을 대여섯 번은 앓아야 이 겨울을 난

다."는 부정적인 생각을 가지고 있다면 그대로 되도록 돼 있습니다. 이는 그것을 믿었기 때문입니다.

"우리 가족은 유전병이 있어. 우리 조상들은 심장병이 있고, 고혈압이 있고, 우리 가족들은 간질 하는 것이 있었어! 아마 나도 그렇게 될 거야. 지금은 젊어서 괜찮지만 60이 넘으면 우리 조상들처럼 그렇게 아플 거야." 하는 생각을 가지고 있는 사람은 틀림없이 60살에 그런 병에 걸리게 됩니다. 그러므로 부정적인 생각을 성령으로 도말하시고 쫓아내기 바랍니다. 예수 이름으로 명령하기를 바랍니다. "자꾸 부정적인 생각이 들게 하는 더러운 영은 예수 이름으로 명하노니 물러갈지어다."

우리는 "나는 육신의 아버지와 상관없이 하늘에 새아버지를 가졌다."고 주장해야 합니다. 요한복음 1장 12절에 "영접하는 자 곧 그 이름을 믿는 자들에게는 하나님의 자녀가 되는 권세를 주셨으니" 했습니다. 보라 이전 것은 지나갔으니 새것이 되었도다, 했습니다. 육신의 아버지가 유전병이 있었을지라도 우리는 이제 "예수 이름으로 명하노니 유전의 줄아! 끊어질지어다." 하고 명령을 해야 합니다.

그리고 "나는 하나님 아버지의 자녀다. 나는 새 아버지가 생겼다." 하고 주장해야 합니다. 의붓아버지가 생긴 것이 아닙니다. 하나님 아버지가 생긴 것입니다. 그러므로 우리는 부정적인 생각을 버려야 합니다. 우리에게는 하늘에서 새 생명을 부여해주시는 아버지 하나님이 생겼습니다. 부정적인 생각은 귀신이 주는 생각입니다. 하나님의 성령이 주시는 생각은 긍정적이고, 기쁨이 넘치고, 생산적이고, 적극적이고, 아름답습니다. 그러나 마귀와 귀신이 주는 생각은 부정적입니다.

동양 사람들은 해가 떴다가 지면 하루가 시작됐다가 하루가 끝난 것이라고 보고, 더 나아가서는 살았다가 죽는 것으로 봅니다. 그러나 유대인의 사상이나 성경은 그렇지 않습니다. 창세기 1장에는 "저녁이 되며 아침이 되니" 했습니다. 이것은 "죽음이 있으니 부활이 있고." 라는 뜻입니다.

우리 동양 사람들과 얼마나 다릅니까? 우리 동양 사람들은 "아침이 되고 저녁이 되니 하루가 지나가고" 하면서 부정적인 사고를 가지고 있습니다. 그런데 유대인의 사상은 "저녁이 되며 아침이 되니 이는 첫째 날이다. 죽음이 있은 다음에 부활이 있고 곧 저주가 있은 다음에 생명이 있다."는 것입니다.

우리 마음속에 부정적인 생각, 슬픈 생각들이 있으면 믿음이 성장하지 않고, 성령의 역사는 중단 됩니다. 그래서 마음에 병이 드는 것입니다. 육신의 병 때문에 고생하는 사람들은 그 육신의 병이 나기 전에 벌써 마음에 병이 들었던 것입니다. 의학적으로 부정적인 요소가 자꾸 들어와서 시간이 흐른 다음에 육신의 병으로 나타난다고 발견해낸 적도 있습니다.

그런데 성경에 벌써 이것을 기록하고 있습니다. 잠언 18장 14절에 "사람의 심령은 그의 병을 능히 이기려니와 심령이 상하면 그것을 누가 일으키겠느냐" 했습니다. 마음이 긍정적이고, 적극적인 믿음을 가지고 있는 사람은 그 병을 능히 이기지만 심령이 상하여 마음이 부정적이고 귀신에게 사로잡혀서 "나는 안 된다." 하고 소극적이고 부정적인 요소로 꽉 들어찬 사람은 그 병을 누가 일으키겠느냐는 것입니다. 하나님도 어찌 할 수 없다는 것입니다. 우리 몸의 건강이 어디서 옵니까? 의사들은 나이가 들면 뼈에서 영양소가 빠져나가서 골다공증에 걸리기 때문에 뼈를 건강하게 해야 한다고 말을 합니다. 그러나 성경은 그 이전에 마음의 즐거움은 양약이고 심령의 근심은 뼈를 마르게 한다고 했습니다.

성경은 앞질러 가고 있는 것입니다. 성경은 과학자들이 발견하기 이전에 벌써 원인을 말씀해 놓고 있는 것입니다. 잠언 17장 22절에 "마음의 즐거움은 양약이라도 심령의 근심은 뼈를 마르게 하느니라" 했습니다. 그리고 잠언 18장 14절에 "사람의 심령은 그의 병을 능히 이기려니와 심령이 상하면 그것을 누가 일으키겠느냐" 했습니다.

그래서 찬송도 즐겁게 해야 합니다. 즐거움으로 찬양하지 않는 사람들은 그날 예배 때 하나님의 말씀도 마음에 부딪혀오지 않습니다. 그들은 "예배 얼른 끝내고 집에 가서 드러누웠으면 좋겠다." 하고 생각합니다. 그것은 마귀가 틈탄 것입니다. 예수 이름으로 나태하게 하는 귀신을 몰아내야 합니다. "나를 나약하게 하는 귀신은 예수 이름으로 명하노니 물러갈지어다."

셋째, 창조의 말을 하라. 하나님은 창조의 하나님이십니다. 하나님은 창조력이 있는 사람을 일꾼으로 사용하십니다. 세상은 창조력이 있는 사람들을 통하여 점령되고 개발이 되었습니다. 과학과 물질문명도 창조력이 있는 사람들을 통하여 개발이 되었습니다. 예수를 믿고 하나님을 따라가는 길에 일어나는 모든 일은 자신이 하는 것이 아닙니다. 하나님이 하십니다. "나는 못해도 하나님이 나와 함께 하시니 능히 하신다"는 믿음 있고 창조적인 말을 해야 합니다. 하나님의 역사로 출애굽한 이스라엘 백성들은 그들의 목적지인 가나안을 향하여 행군을 계속하였습니다. 그 과정 속에 그들은 온갖 고난과 역경을 겪어야 했습니다. 이를테면 그들은 앞에는 홍해바다가 가로막혀 있고 뒤에는 애굽 군대가 좇아오는 진퇴양난의 위기를 만났습니다.

하지만 하나님의 은혜로 바다를 육지처럼 건너는 놀라운 기적을 경험하였으며, 애굽 군대는 수장되었습니다. 또 광야에서 물이 없어 고통 받을 때, 하나님은 반석에서 물이 나게 하셨으며, 마라의 쓴 물을 달게 바꾸어 주셨습니다. 먹을 것이 아무 것도 없는 황량한 광야에서 하나님은 만나와 메추라기로 그들을 먹이셨습니다.

이와 같이 이스라엘 백성들의 광야생활은 척박하기 짝이 없는 삶이었지만, 그래도 하루하루가 은혜의 연속이었습니다. 그들이 그곳에서 살아남아 있다는 것이 날마다 기적이었습니다. 이렇게 하여 바란 광야에 와서 진을 치게 되었습니다. 이때 하나님께서는 모세에게 '각 지파 중에서 지휘관 된 자 한 사람씩을 택하여 가나안 땅을 정탐하게 하라'고 말씀하셨습니다.

그들은 40일 동안을 정탐하고 돌아와 보고를 하게 되었습니다. 공통되는 내용은 이렇습니다. 부정적인 보고 내용은 그들은 우리보다 강하다. 우리는 그들을 치지 못한다. 우리는 그들 앞에서 메뚜기 같다. 그들 칼에 죽는 것보다 광야에서 죽는게 낫다. 한 장관을 세우고 애굽으로 돌아가자. 긍정적인 보고 내용은 하나님이 그 땅을 우리에게 주실 것이다. 하나님을 거역하지 말라. 그 땅 백성을 두려워하지 말라. 그들은 우리의 먹이라. 그들의 보호자는 그들을 떠났고 여호와는 우리와 함께 한다

여호수아와 갈렙과 같은 믿음의 사람들은 "우리가 곧 올라가서 그 땅을 취하자 능히 이기리라."고 보고했습니다. 본 것은 같은데 말은 완전히 다릅니다. 보는 눈이 다르기 때문입니다. 믿음의 사람들은 문제를 보지 않고 하나님을 보았습니다. 나쁜 점을 보지 않고 좋은 점을 보았습니다. 그랬기에 그들의 말은 달랐던 것입니다.

당신은 현실의 상황을 부정적으로 말하는 사람입니까? 아니면 그 속에서도 긍정적인 요소를 발견하고 말하는 믿음의 사람입니까? 백성들은 부정적인 보고에 더 큰 영향을 받았습니다. 온 백성이 소리를 높여 부르짖으며 밤새도록 통곡하였습니다.

그리고 모두 모세와 아론을 원망하였습니다. "차라리 우리가 애굽 땅에서 죽었거나 이 광야에서 죽었으면 좋았을 것을 어찌하여 여호와가 우리를 그 땅으로 인도하여 칼에 쓰러지게 하려 하는가? 우리 처자가 사로잡히리니 애굽으로 돌아가는 것이 낫지 아니하랴?" 일반적으로 자연인은 부정적인 경향성을 가지고 있습니다. 이

것을 원죄라고 해도 좋을지 모르겠습니다. 선은 가능성이지만, 악한 쪽에 더 기울어져 있기 때문에 의도적으로 노력하지 않으면, 결코 선을 행할 수 없다는 것입니다.

우리는 얼마든지 긍정적인 믿음의 말을 할 수 있는 가능성을 가지고 있습니다. 그러나 부정적인 말을 하기가 더 쉽고, 영향 받기가 더 쉬운 존재라는 것입니다. 우리는 자연적으로 믿음의 말을 하기가 어렵습니다.

의도적으로 믿음의 말을 하려고 해야 하는 것입니다. 어떤 한 사람이 부정적인 말을 하면, 금방 사람들은 그 말에 영향을 받습니다. 상황을 종합적으로 판단하고 분석하지 않고, 단편적인 것만 보고 판단합니다.

이스라엘 백성들의 삶은 그런 단면을 너무나 잘 보여주고 있습니다. 하나님은 그들을 목이 곧은 백성이라고 책망하셨습니다. 이렇게 부정적인 영향을 받는 것을 보고, 모세와 아론은 회중 앞에 엎드렸으며, 여호수아와 갈렙은 옷을 찢으며 말했습니다. "여호와께서 우리를 기뻐하시면 우리를 그 땅으로 인도하여 들이시고 그 땅을 우리에게 주시리라 이는 과연 젖과 꿀이 흐르는 땅이니라. 다만 여호와를 거역하지는 말라. 또 그 땅 백성을 두려워하지 말라. 그들은 우리의 먹이라. 그들의 보호자는 그들에게서 떠났고 여호와는 우리와 함께 하시느니라. 그들을 두려워하지 말라"

그러나 회중은 그들을 돌로 치려하였습니다. 한번 부정적인 영향을 받은 사람들은 믿음의 말을 해도 들으려 하지 않습니다. 이것이 문제인 것입니다. 객관적인 생각을 할 줄 모르는 것입니다. 그러면 무엇이 이런 차이를 만들어 내는 것입니까? 한쪽은 그 땅을 차지할 수 없다고 하고, 다른 한쪽은 차지할 수 있다고 합니다. 무엇 때문에 할 수 없다고 하고, 무엇 때문에 할 수 있다고 합니까?

Key word는 무엇입니까? 그것은 바로 "여호와께서 우리를 기뻐하시면"입니다. 결국 하나님께 대한 믿음입니다. 할 수 없다는 사람들은 자기들의 힘만 의지하고 할 수 없다는 것입니다. 하지만 믿음의 사람들은 현실만 본 것이 아니라 하나님을 보았습니다. 하나님 안에서는 불가능이 없는 것입니다. 이제까지도 하나님이 함께 하셨고, 앞으로도 하나님이 역사하실 것입니다. 이것을 믿는 믿음으로 말할 때, 믿음의 역사가 일어나게 되는 것입니다. 정말 문제는 그들의 말의 결과입니다. 하나님은 부정적인 보고를 한 사람들과 그들에게 영향을 받은 백성들이 하나님을 멸시한 것이며, 믿지 않은 것이라고 평가하셨습니다.(민14:11절) 그리고 전염병으로 그들을 치시며(민14:12절).

그 사람들은 한 사람도 가나안 땅을 보지 못할 것이라고 하셨습니다(민14:23절). 그러나 믿음의 사람 갈렙은 주님을 온전히 좇았으므로 그 땅으로 인도하여 들이리라고 하셨습니다(민14:24절). 오늘 당신의 말은 믿음의 말입니까? 하나님은 우리가 말하는 것을 귀담아 들으십니다. 그리고 "너희 말이 내 귀에 들린 대로 내가 너희에게 행하리라."고 하십니다(민14:28절). 우리가 말하는 대로 시행하신다는 말씀입니다.

22장 마음 안에 성전을 가꾸어라.

(잠4:23)"모든 지킬 만한 것 중에 더욱 네 마음을 지키라 생명의 근원이 이에서 남이니라"

가계저주에서 영원히 해방을 받으려면 교회에 나가서 하나님을 섬기는 믿음 생활에서, 하나님을 주인으로 모시는 믿음으로 바뀌어야 합니다. 하나님은 보이는 성전에 계시지 않습니다. 성도 한 사람, 한 사람의 마음 안에 주인으로 임재 하여 계십니다. 가계의 저주에서 영원히 해방을 받으려면 마음 안에 있는 성전이 견고하게 세워져야 합니다. 마음 안에 성전에 주인으로 계시는 하나님이 자신을 장악해야 가계의 저주에서 영원히 해방을 받는 것입니다. 초자연적인 하나님께서 자신의 주인이 되셨음으로 일시적으로 자신의 주인 노릇을 하던 도적인 세상신이 물러가기 때문입니다. 그러므로 자신 안에 있는 성전을 견고하게 세워야 가계의 저주에서 영원히 해방이 되는 것입니다. 성전을 견고하게 새운다는 것은 자신 안에 하나님께서 전 인격을 지배하는 것입니다.

크리스천들이 바르게 알아야 할 것이 있습니다. 유형교회를 세우려고 교회에 다닌다고 한다면 잘못 이해한 것입니다. 어떤 목회자는 공공연하게 "유형교회가 잘되어야 당신들의 삶이 잘된다. 자신들의 집보다 유형교회를 더 관심을 가여야 한다"고 강조합니다. 그런데 이는 보이는 면에 치중하는 목회자의 자기 나름대로의 이론입니다. 유형교회를 건축하고 출석하는 것은 먼저 자신 안에 있는 성전을 가꾸기 위해서 건축하고 출석하는 것입니다. 마음안의 교회를 가꾸기 위하여 유형교회의 예배에 빠짐없이 출석해야 합니다. 크리스천은 유형교회를 통하여 자신안의 성전을 가꿀 수가 있기 때문입니다. 유형교회에서 목사님의 설교를 들으면서 영을 깨우고 선배들의 신앙지도를 받으면서 영이 자라 심령교회가 가꾸어지기 때문입니다. 마음 성전을 가꾸기 위하여 유형교회를 건축해야 합니다. 마음 성전을 가꾸어야 전인적인 복을 받습니다. 자신이 잘 되어야 전도도 할 수가 있는 것입니다.

하나님은 "너희가 하나님의 성전인 것과 하나님의 성령이 너희 안에 거하시는 것을 알지 못하느뇨"(고전 3:16). 성경은 '하나님의 성전,' 즉 '하나님이 거하시는 성전'이 사람의 마음속에 있다고 말씀합니다. 우리는 달력 등에 실린 삽화에서 예수님이 문밖에서 노크하고 계신 그림을 본적이 있습니다(계 3:20). 우리의 마음 문밖에 서 계신 예수님을 우리의 마음 안에 모셔 들입시다. 무너져 내린 마음 속의 성전을 다시 건축해야 합니다. 하나님께서 모세에게 "내가 그들 중에 거할 성소를 그들을 시켜 나를 위하여 지으라"(출 25:8). 명하신 것처럼, 하나님께서 오늘 우리에게 다시 명하십니다. '내가 거할 성소를 너희 마음 안에 지으라.' 수천 년 전 이 땅에 세워졌던 성전은 우리 마음 안에 건축되어야 할 성전의 표상입니다. 하나님의 지도하심을 따라서 마음의 성전이 완성되고 예수 그리스도의 거룩한 피가 우리의 마음의 성전에 뿌려져야 합니다. 예수님께서 십자가에서 흘리신 보혈을 통해서 우리 마음 안에 건축된 성전에 하나님께서 거룩하신 성령으로 임하십니다. 거룩하신 성령께서 마음의 성전을 정결케 하실 것입니다. 그리고 영원히 마음 안에 거룩하신 성령으로 거하실 것입니다.

첫째, 성령으로 마음을 청소하고 정리해야 마음 성전이 강하게 된다. 집안을 다스리려면 마음 안에 계신 성령하나님께서 주인으로 좌정하고 계셔야 합니다. 세상에서도 집안을 다스리려면 집안을 청소하고 정리해야 되는 것처럼 마음을 성령으로 청소하고 하나님께서 다스려야 되는 것입니다. 말씀과 성령으로 정신적으로 미움, 분노, 시기, 질투, 교만, 탐욕 같은 쓰레기더미의 원인을 찾아내고 양심의 고통스런 죄책을 다 회개하고 성령의 역사로 씻어야 마음을 다스릴 수가 있는 것입니다. 마음에 세상과 스트레스로 들어온 쓰레기가 잔뜩 쌓여있고 마음이 안정되지 못하고 불완전하게 흩어져서 정신을 차릴 수 없는데 다스려집니까?

마가복음 7장 21절로 23절에 "속에서 곧 사람의 마음에서 나오는 것은 악한 생각 곧 음란과 도둑질과 살인과 간음과 탐욕과 악독과 속임과 음탕과 질투와 비방과 교만과 우매함이니 이 모든 악한 것이 다 속에서 나와서 사람을 더럽게 하느니라" 우리 속에는 세상을 살아오면서 들어온 쓰레기더미가 있습니다. 너나 할 것 없이 우리 가슴을 활짝 펴고 성령으로 충만한 가운데 자신 안을 들여다보면 쓰레기더미가 다 있어요. 남에게만 쓰레기더미가 있다고 손가락질하지 말 것은 내 속에 쓰레기더미가 있는 것입니다. 그러므로 이것을 찾아서 청산해야 돼요. 쓰레기더미를 어떻게 청산합니까? 우리가 성령께서 인도하시는 회개를 통해서 청산할 수 있는 것입니다. 그리고 그때 들어온 귀신들을 성령으로 예수이름으로 몰아내야 합니다.

마음 안에 있는 성전에 하나님을 주인으로 모시고, 성령으로 마음을 정리정돈 하고 여유가 생겨서 마음속이 행복하면 환경이 행복한 환경으로 변화되는 것입니다. 먼저 버려야 할 사소한 생각으로는, 불행하다는 마음과 마음의 고통, 슬픔, 상처 등 주로 부정적인 것들을 다 밀어내야 합니다. 화, 불안, 분노, 비난 등 부정적인 감정들도 지금 당장 버리고 망설이고, 걱정하고, 불신하고, 갈등하고, 조급증, 적대감 등의 행동을 과감하게 성령의 역사를 통하여 정화해야 합니다. 성령으로 충만하면 마음속의 쓰레기가 밀려서 나가는 것입니다. 마음이 세상 것으로부터 해방되면 행복하게 된다는 것입니다. 우리가 영혼의 만족을 누리면서 성공적이고 행복한 삶을 살기 위해서는 무엇보다 먼저 우리의 생각과 감정과 행동 가운데 부정적이고 소극적인 쓰레기더미를 예수님의 보혈과 성령의 역사로 씻어내고 우리 마음을 십자가 구속의 은혜로 채워야 하는 것입니다.

둘째, 하나님을 주인으로 모시고 살아야 마음 성전이 강하게 된다. 하나님께서 마음 성전의 주인으로 계시니 우리는 천국의 삶을 사는 것입니다. 우리는 모두 다 영원한 천국의 꿈을 갖고 사는 것입니다. 꿈이 없는 백성은 망한다고 말한 것입니다. 작은 꿈, 큰 꿈, 살아있는 사람은 다 마음에 꿈을 갖고 있는 것입니다. 그런데 희망찬 꿈을 갖고 살아야지 꿈이 언제나 비관적이고 절망적이면 절대 행복하지 않습니다. 비관적인 꿈을 가진 사람들이 요사이 자살을 많이 하지 않습니까? 대학생들도 대학교수도 자살을 하거든요. 그러면 희망찬 꿈을 어디에서 얻을 수 있느냐. 우리는 갈보리 십자가를 바라보고 희망찬 꿈을 얻을 수 있는 것입니다. 예수님이 우리의 모든 절망을 십자가에서 청산해 주었기 때문에 십자가를 바라보아야 희망찬 꿈을 얻을 수가 있는 것입니다. 세상 꿈은 왔다갔다, 왔다갔다, 변화무쌍 합니다. 큰돈을 벌겠다고 애를 써서 돈을 벌고 난 다음 대개 건강을 잃어버리고 환경이 어려워지면 순식간에 돈은 다 날아가 버리고 빈손 들게 되는 것입니다. 그러나 절대로 우리가 실망하지 않는 것은 갈보리 십자가에서 몸 찢고 피흘려 돌아가신 예수 그리스도를 바라보면 그 예수 그리스도 안에서 얻는 꿈은 희망차고 없어지지 않습니다.

마음 안에 주인으로 계시는 예수님을 쳐다보고 용서와 의의 꿈을 언제나 꿀 수 있고 거룩하고 성령충만한 꿈을 꿀 수 있고 치료받고 건강한 꿈을 꿀 수가 있고 아브라함의 복과 형통을 얻을 꿈을 꿀 수 있고 부활 영생 천국의 꿈을 꿀 수가 있습니다. 꿈은 꿈이니까요. 그래서 내 영혼이 잘됨같이 범사에 잘되며 강건하고 생명을 얻되 넘치게 얻는 꿈을 꾸고 나아가면 그 꿈이 우리들을 그 세계로 이끌어 가는 것입니다. 자신이 꿈을 이루는 것이 아닙니다. 절대로 그것은 오해하지 마십시오. 꿈을 가슴에 품고 있으면 성령께서 꿈을 이끌어 가는 것입니다. 그렇기 때문에 꿈을 갖는다는 것은 그렇게 중요한 것입니다. 믿음의 주요 또 온전케 하시는 예수를 바라보라고 성경에 말한 것입니다. 예수를 바라보고 나아가면 그 꿈이 우리를 예수께로 이끌어 주는 것입니다.

그래서 "누구든지 그리스도 안에 있으면 새로운 피조물이라 이

전 것은 지나갔으니 보라 새것이 되었도다." 이전의 죄악된 삶, 부패한 삶, 병든 삶, 패배와 실패, 낭패, 가난, 저주의 삶. 죽음의 고통의 삶이 다 사라지고 새로운 삶, 영혼이 잘됨같이 범사에 잘되며 강건하고 생명을 얻되 넘치게 얻는 삶으로 변화되는 것입니다. 그것은 내가 노력하고 힘쓰고 애써서 되는 것이 아니라, 꿈이 그 세계로 이끌어 가는 것입니다. 마음 안에 예수님을 주인으로 모시면 성령이 오셔서 그 꿈대로 변화시켜 주는 것입니다.

셋째, 성령으로 난 믿음을 활용해야 마음 성전이 강하게 된다. 마음 안에 계신 성령하나님의 권능으로 마음을 다스리기 위해서는 하나님을 주인으로 믿어야 되는 것입니다. 성경에는 하나님을 믿으라고 말했는데 세상 사람들은 믿을 데가 없잖아요. 지위, 명예, 권세, 돈 이런 것을 믿지, 하나님을 못 믿는 것은 하나님을 모르니까. 하나님이 보이지 않으니까! 그러나 극히 어려운 일을 당하면 하나님을 모르는 사람은 믿을 데가 없기 때문에 망하고 마는 것입니다. 이스라엘 백성이 애굽에서 나올 때 바로와 온 군대가 그들을 다 잡으러 나왔는데 홍해수가에 와서 올 데 갈 데가 없었습니다. 군대도 없고 무장도 안 되고 바로왕의 군대를 대항할 수도 없었습니다. 다 잡혀 죽을 수밖에 없었습니다.

그럴 때 이스라엘 백성은 무엇을 했습니까? 모세를 따라서 하나님을 바라보았습니다. "너희는 오늘날 낙심하지 말고 하나님을 믿으라. 오늘 네가 본 애굽 군대를 다시는 보지 못하리라" 했는데 하나님께서 그들을 위해서 싸워서 홍해수가 갈라졌습니다. 상상할 수 없는 기적이 생겨난 것입니다. 우리가 하나님을 믿는다는 것은 하나님께서 동행하고 계시니 상상할 수 없는 기적이 일어날 것을 기대하고 믿는 것입니다. 하나님을 믿는 것은 일반적인 상식적인 일이 일어날 것이면 하나님 믿을 필요가 없어요. 우리가 감각적으로나 경험 등으로나 이성적으로나 지적으로 가능한 것을 믿으면 그것은 믿음이 아니지요. 불가능한 것을 믿는 것입니다. 할 수 없는 것을 믿는 것입니다.

그렇기 때문에 내가 믿는다고 기도할 때는 반드시 기적이 일어날 것을 기대해야 되는 것입니다. 기적이 없는 믿음은 믿음이 아닙니다. 믿음은 기적이 일어나야 돼요. 내가 영적으로 믿으면 영적인 변화의 기적이 일어나야 되고, 육신적으로 믿으면 육신적인 치료가 기적적으로 일어나야 되고, 생활적으로 믿으면 생활에 사람이 상상할 수 없는 은총이 나타나야 되는 것입니다. 그러므로 하나님을 믿으라는 것은 기적이 일어날 것을 기대하는데 무엇을 믿을까요? 그렇게 말하는 사람 많습니다. "믿음은 들음에서 나며 들음은 그리스도의 말씀으로 말미암는다고" 성경에 보면 하나님이 주신 약속이 얼마나 많은지 모릅니다. 백화점처럼 많아요. 그러므로 말씀을 읽고 그 말씀이 우리들에게 레마가 되어서 감동을 주면 그 자리에 무릎을 꿇고 기도해요. 역사가 이루어지는 것입니다.

잠언 4장 20절로 22절에 "내 아들아 내 말에 주의하며 내가 말하는 것에 네 귀를 기울이라 그것을 네 눈에서 떠나게 하지 말며 네 마음속에 지키라 그것은 얻는 자에게 생명이 되며 그의 온 육체의 건강이 됨이니라." 말씀이 마음속에 들어오면 그것이 생명이 되고 온 몸에 건강이 되는 것입니다. "네가 내 안에 내 말이 너희 안에 있으면 무엇이든지 원하는 대로 구하라 이루리라." 우리는 정말로 튼튼한 빽을 가지고 있습니다. 이런 하나님이 어디에 계십니까? 그러므로 우리가 예수 이름으로 말씀이 우리 마음속에 믿어지고 기도하면 하나님이 이루어주시는 것입니다. 그렇기 때문에 믿음이라는 것은 기적을 기대하고 없는 것을 있는 것같이 생각하고 바라보는 것입니다. 없는 것을 있는 것같이 눈에는 아무 증거 안보이고 귀에는 아무 소리 안 들리고 손에는 잡히는 것 없어도 내가 믿는다는 것은 없는 것을 있는 것같이 보고 생각하고 기대하는 것입니다. 그러므로 강하고 담대할 수가 있습니다.

창세기 13장 14절로 15절에 "롯이 아브람을 떠난 후에 여호와께서 아브람에게 이르시되 너는 눈을 들어 너 있는 곳에서 북쪽과 남쪽 그리고 동쪽과 서쪽을 바라보라 보이는 땅을 내가 너와 네 자손에게 주리니 영원히 이르리라" 지금 내 땅이 아닌데 바라보라는 것입니다. 바라봄의 법칙입니다. 바라보고 마음에 내 것이라고 믿고 선언하면 너에게 주겠다. 그런데 가나안 땅 동서남북 땅을 아브라함과 그 자손에게 다 하나님이 다 주신 것입니다. 바라보라. 책을 읽는 당신은 지금 뭘 바라봅니까? 건강을 바라봅니까? 행복을 바라봅니까? 마음속에 좌정하신 하나님을 계속 바라보십시오. 그리고 믿으십시오. 기적이 일어날 것을 기대하십시오. 바라보고 믿고 기적이 일어날 것을 기대하고 입으로 하나님이 은혜를 주셨다고 시인하면 능력이 나타나게 되는 것입니다.

로마서 4장 18절에 "아브라함이 바랄 수 없는 중에 바라고 믿었으니 이는 네 후손이 이같으리라, 하신 말씀대로 많은 민족의 조상이 되게 하려 하심이라" 바랄 수 없는 중에 바라본다. 인간적으로 바랄 수 없는데 우리들은 바라고 믿어요. 하나님이 계시기 때문에…. 그러므로 내일은 오늘보다, 다음 달은 금번 달보다, 명년은 금년보다 나아질 수 있는 것은 마음속에 바라보는 법칙을 따라 바라보고 믿을 수 있기 때문인 것입니다. 마음에 바라보고 믿으면 운명과 환경이 믿음을 따라 변화되는 것입니다. 자꾸 '내 팔자가 나쁘다. 내 환경이 나쁘다. 시대가 나쁘다.' 그렇게 말하지 마십시오. 그 모든 것은 마음을 다스리면 자동적으로 다스릴 수 있습니다. 마음을 다스리고 난 다음에 다스린 마음으로 예수 이름으로 기도하고 명령하면 큰 변화의 역사가 환경에 다가오게 되는 것입니다.

마태복음 9장 20절로 22절에 "열두 해 동안이나 혈루증으로 앓는 여자가 예수의 뒤로 와서 그 겉옷 가를 만지니 이는 제 마음에 그 겉옷만 만져도 구원을 받겠다 함이라" 마음으로 바라봄의 법칙입니다. 아직 안 나았습니다. 혈루병으로 피를 철철 흘리며 고통스러웠습니다. 그런데 마음에 예수님의 옷 가에 손 만대면 낫는다고 바라보고 믿었는데 손을 대자마자 나아버렸습니다. "예수께서 딸아 안심하라. 네 믿음이 너를 구원하였다" 보십시오. 먼저 믿음이 있고 그 다음에 구원이 따라오는 것입니다. 그러므로 우리는 낙심하지 말아야 되는 것입니다. 용기를 내어서 담대하게 행하십시오. 용기를 잃어버리면 안 되는 것입니다. 행함이 없는 믿음은 죽은 믿음이기 때문에 바라보고 믿고 행하면 기적이 일어나게 되는 것입니다.

예수님께서 "볼지어다. 내가 세상 끝날까지 너와 항상 함께 있겠다"고 말한 것입니다. 주님께서 내가 하늘과 땅의 모든 권세를 다 가지고 있다고 말하셨습니다. 그분이 우리들과 같이 계시므로 마음속에 예수님을 바라보고 강하고 담대하고 두려워하지 말고 놀라지 말아야 되는 것입니다. 제일 나쁜 것이 두려움인 것입니다. 두려워하고 무서워하고 놀라면 주님은 도와줄 수 없고 사탄이 들어오는 것입니다. 왜냐하면 두려움과 놀라움은 사탄을 청하는 분위기를 만드는 것입니다. 욥이 패가망신하고 온 전신이 동양성 문둥병에 걸려서 기왓장으로 긁으면서 뭐라고 했습니까? 내 무서워하는 것이 내 몸에 왔고 내 두려워하는 것이 내 몸에 미쳤구나. 욥이 잘 나갈 때 마음속에 잘못된 것을 바라보았다는 말입니다. 마음속에 자기가 패가망신하고 문둥병이 걸릴 것을 꿈꾸었다는 말입니다.

그것이 두려움과 공포가 되어 있었는데 그대로 이루어졌어요. 긍정적으로 바라보면 긍정적인 일이 생기고, 부정적으로 바라보면 부정적인 것이 생기기 때문에 부정적인 것은 당장 회개하고 쫓아내 버리고, 긍정적인 것은 예수님의 말씀을 통해서 마음에 꿈꾸고 믿고 시인하십시오. 그러면 그것이 이루어지는 것입니다. 히브리서 10장 35절에 "너희 담대함을 버리지 말라 이것이 큰 상을 얻게 하느니라"

넷째, 천국 언어로 마음을 다스려야 마음 성전이 강하게 된다. 말이 제일 중요한 것은 말을 통해서 생각하고 말을 통해서 바라보고 말을 통해서 믿고 말을 통해서 행동하게 되는 것입니다. 사람은 말에 대해서 깊이 생각 안하는데 말이 자신을 붙잡고서 좌우하는 것입니다. 믿었다고 해도 말하지 않으면 믿음이 아니지 않습니까? 하나님께 하실 줄 믿습니다. 말로 하면 믿음이 나타나는 것입니다. 꿈도 마음속에 가만히 혼자서 어떻게 꿉니까? 나는 꿈을 꾸고 있습니다. 무슨 꿈을 꾸느냐. 영혼이 잘됨같이 범사에 잘되며 강건한 꿈을 꾸고 있습니다.

말을 하면 그 꿈이 선명해진다는 말입니다. 마음에서 올라오는 말을 해보십시오. 그 꿈이 마음에 아주 확실하게 되잖아요. 그렇기 때문에 자꾸 말로써 '나는 행복합니다. 나는 기쁘고 즐겁습니다.' 하면 마음속에 행복한 꿈과 즐거운 꿈이 마음속에 그려져요. 그런데 말을 안 하면 안 됩니다. 말을 할 때 영혼 속에 하나님의 권능이 나타나는 것입니다. 영혼의 권능은 말을 통해서 나타나는 것입니다.

잠언서 18장 21절에 "죽고 사는 것이 혀의 힘에 달렸나니" 힘이 있지요. 혀가 힘이 있습니다. "죽고 사는 것이 혀의 힘에 달렸나니 혀를 쓰기 좋아하는 자는 혀의 열매를 먹으리라" 영혼 속에서 입을 통하여 선포한 말이 공중분해 되는 것이 아니고, 말한 그대로 열매를 맺어서 먹도록 만들어 주는 것입니다. 야고보서 3장 2절에 "우리가 다 실수가 많으니 만일 말에 실수가 없는 자라면 곧 온전한 사람이라 능히 온 몸도 굴레 씌우리라" 말이 온 몸을 굴레 씌우는 것입니다. 그러므로 말이라는 자체가 얼마나 힘이 있는지 모릅니다. 말을 통해서 믿음의 분위기를 만들어야 됩니다.

왜냐하면 마음속에 긍정적인 생각과 긍정적인 꿈과 긍정적인 믿음과 긍정적인 말을 해서 긍정적인 분위기를 만들어 놓으면 성령이 임재하십니다. 분위기가 얼마나 중요한지 몰라요. 집안에 음식 쓰레기가 있으면 쥐가 옵니다. 오지 말라고 해도 음식 쓰레기가 있으면 쥐가 오고 벌레들이 오는 것입니다. 그러나 꽃을 갖다 놓으면 나비와 벌들이 옵니다. 마음 안에 있는 영혼에 어떠한 분위기를 만드느냐에 따라서 환경이 달라지는 것입니다. 그러므로 마음 안에 성령과 생명의 말씀으로 영혼이 잘되고 범사에 잘되며 강건한 분위기를 만들어 놓으면 좋은 일이 한없이 생겨나는 것입니다. 이 마음의 분위기를 잘 만드는데 가장 공로를 세우는 것이 말입니다. 로마서 10장 8절로 10절에 "말씀이 네게 가까워 네 입에 있으며 네 마음에 있다 하였으니 곧 우리가 전파하는 믿음의 말씀이라 네가 만일 네 입으로 예수를 주로 시인하며 또 하나님께서 그를 죽은 자 가운데서 살리신 것을 네 마음에 믿으면 구원을 받으리라 사람이 마음으로 믿어 의에 이르고 입으로 시인하여 구원에 이르느니라." 아무리 마음에 믿어도 말을 하지 않으면 구원에 이르지 않습니다. 처음 믿는 사람이 일어나서 기도를 따라하는 이유가 거기에 있는 것입니다. 믿음으로 일어났지요. 그러나 내가 말을 따라 해야 구원을 받는 것입니다. 말이 그렇게 중요해요. 마음이 긍정적인 분위기 속에 하나님께 집중적으로 성령으로 기도하면 기도가 응답이 되는 것입니다.

마음이 긍정적인 분위기가 되어서 "예수 안에서 할 수 있다. 하면 된다. 해 보자. 주님이 살아계신다. 하나님께서 나와함께 하신다." 레마의 말씀을 선포하면 주님이 이루어 주실 것을 믿고 말을 하면 믿음을 보시고 기적을 일으켜주십니다. 성령으로 충만한 마음에 분위기가 만들어졌으니까. 환경이 만들어졌으니까, 기도가 마음 하늘에 능력 있게 상달되는 것입니다.

"아무 것도 염려하지 말고 다만 모든 일에 기도와 간구로, 너희 구할 것을 감사함으로 하나님께 아뢰라 그리하면 모든 지각에 뛰어난 하나님의 평강이 그리스도 예수 안에서 너희 마음과 생각을 지키시리라"(빌 4:6~7). 우리의 마음과 생각이 평강으로 꽉 들어차서 기도하면 모든 일이 다 이루어진다고 말씀해 주고 있는 것입니다. 마음 안에 있는 영혼에서 올라오는 기도는 하나님의 말씀이므로 말한 대로 이루어지는 것입니다.

다섯째, 말씀과 성령으로 마음 성전을 가꾸어야 한다. 마음 성전을 말씀과 성령으로 가꾸어야 영혼의 만족으로 행복합니다. 크리스천의 모든 권능은 마음 안에 있는 성전에서 흘러나오는 것입니다. 우리는 늘 깨어서 마음 안에 있는 성전에 세상 것들이 들어와 집을 짓지 못하도록 말씀을 묵상하고 성령으로 기도하면서 마음 성전을 정화시켜야 합니다. 아하스가 죽은 후, 그의 아들 히스기야가 왕이 되었습니다. 히스기야는 지난 세월 교만했던 이스라엘과 유다 왕들과는 달리 다윗이 한 모든 것을 그대로 본받아 행한 올바른 왕이었습니다.

그는 25세의 젊은 나이에 왕이 되었지만 하나님의 마음을 알았기 때문에 하나님이 보시기에 옳게 행함으로 닫혀있던 성전 문을 열고 수리했습니다. 그리고 제사장들과 레위 사람들을 모으고 자신을 성결케 하고 성전을 성결케 하여 더러운 것을 없애도록 지시했습니다. 이것이 바로 성전 정화 사건입니다.

필자도 하나님 앞에 무릎 꿇고 기도할 때마다 내 마음 성전에 예수님이 주인으로 들어 오셔서 순결한 자녀라고 여겨주실지 생각하면서 성령으로 기도합니다. 내 안에는 열등감, 비교의식, 경쟁의식, 실패감이 깊게 자리 잡혀 있습니다. 어떤 상황 속에서도 이러한 의식이 수면위로 드러나면서 내 자신이 하나님 앞에서 순결해지는 것을 방해하고 공격적으로 만듭니다. 예수님은 이러한 의식들을 버리라고 말씀하십니다. 이러한 어둠에 속한 의식들을 내어버리고, 빛 가운데서 자유하며 살라고 말씀하고 계신 것입니다. 왜냐하면 내가 성결하게 되지 않고는 세상에 영향력을 줄 수 없기 때문입니다. 내가 성결하게 되는 것은 내 안의 마음 성전에서 하나님의 권능이 흘러나와야 할 수 있기 때문입니다. 말씀을 묵상하고 성령으로 영의 기도를 하면서 오늘 하루 내 자신을 성결하게하고 열등감과 비교의식, 경쟁의식을 버립니다. 그때마다 하나님은 내게 아버지의 마음을 느낄 수 있게 해주시고, 평안을 느끼게 하시고, 마치 다윗이 고백한 것처럼 "실로 내가 내 영혼으로 고요하고 평온하게 하기를 젖 뗀 아이가 그의 어머니 품에 있음 같게 하였나니 내 영혼이 젖 뗀 아이와 같도다."(시 131:2). 항상 하나님의 얼굴을 구하면서 마음 성전을 가꾸고 살아야 합니다. 하나님은 우리들에게 천국의 마음을 품고 사는 은혜를 허락하실 것입니다.

분명하게 보이는 건물이 성전이 아닙니다. 예수 믿는 내가 성전입니다. 마음 안에 하나님께서 좌정하고 계시는 성전이 있기 때문입니다. 자신은 걸어 다니는 성전입니다. 성전은 하나님을 만나는 곳이고 하나님의 기쁨이 되는 곳이기 때문입니다. 그러니 내가 교회를 오면 교회가 성전입니다. 내가 가정에 가면 가정이 성전입니다. 우리가 일터에 나가면 그곳이 성전입니다. 자신 안에 성전이 있기 때문입니다. 거기서 주님과 동행하며 주님의 기쁨이 되어야 하기 때문입니다. 그런데 그 성전이 인간의 욕망으로, 돈 때문에 타락하고 말았습니다.

예수님은 그 성전에 들어가셔서 모든 것을 뒤집어 엎으셨습니다. 예수님이 성전이시기 때문입니다. 돈이 기준이고 인간의 욕망이 기준인 곳은 이미 성전이 아니기 때문입니다. 주일은 영과 진리로 예배를 드리며 우리의 마음 성전을 청소하는 날입니다. 우리의 마음의 성전, 주님이 우리 심령에 거하실만하실까? 우리의 마음은 깨끗할까? 그렇지 못하면 성령의 임재 가운데 주님의 보혈에 의지하여 고백하며 청소해야합니다, 그리고 말씀과 성령으로 충만하게 채워야 합니다. 그래야 다시 주님과 통할 수 있습니다.

우리 기도하십시다. "예수님, 부족하고 연약한 저를 불러주시고, 하나님께서 주인으로 좌정하시어 성전삼아 주시니 감사합니다. 오늘도 성전 된 우리의 심령을 성령의 임재가운데 주님의 보혈과 생명의 말씀으로 정화하여 주옵소서,

그래서 걸어 다니는 성전으로 살게 하여 주옵소서. 우리가 가는 곳마다 성전이 되게 하옵소서, 가정이 일터가 운전하는 차안이, 우리의 입이, 우리의 눈과 귀가, 우리의 손과 발이, 주님의 성전이 되게 하옵소서, 주님의 기쁨이 되게 하옵소서, 때때로 흔들리고 넘어지지만 다시금 일으켜 세우시고 회복시켜주시니 감사합니다. 우리의 기도를 들어주시는 예수님의 이름으로 기도합니다. 아멘"

23장 예수님과 동행의식을 가지라.

(요 14:16-17)"내가 아버지께 구하겠으니 그가 또 다른 보혜사를 너희에게 주사 영원토록 너희와 함께 있게 하리니"

가계저주에서 영원히 해방된 삶을 살아가려면 예수님과 동행하는 신앙으로 바뀌어야 합니다. 예수님은 세상 끝 날까지 너희와 항상 함께 하시겠다고 말씀하셨습니다(마 28:20). 예수님을 믿고 성령으로 거듭나 구원을 누리는 성도는 성령으로 마음 안에 오신 예수님과 동행해야 합니다. 특별하게 가계의 저주에서 영원히 해방을 받은 성도는 예수님과 동행의식으로 바뀌어야 합니다.

자신은 걸어 다니는 성전으로 항상 예수님과 동행하니 그 어디나 하나님의 나라가 되기 때문입니다. 항상 천국 속에서 살아가기 때문에 가계에 저주하던 귀신들이 얼씬하지 못하는 것입니다. 성령으로 세례 받고 성령으로 기도하여 성령이 충만한 상태가 되어야 영이신 하나님과 동행할 수 있다는 것을 먼저 이해해야 합니다.

성도가 예수님과 동행을 해야 하나님의 지혜를 받아 권능 있는 삶을 살아갈 수가 있는 것입니다. 영이신 하나님과 교통하는 성도이기 때문입니다. 하나님의 지혜와 복을 받으려면 하나님을 향한 사고와 생각이 바뀌어야 합니다. 하나님을 섬기기 위해서 믿음 생활하는 것이 아니고, 하나님과 동행하기 위해서 믿음 생활을 하는 사고로 바뀌어야 합니다. 하나님의 뜻에 합해야 동행할 수 있습니다. 하나님께서는 아모스 3장 3절에서 "두 사람이 뜻이 같지 않은데 어찌 동행하겠으며"라고 말씀하셨습니다. 하나님과 생각이 같아야 동행할 수 있습니다.

하나님과 영성이 같아야 동행할 수 있습니다. 하나님과 동행할 수 있어야 영육의 거부가 될 수가 있는 것입니다. 하나님과 동행하려면 성령으로 거듭나 예수님을 닮아가야 합니다. 예수님을 닮아가려면 예수님만 바라보아야 합니다. 예수님을 생각하며 예수님을 바라보면 예수님을 닮아가기 때문입니다.

첫째, 하나님을 섬기기 위해서 믿음 생활하는 성도가 있다. 하나님을 섬기는 것에는 반대할 이유가 없습니다. 그러나 바르게 알고 섬겨야 합니다. 예수님은 마태복은 20장 28절에서 이렇게 말씀하십니다. "인자가 온 것은 섬김을 받으려 함이 아니라 도리어 섬기려 하고 자기 목숨을 많은 사람의 대속 물로 주려 함이니라." 예수님도 섬김을 받으러 오시지 않았다고 말씀하시는 것입니다. 반대로 많은 사람들의 대속 물로 자기 목숨을 주시려고 오셨다는 것입니다. 한마디로 죄인들을 살리려고 오셨다는 것입니다. 기독교는 생명의 복음입니다. 신을 섬겨서 복을 받으려는 죽은 사람의 종교가 아니라는 것입니다.

죄인이 예수를 믿어 죄를 사함 받아 새사람(하나님의 자녀)으로 태어나는 생명의 복음입니다. 일부 성도들이 하나님을 섬기는 신앙생활하는 이유가 있습니다. 우리는 모두 세상에서 죄인으로 살다가 계기가 되어 예수를 믿고 교회에 들어온 성도들입니다. 세상에서 살아갈 때에 샤머니즘의 신앙생활을 했습니다. 샤머니즘의 신앙의 기본 틀이 신을 섬기는 것입니다. 신을 잘 섬겨서 신에게 복을 받으려는 신앙입니다. 신에게 잘 못 보이면 저주를 받는다고 알고 믿고 있습니다.

그래서 신에게 잘 보여야 되기 때문에 신을 두려워하며 섬기는 것입니다. 신의 노여움을 사지 않도록 신에게 도움을 받아야 잘 될 수 있기 때문에 신에게 비는 것입니다. 신에게 빌기 위하여 신이 계시는 장소를 찾습니다. 절이나 사당이나 신을 모신 장소에 가서 손이 발이 되도록 빕니다. 심지어 가정에도 신을 모시는 장소를 만들어 놓습니다.

이렇게 신앙생활하던 것이 습관이 되어 예수를 믿고 교회에 들어와도 고쳐지지 않습니다. 예수를 믿고 성령으로 거듭나는 것에 목적을 두지 않고 하나님께 잘 보이려고 빕니다. 하나님과 동행이 무엇인지 교통이 무엇인지 알지 못합니다.

하나님께 잘되게 해달라고 빌어야 하기 때문에 하나님이 계신 곳을 찾습니다. 보이는 교회에만 하나님께서 계신다고 믿고 교회를 찾아 하나님께 비는 것입니다. 공공연하게 하나님을 잘 섬겨야 복을 받는 다고 말합니다. 또한 성경에 기록된 교회를 눈에 보이는 유형교회로만 인식을 합니다. 실상은 자신의 마음 안에 성전과 교회가 있는데 말씀과 성령으로 거듭나지 못하니 자신 안에 성전과 교회가 보이지를 않습니다.

그러니 자신 안에 있는 성전에 관심을 갖지 못합니다. 하나님께서 분명하게 마태복음 16장 18절에서 “또 내가 네게 이르노니 너는 베드로라 내가 이 반석 위에 내 교회를 세우리니 음부의 권세가 이기지 못하리라" 성경에 기록된 교회는 유형교회도 있지만, 성도들의 마음 안에 있는 무형교회를 말하기도 합니다. 저는 개인적으로 이렇게 생각을 합니다. 율법주의자는 성경에 기록된 교회를 모두 유형교회로 본다는 것입니다. 율법주의자는 성령으로 영이 깨어나지 않는 신자이니 모두 보이는 것으로만 판단하기 때문입니다. 보이는 교회에 하나님께서 계신다는 것입니다. 율법으로 믿음 생활하는 사람들은 율법을 지켜야 하기 때문에 행위 위주의 믿음 생활을 하므로 구습이 변하지 않는 것입니다. 반드시 성도는 성령이 역사하는 진리를 듣고 말해야 변합니다.

반대로 예수를 믿고 성령으로 거듭나 영이 깨어나 진리를 알아듣고 말하는 성도는 성경에 기록된 교회를 무형교회로 본다는 것입니다. 이렇게 보는 것이 정확합니다. 하나님은 자신 안에 계십니다. 하나님은 고린도전서 3장 16절에서 "너희는 너희가 하나님의 성전인 것과 하나님의 성령이 너희 안에 계시는 것을 알지 못하느냐" 하나님은 영이시기 때문에 보이는 성전(유형교회)에 거하시는 것이 아니고, 성도의 마음 성전에 임재 하여 계십니다. 영이신 하나님은 특정한 장소(유형교회)에 거하지 않으시고, 예수를 주인으로 영접한 사람의 심령에 좌정하고 계신다는 말입니다. 그래서 자신 안에 임재 하여 계신 하나님과 교통해야 합니다. 그래야 하나님과 항상 동행할 수 있습니다.

그렇다고 보이는 예배당(교회)이 필요가 없다는 것이 아닙니다. 자신 안에 있는 성전을 깨끗하게 하려면 생명의 말씀을 들어야 합니다. 성령의 역사가 심령에서 일어나게 해야 합니다. 이렇게 자신의 심령이 생명의 말씀을 듣고 깨어나게 하려면 교회에 가서 예배를 드리면서 목사님으로부터 진리의 말씀을 들어야 합니다. 성령으로 기도하여 성령 충만을 받아야 합니다. 이렇게 자신의 영을 깨우고 성령으로 충만 받으려면 자신의 능력으로는 한계가 있습니다. 한계를 극복하기 위하여 유형 교회가 있는 것입니다. 성도 간에 친교를 하고 모여서 말씀을 배우고 영성훈련을 하기 위하여 유형 교회가 필요한 것입니다. 깊은 영성을 유지하고 영적으로 자라야 하나님과 동행하며 친밀하게 지낼 수가 있습니다. 자신이 영적으로 자라는 만큼씩 하나님의 복이 따르는 것입니다. 유형교회는 자신 안에 있는 성전이 생명의 말씀과 성령으로 깨끗하게 정화되어 하나님께서 사용하실 수 있는 성도가 되게 하기 위하여 필요한 것입니다. 유형교회를 통하여 자신이 하나님께 쓰임을 받기 위하여 자신을 준비하기 위하여 필요한 곳입니다. 그래서 성도는 유형교회를 잘만나야 하나님의 지혜와 복을 받으면서 살아갈 수가 있는 것입니다.

분명하게 자신의 믿음이 자라게 하기 위하여 보이는 유형교회가 필요한 것입니다. 유형교회에서 깊이 있는 생명의 말씀을 듣고, 성령으로 기도하며 성령 충만 받아 세상에서 살아가면서 자신 안에 계신 하나님과 끊임없이 교통하며 친밀하게 지내야 합니다. 그렇기 때문에 유형교회와 무형교회 모두가 잘되어야 하는 것입니다. 유형교회에 가서 목회자로부터 체험적인 진리의 말씀을 듣고 성령으로 기도하여 자신의 믿음이 자라기 위하여 보이는 교회가 잘 되어야 합니다. 그런데 하나님을 섬기기 위하여 신앙생활을 하는 신자들은 하나님을 섬기기 위하여 보이는 교회만을 생각하고, 보이는 교회 중심으로 믿음 생활을 하게 됩니다.

보이는 유형교회중심으로 믿음 생활을 하다가 보면 자신에게 중요한 마음 안에 있는 교회에 관심을 갖지를 못합니다. 자연스럽게 중요한 자신의 심령 관리에 등한하게 됩니다. 이런 이유로 인하여 예수를 십년을 믿어도 믿음이 자라지 않고, 전인격이 변하지 않는 것입니다. 하나님의 복을 받지 못하는 것입니다. 성도는 심령에 거하신 성령님이 자신을 완전하게 장악할 때에 예수님의 인격으로 변화되는 것입니다. 그런데 보이는 성전에만 관심을 가지고 자신의 심령 성전에 관심을 등한히 합니다. 자연스럽게 자신 안에 성령하나님과 관계가 막혀서 예수를 믿어도 오만가지 문제로 고통을 당하면서 세상을 살아가는 것입니다.

그것뿐만이 아닙니다. 유형교회에 하나님이 계신다고 믿고, 자신의 문제나 가정의 문제나 자녀의 문제가 생기면 교회에서 살다싶이 합니다. 실상은 자신의 심령에 계신 하나님께서 역사하셔야 문제가 풀리는데 말입니다. 그래서 교회나 기도원에 가서 기도하느라고 자녀들이나 가정관리를 등한히 하는 성도들이 많다는 것입니다. 제가 개인 특별집중치유를 하다가 보면 참으로 안타까운 경우를 봅니다. 마음의 상처로 인하여 영적으로 정신적으로 고통당하는 성도들 치유하다가 보면 이런 일이 있습니다. 성령의 임재가 환자를 완전하게 장악을 하면 엄마~ 엄마~ 무서워요. 하는 분들이 있습니다. 성령님께 문의하면 유아시절에 혼자 집에 있을 때 두려움의 상처가 생겼다는 것입니다.

그래서 보호자에게 문의 하면 백이면 백 모두 이렇게 대답을 합니다. 아기를 집에 두고 교회에 가서 기도를 했다는 것입니다. 하루 이틀 했으면 환자가 그렇게 외마디 소리를 하겠습니까? 참으로 무지한 것입니다. 이렇게 교회에서 철야를 해도 문제는 해결이 되지 않습니다. 교회에만 하나님이 계시는 줄 착각했기 때문입니다. 정작 자신 안에 하나님이 계시는데 보이는 교회에서 하나님께 목이 터지라고 기도했으니 문제가 해결이 될 리가 만무한 것입니다. 인간의 모든 문제는 자신 안에 계신 성령하나님이 역사해야 해결이 됩니다. 자신 안에 계신 하나님께 관심을 갖지 않으니 하나님께서 주무시는 것입니다. 그래서 문제가 해결이 되기는커녕 더 나빠지는 것입니다. 성령으로 기도하여 자신 안에 계신 하나님을 깨워야 합니다. 영의 통로를 열어야 합니다. 하나님과 관계를 열어야 합니다.

보이는 성전 중심으로 믿음 생활을 하면 중요한 자신 안의 심령 성전이 더러워질 수 있습니다. 하나님은 고린도전서 3장 17절에서 "누구든지 하나님의 성전을 더럽히면 하나님이 그 사람을 멸하시리라. 하나님의 성전은 거룩하니 너희도 그러하니라."여기서 말하는 하나님의 성전은 자신 안에 있는 심령 성전을 말하는 것입니다. 자신 안에 심령성전이 더러워서 성령하나님의 역사가 일어나지 않으니 자신에게 부과되고 있는 문제가 점점 더 강해지는 것입니다. 하나님은 사도행전 17장 24절에서 "우주와 그 가운데 있는 만물을 지으신 하나님께서는 천지의 주재시니 손으로 지은 전에 계시지 아니하시고" 분명하게 사람의 손으로 지은 전에 계시지 않는 다고 말씀하십니다. 우리 하나님은 우리의 심령 성전에 계십니다. 그래서 하나님을 섬기면서 믿음 생활을 하는 성도는 하나님의 종입니다. 반대로 하나님과 동행하기 위하여 믿음 생활하는 성도는 하나님의 자녀입니다.

우리는 바르고 정확하게 알고 믿음 생활을 해야 합니다. 막연하게 알고 믿음 생활하면 낭패를 당합니다. 그래서 저는 우리 성도들에게 이렇게 말합니다. 하나님을 섬기기 위하여 믿음 생활하지 말고, 하나님과 동행하기 위하여 믿음생활을 하라고 합니다. 하나님은 사도행전 17장 24-25절에서 "우주와 그 가운데 있는 만물을 지으신 하나님께서는 천지의 주재시니 손으로 지은 전에 계시지 아니하시고, 또 무엇이 부족한 것처럼, 사람의 손으로 섬김을 받으시는 것이 아니니, 이는 만민에게 생명과 호흡과 만물을 친히 주시는 이심이라" 하나님은 사람의 손으로 섬김을 받지 않는 분입니다. 하나님은 예수님을 믿는 자들에게 생명과 호흡과 만물을 친히 주시는 하님이십니다. 생명을 주시는 하나님에 대해 잘못알고 하나님을 섬기려니 보이는 교회를 찾는 것입니다. 하나님께서 보이는 성전에 계신다고 믿기 때문입니다.

그러나 실상은 보이지 않는 자신 안에 거하십니다. 자신 안에 임재 하여 계시는 하나님과 친해지려면 자신 안에 계신 하나님을 주인으로 모시면서 관심을 가져야 합니다. 그래야 하나님과 동행할 수가 있는 것입니다. 하나님과 동행하면서 믿음생활을 하면 하나님의 역사로 세상에서 삶이 평안해지는 것입니다. 하나님의 역사로 마귀가 덤비지 못하기 때문입니다.

둘째, 하나님과 동행하기 위해서 믿음 생활을 하는 성도가 있다. 세상에는 하나님과 동행하면서 믿음 생활을 하는 성도들이 많습니다. 하나님과 동행을 한다는 것은 하나님과 뜻이 동일하다는 것입니다. 하나님과 생각이 동일하다는 것입니다. 하나님과 의지가 동일하다는 것입니다. 영이신 하나님과 24시간 교통한다는 것입니다. 하나님과 24시간 교통한다는 것은 무시로 기도한다는 것입니다. 하나님이 말씀하시는 "항상 기뻐하라. 쉬지 말고 기도하라. 범사에 감사하라"가 지속적으로 이루어지고 있다는 것입니다. 순간순간 하나님의 음성을 듣고 순종한다는 것입니다. 요셉이 보디발 장군의 집에서 머슴을 살 때도 함께 동행하셨습니다. 성경은 창세기 39장 2절에서 "여호와께서 요셉과 함께 하시므로 그가 형통한 자가 되어 그의 주인 애굽 사람의 집에 있으니"라고 말씀하십니다.

하나님이 요셉과 동행하니 보디발의 집이 잘됩니다. 하나님이 책을 읽는 당신과 함께하니 매사가 형통한 것과 마찬가지입니다. 그리고 창세기 39장 23절은 "간수장은 그의 손에 맡긴 것은 무엇이든지 살펴보지 아니하였으니 이는 여호와께서 요셉과 함께 하심이라 여호와께서 그를 범사에 형통하게 하셨더라" 심지어 요셉이 감옥에 들어갔어도 하나님께서 요셉과 함께 하시니 감옥이 잘됩니다. 하나님께서 요셉과 동행한 것은 요셉이 하나님의 마음에 합했기 때문입니다.

모세는 출애굽기 34장 9절에서 이렇게 기도합니다. "이르되 주여 내가 주께 은총을 입었거든 원하건대 주는 우리와 동행하옵소서, 이는 목이 뻣뻣한 백성이니이다. 우리의 악과 죄를 사하시고 우리를 주의 기업으로 삼으소서" 하나님께서 모세의 기도를 들어주시어 모세와 동행합니다. 모세가 기도하는 것마다 응답하여 주십니다. 홍해에 길을 내주시고, 마라의 쓴물을 달게 하시고, 반석에서 물을 내시고, 불 뱀에 물려 백성들이 죽어갈 때, 놋 뱀을 만들어 장대에 달게 하여 쳐다보는 자마다 살게 하십니다.

민수기 12장 3절에 "이 사람 모세는 온유함이 지면의 모든 사람보다 더하더라" 하나님께서 인정한 사람이 모세입니다. 모세는 하나님과 동행하며 대면한 사람입니다. "그 후에는 이스라엘에 모세와 같은 선지자가 일어나지 못하였나니 모세는 여호와께서 대면하여 아시던 자요"(신 34:10). 우리도 하나님과 대면하면서 살아가려면 하나님과 동행해야 합니다. 모세는 달랐습니다.

민수기 12장 8절로 10절에 보면 "그와는 내가 대면하여 명백히 말하고 은밀한 말로 하지 아니하며 그는 또 여호와의 형상을 보거늘 너희가 어찌하여 내 종 모세 비방하기를 두려워하지 아니하느냐, 여호와께서 그들을 향하여 진노하시고 떠나시매, 구름이 장막 위에서 떠나갔고 미리암은 나병에 걸려 눈과 같더라. 아론이 미리암을 본즉 나병에 걸렸는지라" 우리도 모세와 같이 하나님과 동행하면서 대면하는 영성이 되어야 합니다.

하나님과 동행하면 기적은 우리 안에 있습니다. 하나님을 주인으로 모시고 동행할 때 하나님의 생명이 우리 안에 역사하는 것입니다. 하나님과 동행하면 하나님만이 하실 수 있는 일이 우리 삶에 이루어집니다. 한마디로 기적을 체험한다는 것입니다. 하나님께서 성령으로 감동하실 때 순종하면 기적을 체험하는 것입니다. 그런데 아무리 입으로 주여!를 일 년 내내 외쳐도 하나님만이 하실 수 있는 일이 우리 삶에 이루어 지지 않는 다면 하나님의 생명이 끊어진 죽은 자에 지나지 않습니다. 빨리 원인을 찾아 해결해야 합니다. 우리는 기적을 바라고 찬양도 하지만, 그 기적이 우리 삶에 실제로 이루어지리라고 기대하지 않습니다. 그래서 뜨겁게 기도하면서도 금방 불평하고 낙심하는 자리에 갑니다. 우리는 늘 하나님의 기적을 체험하며 살아가는 자가 되어야 합니다. 기적은 사소한 일상에서 일어나며 말씀과 성령으로 깨어있는 자는 볼 수 있습니다. 하나님과 동행하려면 우리들을 향하신 하나님의 생각을 알아내기를 열망해야 합니다.

우리는 자기 자신의 생각을 하나님이 알아주시고 이루어 주시길 바라는 데 익숙해 있습니다. 그렇게 되면 우리의 신앙은 자라나지 않습니다. 우리는 하나님의 생각을 알길 열망하고 하나님의 생각대로 행동하려고 결단해야 합니다. 하나님과 동행하는 성도는 하나님의 생각을 알길 열망해야 하고, 하나님의 생각을 따라 순종해야 합니다.

하나님이 무엇을 기뻐하시는지에 초점을 두어야 합니다. 자신의 생각을 붙잡는 자는 자기를 기쁘게 하는데 초점을 두고, 하나님의 생각을 붙잡는 자는 하나님이 기뻐하시는 데에 초점을 둡니다. 하나님은 하나님을 섬기려고 하는 종교의식을 기뻐하지 아니하십니다. "주께서는 제사를 기뻐하지 아니하시나니 그렇지 아니하면 내가 드렸을 것이라 주는 번제를 기뻐하지 아니하시나이다. 하나님께서 구하시는 제사는 상한 심령이라 하나님이여 상하고 통회하는 마음을 주께서 멸시하지 아니하시리이다"(시 51:16).

하나님과 동행하려면 하나님의 음성을 들어야 하며, 또 하나님의 음성 듣길 열망해야 합니다. 하나님의 음성을 들으려면 하나님께 끊임없이 질문해야 합니다. 우리가 하나님의 음성을 듣지 못하기 때문에 자기방식대로 하나님을 사랑하며 하나님을 섬기는 것입니다.

하나님과 동해하려면 하나님을 알길 열망해야 합니다. 하나님의 길을 따라가야 합니다. 성령의 인도를 받으라는 말입니다. 그래서 늘 성경을 가까이 하고 성경을 볼 때에도 하나님의 관점에서 하나님이 무엇을 말씀하시고자 하는 지에 초점을 두어야 합니다. 하나님의 뜻대로 행하는 것이 의무가 아니라, 하나님과 교통하는 것이 즐거움이 되어야 하나님과 동행합니다.

셋째, 하나님과 동행하는 믿음 생활을 하기 위해서 어떻게 해야 합니까? 에녹과 같은 삶을 살아야 합니다. 창세기 5장 24절에서 "에녹이 하나님과 동행하더니 하나님이 그를 데려가시므로 세상에 있지 아니하였더라" 에녹은 도덕적 능력이 매우 약한 부패한 세대에 살았습니다. 그의 주위는 더러움이 만연하였으나 그는 하나님과 더불어 동행하였습니다.

에녹은 마음을 하나님께 바치도록 교육받았기 때문에 순결하고 거룩한 사물들을 생각하였습니다. 그러므로 에녹은 거룩하고 신령한 사물에 관하여 이야기하였습니다. 에녹은 하나님의 동료가 되었습니다. 에녹은 하나님과 동행하였으며 그의 권면을 받았습니다. 에녹은 우리와 마찬가지로 우리가 만나는 동일한 시험들과 더불어 싸우지 않으면 안 되었습니다.

에녹을 둘러쌌던 사회는 현재 우리를 둘러싸고 있는 사회보다 더 의롭지 못하였습니다. 에녹이 숨을 쉬는 분위기는 우리의 분위기와 마찬가지로 죄와 부패로 더럽혀져 있었습니다. 그러나 에녹은 그가 살았던 세대의 만연된 죄로 인하여 더럽혀지지 않았습니다. 그러므로 우리도 충실한 에녹이 행한 것처럼, 순결하고 부패되지 않은 채 남아 있을 수 있습니다. 그것은 성령의 인도를 받는 것입니다.

우리가 성령의 인도함을 받기 위해서는. 성령 안에서 기도하고, 성령 안에서 찬송하며, 성령 안에서 봉사하고, 성령 안에서 치유하며, 성령 안에서 사는 법을 배워야 합니다(빌3:3).

먼저, 성령 안에서 기도하는 생활을 통하여 성령의 인도를 받아야 합니다. 기도는 영혼의 호흡이요, 하나님과의 대화라 합니다. 이것은 가장 깊숙한 곳에 거하는 영의 흐름이 외부적으로 흘러나오는 것입니다. 영력이 흘러나오고 영적 생명이 흘러나옴으로 영에 몰입됨으로 인하여 성령 안에서 기도할 수 있게 되는 것입니다. 영력은 우리 몸의 지성소인 영속에 임재 하여 계시는 하나님의 능력입니다. 우리가 지성소에 계시는 하나님을 만나기 위해서는 성령의 인도를 받는 깊은 영의 기도가 되어야합니다.

이 기도를 통하여 하나님으로부터 주어지는 각종 은혜와 능력과 응답을 받게 됩니다. 이러한 기도를 통하여 하나님으로부터 주어지는 생명이 우리의 심령을 거룩하게 만들어가고, 영적인 생명과 능력을 키워 나가는 것입니다. 열매가 맺어지고 영적인 지각이 예민해지고 영성이 개발되어집니다.

그러므로 성령 안에서 기도하는 훈련이 필요합니다. 우리의 간구는 마음의 소원이나 원하는 바를 구함으로 성령 안에서 기도하기가 심히 어렵습니다. 그러나 영으로 기도하고 마음으로 기도하면 성령 안에서 기도하기가 쉬워집니다. 성령에 몰입되어 아무런 자신의 생각이나 욕심도 없이 오로지 하나님으로부터 주어지는 것을 받게 되는 기회가 되기 때문에 영으로부터 주어지는 각종 은혜와 능력과 은사가 넘치게 됩니다.

영적인 기능과 지각이 발달됨으로 성령의 인도함을 따르는 성도가 됩니다. 성령 안에서 기도하기 위하여 성전 뜰에서 먼저 육신의 생각으로 기도하지만, 시간이 흐르고 마음이 안정이 되고, 생각이 주님의 사랑과 말씀을 묵상하면서 진지하고 순전한 마음으로 하나님의 성소에서 깊어지는 영의기도를 하게 됩니다.

그리고 영으로 사는 삶을 통하여 성령의 인도를 받아야 합니다. 하나님은 데살로니가 전서 5장 17-18절에서 "항상 기뻐하라. 쉬지 말고 기도하라. 범사에 감사하라 이는 그리스도 예수 안에서 너희를 향하신 하나님의 뜻이니라." 고 말씀하십니다. 항상 영의 상태가 되게 하라는 것입니다. 영의 상태가 되어야 영이신 하나님과 동행하며, 교통하기 때문입니다. 항상 영이신 하나님과 동행하며 대면하는 성도가 영에 속한 성도입니다.

24장 가정을 먼저 천국 되게 하여라.

(딤전5:8)"누구든지 자기 친족 특히 자기 가족을 돌보지 아니 하면 믿음을 배반한 자요 불신자보다 더 악한 자니라."

가계저주에서 영원히 해방된 삶을 살아가려면 자신이 먼저 지금 천국을 누려야 합니다. 다음으로 가정이 천국 되는 것에 집중하고, 관심을 가지고 믿음생활을 해야 가계저주에서 영원히 해방을 받을 수가 있을 것입니다. 다른 것에 관심은 자신과 가정이 천국이 된 다음에 해도 늦지 않습니다. 그래서 하나님은 예수를 믿는 크리스천의 가정들이 천국을 누리기를 소원하십니다. 가정이 천국이 되려면 먼저 가정의 구성원들이 천국을 누려야 합니다. 각 개인이 천국을 누리지 않고는 절대로 가정의 천국은 기대할 수가 없는 것입니다.

앞에서 여러 번 설명한 바와 같이 관심과 의식을 바꾸어야 합니다. 자신 안에 하나님의 나라(천국)가 견고하게 건설되어 가계의 저주에서 해방되는 일에 집중하라는 것입니다. 사람들의 이론에 속아서 다른 무엇을 하면 가계의 저주에서 해방이 된다는 잘못된 이론에 속지 말라는 것입니다. 집중하지 못하니까, 가계의 저주에서 영원히 해방되지 못하는 것입니다. 쉽게 말하면 자신이 천국이 되지 못했는데 전도를 하러 돌아다닌 다거나, 봉사를 열심히 한다고 교회에서 살다 시피 한다거나 행위로 가계의 저주에서 해방되려고 하지 말라는 것입니다. 앞에서 말한바와 같이 자신 안에 하나님의 나라가 견고하게 지어지는 일에 관심과 집중을 하라는 것입니다. 전도와 봉사를 하지 말라는 말이 아니고, 어느 정도 자신과 가정이 제대로 숨을 쉴 수가 있는 상태가 될 때까지 자신이 변화되는 것이 집중하라는 것입니다. 자신과 가정이 안정이 된 다음에 자랑하면서 전도하고 봉사하라는 말입니다.

우리는 창세기에 나오는 아브라함과 야곱과 요셉, 그리고 출애굽기에 나오는 모세와 사무엘상에 나오는 다윗을 생각하면 쉬울 것입니다. 모두 광야에서 하나님만을 바라보게 하여 하나님께서 원하시는 영적인 수준으로 바꾸셨다는 것을 깨달아야 합니다. 하나님은 먼저 자신이 하나님의 소유(천국)가 되기를 원하십니다. 자신이 되고 가정이 천국이 되어야 가계의 저주에서 영원히 해방이 될 수가 있습니다.

첫째, 부부가 하나 된 가정. 부부의 몸과 마음과 영이 하나가 되어야 합니다. 부부의 몸과 마음과 영은 성령으로 되는 것입니다. 성령이 아니고는 부부가 하나가 될 수가 없습니다. 부부가 성령으로 세례 받고 구습을 말씀으로 치유 받아야 합니다. 반드시 인생을 살아오면서 받은 상처와 혈통의 문제를 치유해야 합니다. 그래야 부부에게 역사하던 세상신이 떠나가는 것입니다. 세상신이 떠나가야 부부가 하나가 되는 것입니다. 세상신이 떠나가지 않고는 하나가 되기 어렵습니다. 성령으로 하나가 되기 때문입니다. 부부의 하나 됨의 가장 완벽한 원형은 하나님입니다. 하나님은 성부하나님 성자하나님 성령하나님이시데, 이 세 위가 완벽한 하나를 이루고 계십니다. 부부도 몸-혼-영이 하나가 되어야 온전한 부부가 됩니다. 그렇기 때문에 부부가 하나 되는 것은 성령의 역사밖에 없는 것입니다. 아무리 대화를 하여 하나가 되자고 대화를 하며 노력을 해도 세상신이 방해하면 허사가 되는 것입니다.

하나님께서 사람을 창조하셨습니다. 창세기 1장 26절에 "하나님이 이르시되 우리의 형상을 따라 우리의 모양대로 우리가 사람을 만들고…. 남자와 여자를 창조하시고…." 예수님은 요한복음 17장 22절에서 "우리가 하나가 된 것같이 그들도 하나가 되게 하려 함이니이다." 부부가 하나가 되기를 원하십니다. 성령으로 부부의 영이 하나가 되지 않고는 절대로 하나가 되기 쉽지가 않습니다. 성령으로 하나가 되는 것입니다. 당신의 부부는 지금 어떠합니까? 이 책을 통하여 부부가 하나 되기를 바랍니다. 그래서 가정 천국을 누리시기를 바랍니다.

한 실향민이 있었습니다. 1951년 1.4후퇴 때 이북의 고향을 떠나오면서 병든 노모를 두고 떠날 수 없다는 아내를 두고 떠나올 때, 한 달만 지나면 다시 오겠지만, 그간에 보고 싶으면 대신 보겠노라고 정표를 요구하여, 경황 중에 겨우 받은 '옷고름' 하나를 평생 가슴에 품고 지내다가 나이는 들고 언제 돌아갈지 모르는 고향을 그리워하며, 고향을 꼭 닮은 시골을 찾아 고향집 같은 집을 짓고 살면서, 고향의 아내를 그리워하며 세상을 떠나는 남편도 있습니다. 그는 데리고 내려온 자녀들이 경상도 전라도로 뿔뿔이 흩어져 살면서 평안도 말씨를 잃어버리면 이제 통일되어 만날 아내 앞에 볼 낯이 없다고 극구 자녀들의 타관(他官) 결혼을 반대하던 남편…. 그토록 두고 온 아내를 사랑하는 마음으로 일관하며 남한에서 평생을 살다가 갔습니다. 이렇게 부부는 몸만 아니라, 마음도 하나가 되어야 합니다. 중매로 결혼했건, 연애로 했건, 어떻든지 부부가 되었으면, 마음도 하나 되는 것이 성경적입니다. 이제부터라도 정처 없는 마음들을 거머잡아 성령으로 마음이 하나로 모아지는 역사가 있기를 주님의 이름으로 소원합니다.

성령으로 영이 하나 되어야 합니다. 남편이나 아내가 안 믿는 경우가 아직 꽤 많습니다. 부부가 다 예수를 믿어야 깨끗한 자녀를 얻을 수 있습니다. 필자가 자녀들의 문제를 치유 받겠다고 필자에게 자녀를 데리고 온 사람들의 유형을 보면 부부가 함께 예수를 믿지 않는 가정이 대다수였습니다. 이런 영으로 하나 되지 않은 가정에서 자녀들이 자라다가 영적이고 정신적인 문제로 고통을 당하는 것입니다. 치유가 그렇게 쉬운 것도 아닙니다. 영적인 문제가 있기 때문입니다. 어떻게 하면 좋겠습니까? 한쪽의 믿음이 분명해야 합니다. 진리의 말씀으로 무장하고 성령으로 충만해야 합니다.

아스팔트는 강하고 풀은 약합니다. 그런데 놀랍게 아스팔트를 뚫고 풀이 돋아나는 것을 봅니다. 아스팔트는 죽어있고 풀은 살아있기 때문입니다. 마찬가지로 믿는 쪽의 믿음이 정말 살아있고 성령으로 충만하면 믿지 않는 쪽의 영은 죽어있기 때문이 믿는 쪽의 영향을 받아서 영이 살아나 믿게 되어있습니다. 이런 성도들은 바른 성령의 역사가 강하게 일어나는 교회에서 권세 있는 믿음 생활을 해야 합니다. 그래서 성령의 권능으로 강하게 무장해야 합니다. 그 다음 안 믿는 쪽이 볼 때 '아 이 사람이 정말 믿는구나!' 인정할 수 있어야 합니다. '믿는다는 사람이 뭐 저래!' '엉터리다!' 하면 복음을 받아들이기가 그리 쉽지 않을 것입니다. 믿지 않는 배우자에게 '믿는 것이 좋기는 좋구나!' 감동을 주어야 합니다. '믿는 사람이 역시 달라도 다르다!' 이렇게 되어야 합니다. 환경이 변하는 것이 눈에 보여야 합니다. 그 다음은 자신이 바라는 것을 확실하게 전달해야 합니다. '나는 당신이 예수 믿는 것이 소원이다!' '나는 뭐니 뭐니 해도 당신이 예수 믿으면 제일 좋겠다' '당신은 내가 이렇게 소원하는 것을 왜 안 들어주느냐?' 분명히 하므로 '아! 내가 저 사람 소원을 들어주어야겠다!' 마음을 열고 돌아서도록 해야 합니다.

이렇게 하려면 본인이 생명의 말씀과 성령으로 충만하여 천국을 누리는 믿음의 상태가 되어야 합니다. 자신이 변화되어야 상대방도 변화가 된다는 확고한 신념이 있어야 합니다. 그리고 자신이 생명의 말씀과 성령으로 변화되려고 노력을 해야 합니다. 성령으로 세례 받고 내면의 상처와 혈통의 문제를 말씀과 성령으로 치유하면 평안이 자신을 주장하게 됩니다. 성령의 역사가 자신을 장악하면 할수록 마음이 평안하여 천국을 누릴 수가 있습니다. 절대로 말씀만으로는 변화될 수가 없다는 것을 명심해야 합니다. 살아계신 성령의 역사가 자신을 장악하고 지배할 때 천국의 마음으로 변화되는 것입니다.

바른 복음과 성령의 역사로 모두 성공하기를 축원합니다. 이 책을 통하여 부부들이 다 몸-혼-영이 하나가 되는 가정천국 되기를 바랍니다. 에베소서 5장 22절/ 25절 말씀을 기억하기를 바랍니다. "아내들이여 자기 남편에게 복종하기를 주께 하듯 하라" 25절 "남편들아 아내 사랑하기를 그리스도께서 교회를 사랑하시고 그 교회를 위하여 자신을 주심같이 하라."

둘째, 복음적인 가정이 되라. 가정이 천국이 되려면 부모는 자녀에게 있어서 하나님 같아야 합니다. 하나님과 같이 자녀들을 사랑하라는 말입니다. 자녀는 부모에게 주께 하듯 해야 합니다. 부모는 자녀에게 하나님의 대리자가 되어야 할 책임이 있습니다. 자녀들은 하나님의 소유입니다. 하나님께서 부모들에게 양육을 의뢰한 것입니다. 하나님은 부모에게 자식에게 하나님 대리자가 되는 권리를 주셨습니다. 부모는 자녀를 사랑해야 합니다. 한이 없이 조건이 없이 사랑해야 합니다. 이것은 본능적이고 인간적이고 하나님의 뜻입니다. 하나님이 사람을 한량없이 사랑하는 것처럼, 사람도 자녀를 제한없이 조건 없이 사랑하는 것이 부모의 자식사랑 아니겠습니까?

그런데 육신만 사랑하면 안 됩니다. 자녀의 혼(정신 마음)도 영(신앙 하나님관계)도 사랑해야 합니다. 사람에게 있어서 몸만 있으면 짐승보다 못해집니다. 사람에게는 머리가 있기 때문입니다. 사람에게는 사람다운 마음과 정신이 있어야 합니다. 그런데 정신과 마음은 영의 지배를 받습니다. 악한 영을 가진 사람은 마음도 악하고 정신도 악해지는 것이 보통입니다. 사람은 영은 곧 거룩한 영이 있어야 합니다. 성령으로 기도하여 성령으로 충만해야 합니다. 하나님이 사람을 만드실 때 '하나님의 형상대로'만드셨는데 '하나님의 형상'은 몸이 아닙니다. 하나님은 몸이 없으십니다. 하나님은 영이십니다. 그러므로 '하나님의 형상'은 '하나님의 영'을 말하는 것입니다. 성령이 임하시면 우리에게 '하나님의 영'이 있게 됩니다. 육체가 성령의 지배를 받게 되는 것입니다. 육체로 난 사람이 다시 영으로 '거듭나는' 것입니다. 쉽게 설명하면 육체를 가지고 있지만 성령께서 육체를 지배하고 있으므로 육체가 자기주장을 하지 못하는 것입니다. 하나님은 우리의 영이 잘되는 것에 대하여 관심이 많으십니다. 부모도 자녀의 영이 잘되는 것에 대하여 관심이 많아야 합니다. 영이 혼과 몸을 지배하는 것이 영이 잘되는 것입니다.

자녀를 잉태할 때부터 기도해야 합니다. 영으로 찬송해야 합니다. 자녀의 영이 잘 되기 위해서 입니다. 출산하고서는 함께 기도하고 함께 찬송하고 함께 성경말씀을 나누어야 합니다. 신명기 6장 4절에 얼마나 강조했습니까? "하나님말씀을 나가도 가르치고, 들어가도 가르치고, 이마에 새기고 손에 새기고 발에 새기고…." 신앙교육은 가정에서부터 시작되어야 합니다. 그리고 교회에 보내어 성령의 임재가운데 영과 진리로 예배하게 하고 주의 교양기관에서 양육받도록 해야 합니다. 어려서 성령으로 세례를 받게 해야 합니다. 학교는 못 가도 교회는 가야 합니다. 어려서부터 교회는 자신의 심령교회를 잘되게 하는 곳이라는 것을 알고 믿게 해야 합니다. 즉 자신이 잘되게 하기 위해서 교회는 꼭 나가야된다는 것을 마음에 심어줘야 합니다. 그러기 위해서는 체험하게 하는 것이 중요합니다. 성령을 체험해야 살아 역사하시는 하나님이라는 것을 믿기 때문입니다. 자녀들의 신앙생활이 실패하는 것은 말로 이론으로 믿게 하기 때문입니다. 반드시 체험하도록 해야 합니다. 말로는 안 됩니다.

세상일에는 능하지 못해도 하나님 일에는 능해야 합니다. 세상의 요령은 잘 몰라도 하나님의 마음은 잘 알아야 합니다. 이것이 부모의 진정하고 참된 자식 사랑입니다. 그리 되어야 합니다. 에베소서 6장 4절에 "아비들아 너희 자녀를 노엽게 하지 말고(자기의 방식 자기의 목적대로 키우지 말고) 오직 주의 교훈과 훈계로 양육하라." 가슴에 새겨야 합니다.

자녀는 부모를 하나님 대하듯 해야 합니다. 즉 부모를 어렸을 때는 순종하고 커서는 공경해야 합니다. 자녀들이 세상 사람을 주께 대하듯 하고, 세상일을 할 때도 주의 일을 하듯 해야 합니다. 하물며 부모를 대할 때 주께 하듯 해야 하지 않겠습니까? 자녀는 부모에게 주께 하듯 해야 합니다. 이렇게 부모는 자녀에게 하나님이 하듯 하고, 자녀는 부모에게 주께 하듯 하면 부모 자식관계가 좋아집니다. 자동으로 가정천국이 됩니다. 모두 다 이런 가정천국이 되기를 소원합니다.

셋째, 성령으로 충만해야 가정 천국이 된다. 신앙생활이 중요합니다. 예배가 중요합니다. 출애굽기 16장 5절에 "여섯째 날에는 그들이 그 거둔 것을 준비할지니 날마다 거두던 것의 갑절이 되리라." 안식일 곧 지금의 주일을 준비하기 위하여 여섯째 날에는 갑절을 거두도록 하셨습니다. 다른 날에는 일용할 양식만 거두고 남기지 말라, 남기면 썩고 냄새 나고 벌레가 생기게 하심으로 하나님말씀에 순종치 않음에 대하여 진노하셨습니다. 주일을 위해서는 평일의 배나 거두게 하시고, 남겨도 상치 않게 하실 뿐 아니라, 주일을 준비하라 하십니다. 주일예배가 예배답게 되려면 적어도 그 전날, 가능하면 일주일 내내 준비하라 하십니다. 기도로 마음을 준비해야 합니다. 헌금을 준비해야 합니다. 교회의 봉사를 맡았으면 봉사를 위하여 준비해야 합니다. 예배의 순서에 들어가 있다면 마음을 다해서 준비해야 합니다. 마음으로 기도하며 주일을 준비해야 합니다. 사모하고 기다려야 합니다. 그래야 예배 시에 강력한 성령의 역사로 마음이 천국으로 변화되는 것입니다. 온 가족이 주일을 이렇게 준비하면 이것이 가정천국을 이루는데 놀라운 능력을 발휘한다는 것입니다.

미국을 세운 힘이 바로 이것입니다. 미국 건국의 아버지들(Pilgrim fathers)은 고된 일주간을 살고 나서 주일을 얼마나 온 가족이 준비했는지 모릅니다. 그 결과 하나님께서 그 새로운 땅에서 그들에게 복을 내리셨습니다. 놀라운 나라를 만들어주신 것입니다. 요즘 이것이 흐려지면서 미국도 흐려지고 있습니다. 노르웨이는 척박한 땅입니다. 그러나 이것이 있음으로 점점 더 잘살게 되는 것 같습니다. 평북 선천은 주일에는 일본사람들도 가게를 열지 못했다고 합니다. 한인들이 다 가게를 닫고 흰옷을 입고 줄줄이 주일아침에 교회로 향하곤 했기 때문입니다. 그런데 요즘은 한인들이 미국에까지 가서 주일에 가게 문을 열므로 미국사람들도 주일에 가게 문을 열게 만들고 있습니다. 잘못된 일입니다. 한국에 이랜드라는 기업이 있습니다. 철저히 주일성수, 세금철저납부입니다. 중요한 교훈입니다.

출애굽기 16장 6-7절에 "저녁이 되면 너희가 여호와께서 너희를 애굽 땅에서 인도하여 내셨음을 알 것이요, 아침에는 너희가 여호와의 영광을 보리니" 가정예배는 본래 아침과 저녁에 드렸습니다. 하루에 한 번으로 줄더니, 일주일에 두 번으로 줄더니, 한 달에

한 번, 아예 안 드리게 되었습니다. 한국교인 가정이 점점 경제적으로 여유가 있게 되고, 세상적으로 강한 욕구가 일게 되면서입니다. 결과는 무엇일까요? 한국교회가 100년 전에는 그 작은 숫자와 어려움 가운데서도 한국민족을 이끌어 왔는데, 지금은 6만의 교회와 천만의 신자를 가지고도 사회에 끌려가지 않습니까? 가정예배를 드리는 가정은 결코 망하지 않습니다. 어떤 고난이 있어도 오뚜기 처럼 일어납니다. 가정예배를 드린 자녀는 결코 잘못되지 않습니다. 멀리 갔다가도 돌아오게 되고, 넘어졌다가도 일어서게 됩니다. 우리 가정으로 하여금 '아침에는 여호와의 영광을 보게'합시다. 저녁이 되면 '주께서 인도하셨음'을 알도록 합시다. 이런 가정에는 하나님의 영광이 덮이게 될 것입니다. 이런 가정에는 하나님의 인도하심이 끊이지 않을 것입니다. 가정이 천국이 될 것입니다.

가족끼리 서로 원망하지 말아야 합니다. 서로 남의 탓을 하며 원망하지 말아야 합니다. 그것은 하나님을 원망하는 것이 되기 때문입니다. 출애굽기 16장 8절에 "여호와께서 자기를 향하여 너희가 원망하는 그 말을 들으셨음이라. 우리가 누구냐 너희의 원망은 우리를 향하여 함이 아니요 여호와를 향하여 함이로다." 우리는 피차 원망하여 하나님을 원망하는 사람이 아니라, 아침에 하나님의 영광을 보고, 저녁에 주의 인도하심을 감사하는 가정이 되기를 바랍니다. 날마다 성령의 함께 하심과 역사하심을 체험하시기를 바랍니다.

하나님은 우리 가정이 그리스도로 구속을 받고 성령의 도움을 받아 가정천국을 이루어 살기를 원하십니다. 가정을 사랑하십니까? 그러면 가정천국을 이루려고 노력하시기를 바랍니다.

넷째, 일과 소득은 가정천국을 이루는 중요한 요소이다. 에덴동산에서 하나님은 아담과 하와 가정에 일을 주셨습니다. 아담은 하나님의 대리자로서 피조물을 다스리는 일을 했습니다. 하와는 아담의 일을 보필하면서 자녀를 양육하는 일을 하였습니다. 일을 하되 아주 즐거움으로 했습니다. 그 결과도 아주 만족스러운 것이었습니다. 소득은 어떠했습니까? 땅의 모든 것이 하나님의 것이자 동시에 자기의 것이었으니 따로 무슨 욕심을 부릴 일도 없었고 만족하였습니다. 뜻은 항상 하나님의 뜻과 같았으니 염려할 것도 근심할 것도 없었습니다. 아담이 명하면 땅의 모든 것이 아담에게 순종하였습니다. 창세기 1장 28절에 "하나님이 그들에게 땅을 정복하라 바다의 물고기와 하늘의 새와 땅에 움직이는 모든 생물을 다스리라 하시니라."

그랬던 가정에 죄가 들어왔습니다. 그 다음은 어떻게 되었을까요? 창세기 3장 17절에 "땅은 너로 말미암아 저주를 받고 너는 네 평생에 수고하여야 그 소산을 먹으리라" 23절에 "여호와 하나님이 에덴동산에서 그를 내보내어 그의 근본이 된 땅을 갈게 하시니라." 땅을 정복하고 땅의 모든 생물을 다스리는 일과는 딴판인 일입니다. 일에 즐거움은 사라지고 고통이 따르게 되었습니다. 소득은 어떻게 되었을까요? 창세기 3장 18절에 "땅이 네게 가시덤불과 엉겅퀴를 낼 것이라. 네가 먹을 것은 밭의 채소인즉 네가 흙으로 돌아갈 때까지 얼굴에 땀을 흘려야 먹을 것을 먹으리니 네가 그것에서 취함을 입었음이라 너는 흙이니 흙으로 돌아갈 것이니라." 참 비참한 존재가 되었습니다.

일을 해도 소득이 잘 나지 않습니다. 땅이 저주를 받아서 일해도 가시덤불과 엉겅퀴를 내게 되었습니다. 얼굴에 땀을 흘려야 겨우 먹고 살게 되었습니다. 인간이 생존을 위하여 일하여야만 하는 존재로 타락하였습니다. 더욱이 그마저 계속되지 못하고 흙으로 돌아가게 되었습니다. 죄가 없었으면 흙으로 돌아가지 않고, 몸을 가진 영으로서 영생하고 영화로웠을 터인데…. 참으로 안타깝습니다.

죄로 말미암아 엉망이 된 가정을 하나님은 그리스도 안에서 회복하시되 일과 소득도 회복하십니다. 그 최초의 것은 출애굽에서 만나와 메추라기를 주신 것입니다. 출애굽기 16장 4절에 "그 때에 여호와께서 모세에게 이르시되 보라 내가 너희를 위하여 하늘에서 양식을 비같이 내리리니 백성이 나가서 일용할 것을 날마다 거둘 것이라." 중요한 것은, 양식은 하나님께서 주신다는 것입니다. 그러므로 무엇을 먹을까 염려하지 말라는 것입니다. 마태복음 6장 25절에 "내가 너희에게 이르노니 목숨을 위하여 무엇을 먹을까 무엇을 마실까 몸을 위하여 무엇을 입을까 염려하지 말라" 32절에 "이는 다 이방인들이 구하는 것이라 너희 하늘 아버지께서 이 모든 것이 너희에게 있어야 할 줄을 아시느니라." 그러면 우리가 무슨 일을 할 것입니까? 마태복음 6장 33절에 "그런즉 너희는 먼저 그의 나라와 그의 의를 구하라 그리하면 이 모든 것을 너희에게 더하시리라." 요한복음 6장 27절에 "썩을 양식을 위하여 일하지 말고 영생하도록 있는 양식을 위하여 하라." 하나님의 영광을 위해서 살라는 말씀입니다.

소득은 무엇입니까? 일용할 양식이면 족하게 여기라는 것입니다. 욕심을 부리지 말라는 것입니다. 출애굽기 16장 4절에 "백성이

나가서 일용할 것을 날마다 거둘 것이라." 정당하게 벌어서 사용해야 합니다. 하나님은 예레미야 17장 11절에서 "불의로 치부하는 자는 자고새가 낳지 아니한 알을 품음 같아서 그의 중년에 그것이 떠나겠고 마침내 어리석은 자가 되리라" 라고 경고하십니다. 이제 일용할 양식 사상으로 돌아가야 합니다. 하나님은 디모데전서 6장 8-10에서 "우리가 먹을 것과 입을 것이 있은즉 족한 줄로 알 것이니라. 부하려 하는 자들은 시험과 올무와 여러 가지 어리석고 해로운 욕심에 떨어지나니 곧 사람으로 파멸과 멸망에 빠지게 하는 것이라. 돈을 사랑함이 일만 악의 뿌리가 되나니 이것을 탐내는 자들은 미혹을 받아 믿음에서 떠나 많은 근심으로써 자기를 찔렀도다." 불의를 사용하여 돈을 버는 자들에게 경고하는 말씀입니다.

성도들도 일용할 양식 사상에 투철해야 합니다. 하나님은 이것을 실행하나 안 하나 시험해 보시겠다고 말씀하셨습니다. 출애굽기 16장 4절에 "이같이 하여 그들이 내 율법을 준행하나 아니하나 내가 시험하리라." 아굴의 잠언30장 8-9절에 "나를 가난하게도 마옵시고 부하게도 마옵시고 오직 필요한 양식으로 나를 먹이시옵소서, 혹 내가 배불러서 하나님을 모른다 여호와가 누구냐 할까 하오며 혹 내가 가난하여 도둑질하고 내 하나님의 이름을 욕되게 할까 두려워함이니이다." 가정천국은 일과 소득과 불가분의 관계입니다. 소득이 없으면 가정이 천국이 되지를 못할 것입니다. 만약에 소득이 부족하다면 하나님께 기도하여 원인을 찾아서 해결해야 합니다. 반드시 하나님께서 알려주시는 원인을 해결해야 합니다. 원인이 있을 것입니다. 일용할 양식사상으로 다 가정천국을 이루기를 축원합니다.

자신을 사랑하지 못하는 자는 가족을 사랑하지 못합니다. 가족을 사랑하지 못하는 자는 남을 사랑할 수는 없습니다. 가족을 사랑합시다. 더 나아가 이웃을 사랑합시다. 먼저 자신을 사랑해야 합니다. 믿는 자를 사랑해야 합니다. 더 나아가 믿지 않는 자도 사랑합시다. 마태복음 5장 46절에 "너희가 너희를 사랑하는 자를 사랑하면 무슨 상이 있으리요, 세리도 이같이 아니하느냐." 나를 사랑하는 자를 사랑합시다. 더 나아가 나를 사랑하지 않는 사람도 사랑합시다. 나를 힘들게 하고 괴롭히는 사람도 사랑합시다. 나를 원수로 아는 사람에게 떡을 하나 더 줍시다. 가정을 말씀과 성령으로 충만하게 합시다. 그래서 우리 가정이 온전한 가정이 되어 봅시다. 가정의 천국을 이룹시다.

결론적으로 가정이 천국이 되어야 하는 이유는 생존경쟁에 시달리고 지치고 혹은 상처 입은 인간은 따뜻한 사랑과 이해와 동정과 치료가 있는 훈훈한 가정의 품을 항상 마음속에 동경하면서 살게 됩니다. 가정은 우리를 치료시키고 휴식을 주며 내일에 대한 희망과 용기를 주는 가장 아름답고, 그리고 가장 친밀한 삶의 보금자리요, 운명공동체인 것입니다. 그러나 현실은 그렇지만은 않습니다. 갈기갈기 찢기어지고 피투성이가 된 가정들이 허다히 많이 있습니다.

어찌하면 가정들이 천국이 되겠습니까? 그것은 예수 안에서 성령으로 되는 것입니다. 가정에 성령의 역사가 일어나, 가정의 행복을 저해하는 세력들이 떠나가야 가정이 천국 될 수가 있는 것입니다. 어찌 하든지 성령의 역사가 가정에서 일어나게 해야 합니다. 우리가 예수를 믿는 것은 자신의 마음이 천국이 되고, 가정이 천국을 누리기 위해서 예수를 믿는 것입니다.

가정이 천국이 되려면 가정에 항상 예수님이 주인이 되게 해야 합니다. 예수님이 가정의 주인이 되게 하려면 성령께서 가정을 지배하게 해야 합니다. 성령이 가정을 지배하게 하려면 가족 구성원들에게서 성령의 역사가 일어나야 합니다. 성령의 역사가 일어나 마음에 천국이 이루어져야 합니다. 그러니까, 각자 가정 구성원들이 먼저 성령으로 장악이 되어야 한다는 말입니다. 가족 구성원들이 성령으로 지배를 받으면 그 가정은 성령의 역사가 장악할 수가 있습니다. 그렇지 못한 가정은 가정에서 예배를 자주 드리시기를 바랍니다.

찬양하며 예배를 자주 드리면 성령의 역사가 일어나게 되어 있습니다. 성령으로 세례를 받지 못했다면 만사를 뒤로하고 받아야 합니다. 성령의 역사가 일어나 가정을 장악해야 가정에 역사하는 지옥의 영들이 떠나가는 것입니다. 부부나 가족이 아무리 대화를 하여 문제를 해결하려고 해도 되지 않는 것이 보통입니다. 왜냐하면 가정과 부부의 문제 뒤에는 귀신이 역사하기 때문입니다.

이 근원인 귀신이 떠나가야 가정과 부부가 하나가 되고 성령으로 천국이 이루어지는 것입니다. 가정과 부부가 하나 되지 못하면 아무리 열심히 해도 경제가 풍성해지지 않습니다. 귀신이 방해하기 때문입니다. 성령의 역사로 부부와 가정이 하나가 되면 방해하던 귀신이 서서히 떠나갑니다. 귀신이 떠나가니 가정경제가 풀어지고 가정이 천국이 될 수가 있습니다.

가정이 천국이 되게 하려고 노력해야 가계저주에서 해방을 받을 수가 있는 것입니다. 가정이 천국 되었다는 것은 가계의 저주에서 영원히 해방된 보증입니다.

25장 하나님의 얼굴을 구하는 성도되라.

(욥 42:5)"내가 주께 대하여 귀로 듣기만 하였사오나 이제는 눈으로 주를 뵈옵나이다."

가계의 저주에서 영원히 해방을 받으려면 하나님의 손을 구하는 삶에서 하나님의 얼굴을 구하는 삶으로 전환해야 합니다. 우리가 아무리 사모하고, 기도를 많이 하고, 아무리 능력을 경험해도 하나님의 얼굴을 구하는 삶으로 전환하지 않으면 가계의 저주에서 해방을 받을 수가 없습니다. 고로 가계의 저주에서 해방되어 천국을 누릴 수가 없는 것입니다. 영의 사람으로 살아갈 수가 없습니다. 바꿔 말하면 하나님의 손을 구하는 삶에서는 하나님과 친밀함은 절대 불가능합니다. 아브라함은 하나님의 얼굴을 구하는 자입니다. 반대로 롯은 하나님의 손을 구하는 자입니다. 누가 어떻게 되었는지는 창세기에 결과가 잘 기록되어 있습니다. 우리는 하나님의 얼굴을 구하는 크리스천이 되어야 아브라함과 같은 전인적인 복을 받게 됩니다.

손을 구하는 삶은 문제를 해결하기 위하여 믿음 생활을 하는 성도입니다. 문제를 해결하기 위하여 전도하고, 봉사하고, 가계에 저주하는 귀신아 떠나가라. 떠나가라 하면서 소극적인 믿음생활을 하는 성도입니다. 손을 구하는 성도가 되면 가계의 저주에서 영원히 해방을 받을 수가 없습니다. 하나님의 얼굴을 구하는 성도는 자신이 하나님의 형상으로 변화되어 하나님과 대면하면서 전인격을 하나님께서 지배하는 성도입니다. 하나님과 대면하며 하나님의 지혜를 가지고 살아가는 성도입니다. 하나님의 계획과 길을 따라가는 성도입니다. 하나님의 방법으로 가계의 저주를 해결하는 성도입니다. 하나님이 주인이 되어 가계에 저주하던 귀신들이 얼씬하지 못하는 것입니다. 온전하게 하나님의 나라가 되었기 때문입니다. 하나님의 얼굴을 구하는 성도는 성령으로 기도합니다. 성령으로 기도하면서 하나님의 입장에서 자신을 바라보며 교정하는 성도입니다. 하나님께서 원하시는 길을 따라가는지, 하나님을 따라간다고는 하나 바르게 가지 못하고 돌아가고 있는지, 가계의 저주가 왜 얼어나고 있는지 하나님의 입장에서 보고, 하나님의 방법으로 해결하는 성도입니다.

하나님의 손을 구하는 사람들은 홍해 가에 있는 이스라엘 사람들입니다. 하나님께 원망하면서 소리만 지르는 사람들입니다. 모세는 하나님의 얼굴을 구하여 하나님을 대면하는 삶을 산 사람입니다. 모세의 형 아론은 하나님의 손을 구한 사람입니다. 모세는 출애굽기 4장 10절에서 "입이 뻣뻣하고 혀가 둔한 자"라고 말씀하고 있습니다. 하나님도 이 부분을 인정하셔서 형인 아론을 붙여 주셨습니다. 하나님은 말 잘하는 아론과 직접 대화시며 일하시지 않으시고 모세에게 붙여주신 이유가 있습니다. 모세는 하나님의 얼굴을 보면서 대화하는 사람입니다. 반면에 아론은 말은 잘하지만 하나님의 얼굴을 볼 수 없는 육신에 속한 사람이기 때문입니다. 모세는 한마디로 하나님과 대면하며 친밀하게 지내는 사람입니다.

신앙의 본질은 하나님과 친밀함입니다. 하나님을 알고 사랑하는 삶을 말하는 것입니다. 하나님을 알기 위해서는 하나님께서 자신을 계시(조명)하실 때만 하나님을 알 수 있습니다. 하나님의 얼굴을 구해하는 것은 필수입니다. 따라서 하나님의 얼굴을 구하는 삶은 신앙의 첫 단추와 같습니다. 반대로 하나님의 손을 구하는 삶에서는 하나님과 친밀함이 절대로 가능하지 않습니다.

첫째, 하나님의 손을 구하는 삶에서는 가계저주는 해결되지 않는다. 요한복음 6장에 나오는 광야에 있는 사람들입니다. 오병이어의 떡을 먹었던 무리들과 제자들로서 큰 기적을 경험하고 또 사모한 그들이지만 예수님께서 십자가를 지실 것을 말씀하자 다 떠났습니다(요6:66). 예수님은 그들에게 영적인 눈을 열어 주시지 않았습니다. 하나님의 얼굴을 구하는 삶으로 나오지 않았기 때문입니다. 즉 하나님의 손을 구하는 삶(요6:26)을 사는 아담적인 사람이기 때문입니다. 여기서 우리가 기억해야 할 것은 하나님의 얼굴을 구하는 삶으로 나오지 않으면 그렇게 사모하여 나왔음에도 불구하고 하나님과 친밀한 교제가 전혀 열리지 않는다는 것입니다. 육신에 속한 아담이기 때문입니다.

또 다른 무리들은 광야 이스라엘 백성들입니다. 엄청난 기적들을 경험했음에도 불구하고 하나님과 친밀함이 전혀 열리지 않았습니다. 왜 그렇습니까? 하나님의 얼굴을 구하는 삶으로 전환하지 않았기 때문입니다. 우리가 아무리 사모하고, 기도를 많이 하고, 아무리 능력을 경험해도 하나님의 얼굴을 구하는 삶으로 전환하지 않으면 하나님과 친밀함은 절대 열리지 않습니다. 바꿔 말하면 하나님의 손을 구하는 삶에서는 하나님과 친밀함은 절대 불가능합니다. 하나님의 손을 구하는 삶의 특징은 이렇게 표현하고 설명할 수가 있습니다.

1)육신에 속한 사람으로 완악하여 하나님의 뜻을 헤아리지 못하고, 자신들의 육적인 만족을 이루기 위하여 하나님을 이용하니 하나님을 근심케 하고, 더 나아가 하나님을 분노케 합니다.

①이스라엘 백성들은 40년 동안 하나님의 행사를 보았음에도 불구하고 그들은 40년 동안 하나님을 격노케 하였습니다(히3:7-19). 하나님의 능력을 경험하는 것이 반드시 하나님이 우리를 신임(기뻐하시는)하는 보증이 아니라는 겁니다. 이것은 별개입니다. 자신에게서 신령한 능력이 나타난다고 다된 것이 아니라는 것입니다.

②유다에서 제 3대 아사 왕은 여호와를 섬기는 신앙부흥을 적극적으로 추진한 왕이었습니다. 그는 먼저 이방제단과 산당을 없이하고 주상을 훼파하며 아세라신을 다 찍어 없앴습니다. 에티오피아의 대왕 세라가 백만 대군을 거느리고 유다를 침략해 들어왔을 때, 간절히 부르짖어 기도하여 하나님께서 에티오피아의 군대를 치셨습니다. 그 후 20년 동안 아무 일이 없이 나라가 부강하고 태평 성대하니 아사가 하나님을 찾지 않았습니다. 북방인 이스라엘 왕 바아사가 군대를 거느리고 유다를 침략하자 마음속에 두려움이 들어와서 여호와께 부르짖거나 기도하지 않았습니다. 병이 들어서 하나님께 구하지 않고 의원에게 의지했기 때문에 못 고쳤습니다(대하 16:12). 그는 죽고 만 것입니다. 형통함이 하나님의 기뻐하시는 보증이 아니라는 것입니다.

③ 요한계시록에 나오는 라오디게아 교회를 보세요(계3:14-17). 라오디게아교회는 세상 적으로 잘되었던 교회입니다. 급성장한 교

회였습니다. 부족한 것이 없는 교회였습니다. 그런데 주님으로부터 칭찬 한마디 없는 교회가 바로 라오디게아 교회였습니다. 그런데 왜 칭찬을 못 받았나요? 세상 적으로 잘되는 것이 하나님이 자기들을 신임하는 보증이라고 자기들의 수준으로 생각한 것입니다. 많은 성도들이 세상에서 잘되는 것이 축복인줄로 압니다. 그러나 기억하세요, 외부적 사역의 확장이 하나님의 신임은 아니라는 것입니다. 하나님의 신임과는 별개입니다. 이것을 영의 눈을 열어 보셔야 합니다.

2)하나님의 얼굴을 구하지 않으면 하나님의 길을 알지 못합니다. 하나님의 길을 따라 행할 때 하나님이 기뻐하는 삶이 가능한 것입니다. 하나님의 길을 모르면 하나님을 기쁘시게 하는 삶은 불가능합니다. 하나님의 손을 구하는 삶에서는 친밀함이 불가능합니다. 따라서 하나님의 길을 알 수 없습니다. 고로 하나님을 기쁘시게 하는 삶은 불가능한 것입니다.

헨리 블랙가비 목사님은 하나님은 우리에게 3가지를 계시하시는데 하나님 자신, 하나님의 목적, 길(방법)을 계시하신다고 하셨습니다.

①하나님이 자신을 계시하시는 목적입니다. 모세를 하나님과 친밀한 관계로 인도하시기 위해서 자신을 계시하십니다. 그래서 하나님의 인도를 따라 가려면 영적인 눈을 열어 믿음으로 하지 않고는 불가능합니다. 그런데 믿음으로 주님을 의지하려면 주님을 알아야 합니다. 하나님을 아는 만큼 믿을 수 있기 때문입니다.

②하나님이 목적을 계시하시는 이유입니다. 그 일에 동참케 하기 위해서 계시하셨습니다(계시가 곧 초청). 하나님의 일에 동참하려

면 자신의 삶을 조정해야 합니다. 자신의 삶을 조정하려면 대가를 지불해야합니다. 오늘날 많은 사람이 하나님을 따르기를 원합니다. 그런데 대가는 지불하길 원치 않습니다. 하나님의 음성을 듣는 그 자체로 만족하는 경우가 많습니다. 그러니 실제 하나님과 동행하지 못한 것입니다. 하나님을 따르려면 반드시 대가가 지불되어야 합니다. 자신의 삶이 조정되고 동참되어지면 그때 주님이 앞서서 인도해가십니다. 구체적인 길(방법)을 지시하십니다.

③언제 하나님 자신, 목적, 길이 보일까요? 하나님의 얼굴을 구해야 합니다. 이스라엘 백성들은 하나님의 얼굴을 구하지 않으니 하나님이 자신을 계시하지 않았습니다. 하나님을 모르니 믿음이 없습니다. 따라서 불신, 세상사랑이 가득한 것입니다. 하나님의 얼굴을 구하지 않으니 하나님의 목적을 계시하지 않습니다. 하나님의 의중(길)을 모릅니다. 참다운 순종이 불가능한 것입니다. 따라서 하나님을 기쁘시게 하는 것은 불가능한 것입니다.

둘째, 하나님의 얼굴을 구하는 삶이 되어야 한다. 이 삶에서 하나님과 친밀함도, 동행하는 삶도, 다가오는 하나님의 놀라운 행하심에 동참하는 삶이 가능한 것입니다. 하나님의 얼굴을 구하는 성도는 육체가 십자가를 통과한 영에 속한 사람입니다. 하나님과 대화하는 영에 속한 성도로 거듭난 증거입니다.

1) 하나님의 얼굴을 구하는 삶의 특징입니다. 하나님의 얼굴을 구하는 삶은 하나님의 손을 구하는 삶과 정반대의 특징을 가지고 있습니다. 하나님과 친밀해집니다. 하나님의 길을 알고 그 길을 따

라 행하기 때문입니다. 하나님의 은총이 있습니다. 하나님이 기뻐하십니다. 진정한 믿음이 있습니다. 하나님과 친밀한 교제에서 나오기 때문입니다. 올바른 순종을 할 수가 있습니다. 하나님이 영광으로 임하십니다. 출애굽기 34장에 보면 하나님이 모세 앞에 영광으로 임하십니다. 모세가 하나님의 얼굴을 구한 것에 대한 응답으로 이루어진 것입니다.

성경은 마지막 때에 하나님의 놀라운 영광으로 하나님의 백성들과 하나님의 교회를 방문하실 것을 예언하고 있습니다. "일어나라 빛을 발하라 이는 네 빛이 이르렀고 여호와의 영광이 네 위에 임하였음이니라. 보라 어둠이 땅을 덮을 것이며 캄캄함이 만민을 가리려니와 오직 여호와께서 네 위에 임하실 것이며 그의 영광이 네 위에 나타나리니"(사60:1-2). 그러므로 오늘날 하나님의 얼굴을 구하는 삶으로의 전환이 어느 때 보다 절실하게 필요합니다.

2) 하나님의 얼굴을 구하는 삶이란 이렇습니다. 하나님의 손을 구한다는 말과 대조적으로 사용합니다. 하나님의 손을 구한다는 것은 자신의 목적과 목표를 위해 하나님의 도움이나 능력과 같은 하나님의 손길을 구하는 것입니다. 하나님의 얼굴을 구한다는 것은 하나님 자신을 구하는 것을 의미합니다. 하나님을 더 알기를, 더 사랑하기를 구하는 것입니다. 하나님을 자신의 주인으로 모시기 위하여 얼굴을 구하는 것입니다.

하나님의 손을 구하는 삶과 하나님의 얼굴을 구하는 삶은 별 차이가 없어 보이지만 근본적인 차이가 있습니다. 하나는 하나님이 수단이 되는 삶이고, 다른 하나는 하나님이 목적이 되는 삶입니다.

그러므로 하나님의 얼굴을 구하는 삶은 먼저 거짓신앙체계를 버리는 것, 즉, 하나님이 수단이 된 삶을 버리는 것에서 시작됩니다. 하나님이 목적이 되는 삶으로 바뀌어야 합니다. 하나님을 주인으로 모시고 살아가려는 자세가 되어야 합니다.

3)하나님의 얼굴을 구하는 삶의 실 예입니다. 먼저 모세입니다. "여호와께서 모세에게 이르시되 너는 네가 애굽 땅에서 인도하여 낸 백성과 함께 여기를 떠나서 내가 아브라함과 이삭과 야곱에게 맹세하여 네 자손에게 주기로 한 그 땅으로 올라가라. 내가 사자를 너보다 앞서 보내어 가나안 사람과 아모리 사람과 헷 사람과 브리스 사람과 히위 사람과 여부스 사람을 쫓아내고, 너희를 젖과 꿀이 흐르는 땅에 이르게 하려니와 나는 너희와 함께 올라가지 아니하리니 너희는 목이 곧은 백성인즉 내가 길에서 너희를 진멸할까 염려함이니라 하시니"(출33:1-3). 모세가 지금 있는 곳은 광야입니다. 하나님의 약속은 젖과 꿀이 흐르는 가나안 땅, 심지어 천사들을 앞서 보내어 모든 원수를 멸해주시겠다고 약속합니다.

모세의 이 자세를 보십시오. 모세는 하나님께서 함께 가시지 않는 젖과 꿀이 흐르는 가나안 땅이나 천군 천사를 통한 놀라운 승리보다 하나님의 임재가 함께 하시는 그 돌 뿐이고 숨이 막히는 사막이 더 좋다고 했습니다. 그만큼 그는 그 무엇보다 하나님의 얼굴을 구했습니다. 하나님의 임재, 하나님 자신을 구했습니다. 하나님과 함께 있기를 구했습니다. 그 무엇보다 하나님이 그에게 소중했습니다. 하나님의 은총 가운데 있는 것이 소중했습니다. 이것이 바로 하나님의 얼굴을 구하는 자세입니다.

우리는 이러한 모세의 기도와 삶의 자세를 보면서, 왜 하나님께서 그에게 그러한 친밀함을 허락하셨는지, 그가 왜 하나님의 은총을 입었는지, 왜 하나님은 그의 기도를 들으사 곧바로 돌이키시고 이스라엘 백성들과 동행하셨는지, 그리고 왜 하나님께서 영광으로 그에게 임하셨는지를 깨달을 수 있습니다.

우리는 성경에서 하나님의 얼굴을 구하는 것이 무엇인지를 한 구절로 정리한 것을 볼 수 있습니다. "내가 여호와께 바라는 한 가지 일 그것을 구하리니 곧 내가 내 평생에 여호와의 집에 살면서 여호와의 아름다움을 바라보며 그의 성전에서 사모하는 그것이라"(시 17:4). 하나님의 얼굴을 구하는 것은 하나님을 알고 사랑하는 것이 유일한 소망이 되는 것입니다.

다윗도 하나님의 임재 가운데서 하나님의 영광을 보고, 하나님의 아름다움을 앙망하는 것을 한 가지 소원으로 하나님께 간구했습니다. 그것은 다윗의 많은 소원 중의 하나가 아니었습니다. 심지어 많은 것 중에서 첫 번째도 아니었습니다. 그것은 다윗의 유일한 한 가지 소원이었습니다. 그리고 그것은 예전에도 그랬고, 지금도 변함없이 그랬습니다. 이것이 바로 하나님의 얼굴을 구하는 삶입니다. 하나님께서 다윗에 대해서 하나님의 마음에 합한 자라고 말씀하셨는데, 우리는 그 이유를 알 것 같습니다.

하나님의 얼굴을 구하는 것은 오직 하나님만이 유일한 목적이 되는 것을 말합니다. 필자는 성공적인 사업도 원하고, 하나님도 더욱 알기 원하는 성도들을 보았습니다. 그리고 목회도 성공하고 하나님의 영광도 보기 원하는 많은 목회자들도 보았습니다. 그러나 필자는 그것은 결코 하나님의 얼굴을 구하는 자세가 아닌 것을 발견했습니다. 그것은 나눠진 마음입니다. 우리들이 진실로 하나님을 알기 원하고, 하나님이 우리에게 소중하면, 그 분만이 우리의 유일한 목적과 목표가 되어야 합니다. 하나님만이 우리의 유일한 목표와 목적이 되어 질 때, 그 분 안에 우리에게 필요한 모든 것이 다 있습니다. 그 분은 천지를 창조하신 분일 뿐 아니라, 우리를 진실로 사랑하시는 분이시기 때문입니다.

4)우리는 지속적으로 하나님의 얼굴을 구해야 합니다.

①모세의 예입니다.모세와 다윗과 같은 하나님의 사람들은 지속적으로 하나님의 얼굴을 구했습니다. 그들이 광야를 방황하며 헤맬 때 뿐 아니라, 그들의 사역이 확장되고 놀라운 하나님의 복이 그들과 함께 할 때에도 그들은 여전히 하나님의 얼굴을 구했습니다. 하나님 자신만이 그들의 유일한 소망이요 열망이었습니다. 출애굽기 33:12-13에 나오는 모세의 기도는 그의 사역의 절정기에 그가 한 기도인 것을 기억하십시오. “모세가 여호와께 아뢰되 보시옵소서, 주께서 내게 이 백성을 인도하여 올라가라 하시면서 나와 함께 보낼 자를 내게 지시하지 아니하시나이다. 주께서 전에 말씀하시기를 나는 이름으로도 너를 알고 너도 내 앞에 은총을 입었다 하셨사온즉, 내가 참으로 주의 목전에 은총을 입었사오면 원하건대 주의 길을 내게 보이사, 내게 주를 알리시고 나로 주의 목전에 은총을 입게 하시며 이 족속을 주의 백성으로 여기소서”(출33:12-13).

②바울의 예입니다. 신약 성경에 나오는 사도 바울도 처음부터 끝까지 오직 예수님 한 분만을 구했습니다. 바울이 간절히 알기를

원했던 한 가지로서 오직 예수님만(주님만) 알기를 원했습니다. "내가 너희 중에서 예수 그리스도와 그가 십자가에 못 박히신 것 외에는 아무 것도 알지 아니하기로 작정하였음이라"(고전2:2). 사도 바울이 간절히 얻기를 원하는 것이 바로 예수 그리스도입니다. "그러나 무엇이든지 내게 유익하던 것을 내가 그리스도를 위하여 다 해로 여길뿐더러 또한 모든 것을 해로 여김은 내 주 그리스도 예수를 아는 지식이 가장 고상하기 때문이라 내가 그를 위하여 모든 것을 잃어버리고 배설물로 여김은 그리스도를 얻고"(빌립보서 3:7-8).

사도 바울이 간절히 본받기를 원하는 것도 예수 그리스도입니다. "내가 그리스도와 그 부활의 권능과 그 고난에 참여함을 알고자 하여 그의 죽으심을 본받아"(빌립보서 3:10). 바울은 그것을 얻기 위하여 다른 모든 것을 해로 여겼습니다(빌3:7-8절). 사도 바울은 오직 예수님만을 원했습니다. 고린도전서는 대체적으로 그의 사역의 초기 부분에 쓰인 서신서입니다. 그리고 빌립보서는 로마 옥중에서 쓰인 서신으로서 그의 사역의 말기 부분에 쓰인 서신입니다. 이 서신들을 보면, 바울은 처음부터 끝까지 오직 예수 그리스도만을 알기 원하고, 그 분만을 사랑하기 원했던 것을 알 수 있습니다.

우리는 지속적으로 하나님의 얼굴을 구해야 합니다. 우리는 이 점을 반드시 배워야 합니다. 우리의 유일한 목표와 목적은 처음부터 끝까지 하나님 자신뿐이어야 합니다. 그 분을 알고, 그 분을 더욱 사랑하는 것만이 되어야 합니다. 우리들이 하나님의 얼굴을 구하는 삶을 살다가도, 조금만 방향이 흐려져 다른 것이 우리의 삶의 초점이 되어지면, 심지어 그것이 주를 위한 사역이라 할지라도, 곧바로 하나님과의 친밀함이 우리에게서 끊어집니다.

5)하나님의 얼굴을 구체적으로 어떻게 구해야 합니까? 하나님의 얼굴을 구하는 과정은 이렇습니다. "그가 나가서 아사를 맞아 이르되 아사와 및 유다와 베냐민의 무리들아 내 말을 들으라. 너희가 여호와와 함께 하면 여호와께서 너희와 함께 하실지라. 너희가 만일 그를 찾으면 그가 너희와 만나게 되시려니와 너희가 만일 그를 버리면 그도 너희를 버리시리라"(대하15:2). 찾으면 만난바 되는데 어떻게 찾아야 할까요? "또 마음을 다하고 목숨을 다하여 조상들의 하나님 여호와를 찾기로 언약하고"(대하15:12), "온 유다가 이 맹세를 기뻐한지라. 무리가 마음을 다하여 맹세하고 뜻을 다하여 여호와를 찾았으므로 여호와께서도 그들을 만나 주시고, 그들의 사방에 평안을 주셨더라."(대하15:15).

하나님을 아는 것이, 찾는 것이 유일한 목표가 되는 것으로, 100으로 하나님을 찾아야 하나님을 1이라도 알 수 있습니다. 지속적으로 찾느냐에 따라서 30%, 60% 알아갈 수 있는 것입니다. "여호와께서 이와 같이 말씀하시니라. 바벨론에서 칠십 년이 차면 내가 너희를 돌보고 나의 선한 말을 너희에게 성취하여 너희를 이곳으로 돌아오게 하리라. 여호와의 말씀이니라. 너희를 향한 나의 생각을 내가 아나니 평안이요 재앙이 아니니라. 너희에게 미래와 희망을 주는 것이니라. 너희가 내게 부르짖으며 내게 와서 기도하면 내가 너희들의 기도를 들을 것이요, 너희가 온 마음으로 나를 구하면 나를 찾을 것이요, 나를 만나리라."(렘29:10-13).

전심으로 찾는 것이 어떤 것입니까? "내 이름으로 일컫는 내 백성이 그들의 악한 길에서 떠나 스스로 낮추고 기도하여 내 얼굴을 찾으면 내가 하늘에서 듣고 그들의 죄를 사하고 그들의 땅을 고칠지라."(대하7:14). 스스로 겸비한다는 뜻은 역대하 22장의 요시아 왕이 보인 것과 같이, 말씀 앞에 정직하게 엎드려 동의하는 것입니다. 전심으로 기도(구하고, 찾고, 두드림)해야 합니다. 구하고 찾고 두드립니다(눅11:9). "내가 또 너희에게 이르노니 구하라, 그러면 너희에게 주실 것이요. 찾으라, 그러면 찾아낼 것이요. 문을 두드리라, 그러면 너희에게 열릴 것이니"(눅11:9). 하나님의 얼굴을 구해야 합니다. 창32장에 나오는 얍복강의 야곱과 같이 하나님의 얼굴을 구해야 합니다. 그리고 악한 길에서 떠나야 합니다. 온유함으로 옷을 입어야 합니다.

아사왕의 예(대하15:8-15)입니다."온 유다가 이 맹세를 기뻐한지라 무리가 마음을 다하여 맹세하고 뜻을 다하여 여호와를 찾았으므로 여호와께서도 그들을 만나 주시고 그들의 사방에 평안을 주셨더라"(대하15:15). 중간에 멈추십니다. 유지와 지속적이 중요합니다.

6)하님의 얼굴을 구하는 삶의 특징은 하나님의 방법을 따라 사는 삶입니다. 자기의 방법을 따라 사는 삶을 종결하고 하나님의 뜻을 물어보는 것입니다. 하나님의 의도를 질문하여 알아내고 순종하는 것입니다. 한마디로 하나님의 방법대로 사는 삶을 사는 것입니다. "곧 내가 오늘 네게 명령하여 네 하나님 여호와를 사랑하고 그 모든 길로 행하며 그의 명령과 규례와 법도를 지키라 하는 것이라. 그리하면 네가 생존하며 번성할 것이요, 또 네 하나님 여호와께서 네가

가서 차지할 땅에서 네게 복을 주실 것임이니라"(신30:16).

특히 여호수아 22장은 여호수아가 가나안 정복을 마치고 르우벤 사람과 갓 사람과 므낫세 반 지파를 요단 동편으로 보내면서 그들을 향한 모든 신앙의 권면을 이 한 마디 속에 담아서 당부한 구절입니다. 핵심은 "하나님의 길로 행하라"입니다.

예수님은 철저하게 하나님의 방법을 따라 사셨습니다. "그러므로 예수께서 그들에게 이르시되 내가 진실로 진실로 너희에게 이르노니 아들이 아버지께서 하시는 일을 보지 않고는 아무 것도 스스로 할 수 없나니 아버지께서 행하시는 그것을 아들도 그와 같이 행하느니라"(요15:19). 하나님의 방법을 따라 살기 위해 우리에게 필수적인 요소 중 하나는 하나님께 묻는 것입니다. 하나님의 의중에 순종하고 따르는 것입니다.

가장 잘 묻는 사람이 다윗입니다(삼상23:2-4; 삼하2:1). "이에 다윗이 여호와께 묻자와 이르되 내가 가서 이 블레셋 사람들을 치리이까? 여호와께서 다윗에게 이르시되 가서 블레셋 사람들을 치고 그일라를 구원하라 하시니, 다윗의 사람들이 그에게 이르되 보소서 우리가 유다에 있기도 두렵거든 하물며 그일라에 가서 블레셋 사람들의 군대를 치는 일이리이까 한지라. 다윗이 여호와께 다시 묻자온대 여호와께서 대답하여 이르시되 일어나 그일라로 내려가라 내가 블레셋 사람들을 네 손에 넘기리라 하신지라"(삼상23:2-4).

이 중 대표적인 사례가 삼상30장입니다. 다윗이 블레셋에 피신, 당시 블레셋 족장들과 합하여 사울을 차러갑니다. 가다가 자기가 머물던 시글락으로 돌아옵니다. 아말렉 사람들이 남아있던 자녀,

아내들을 포로로 끌고 갑니다. 다윗의 부하들이 돌을 들어 다윗을 치려고 합니다.

이런 상황에서도 하나님께 물어봅니다(삼상30:6-8). 이러한 다윗도 묻지 않아서 큰 낭패를 경험한 적이 있습니다(대상13장). 나중에 그의 가장 근본적인 잘못이 하나님께 묻지 않았던 것에 있었음을 발견합니다(대상15:13). 영에 속한 성도는 하나님의 얼굴을 구하면서 매사를 하나님의 뜻에 따라 순종하면서 살아가는 성도입니다.

충만한 교회는 지방에 계시는 분들을 위하여 성령치유 집회 CD와 교재를 33종류를 비치하고 있습니다. 과목별 CD는 12시간을 녹음하여 12개입니다. 가격은 한 세트 당 3만원입니다. 교재는 과목당 만원입니다. 필요하시면 주문하여 영성을 깊게 하실 수가 있습니다. 교재를 보며 CD를 들으면 현장에서 집회를 참석한 것과 같은 효과가 있습니다. CD를 들으면서 치유를 체험했다고 간증하는 분들이 많습니다.

전화는 02-3474-0675. 신청은 번호를 알려주시면 됩니다. 메일주소는 kangms113@hanmail.net 를 이용하여 신청이 가능합니다(필요CD/교재번호. 주소. 전화전호. 우편번호). 상세한 것은 홈페이지 www. ka0675.com 활용하세요.

과목별 상세한 내용은 홈페이지 www. ka0675.com 에 들어 오셔서 확인 바랍니다. 홈피에 보시면 계좌번호와 과목별 상세목록을 확인하실 수 있습니다.

이 책을 통해 예수님이 땅끝까지 전파 되기를 소원합니다.
(출판으로 인한 이익금은 문서선교와 개척교회 선교에 사용합니다.)

가계저주와 영원히 이별하는 길

발 행 일 l 2016. 06.01초판 1쇄 발행

지 은 이 l 강요셉

펴 낸 이 l 강무신

편집담당 l 강무신

디 자 인 l 강요셉

교정담당 l 강무신

펴 낸 곳 l 도서출판 성령

신고번호 l 제22-3134호(2007.5.25)

등록번호 l 114-90-70539

주 소 l 서울 서초구 방배천로 4안길 20(방배동)

전 화 l 02)3474-0675/ 3472-0191

E-mail l kangms113@hanmail.net

유 통 l 하늘유통. 031)947-7777

ISBN l 978-89-97999-44-6 부가기호 l 03230

가 격 l 16,000원